AF889542

Schriften

des

Vereins für Sozialpolitik.

Untersuchungen über Konsumvereine.

Herausgegeben von

H. Thiel und R. Wilbrandt.

151. Band.

Monographien aus dem Konsumvereinswesen.

Dritter Teil.

Der Stand der Gesetzgebung über Erwerbs- und Wirtschaftsgenossenschaften in den wichtigsten Kulturländern bei Kriegsausbruch 1914.

Verlag von Duncker & Humblot.
München und Leipzig 1919.

Der Stand der Gesetzgebung

über

Erwerbs- und Wirtschafts-genossenschaften

in den wichtigsten Kulturländern bei Kriegsausbruch 1914.

Von

Prof. Dr. Ludwig Waldecker,
Privatdozent für öffentliches und Genossenschaftsrecht
an der Berliner Universität.

Verlag von Duncker & Humblot.
München und Leipzig 1919.

Alle Rechte vorbehalten.

Altenburg
Pierersche Hofbuchdruckerei
Stephan Geibel & Co.

Vorbemerkung.

Die nachstehende Übersicht will nicht die Bedeutung und die Einwirkung des Rechts auf die Entwicklung des Genossenschaftswesens in den einzelnen Staaten zur Darstellung bringen. Nach den mir seinerzeit bei Übernahme der Arbeit unterbreiteten Wünschen sollte nicht, wie es dem Charakter der Vereinsschriften entsprochen hätte, ein Bild gezeichnet werden, wie in jedem der zu berücksichtigenden Staaten das Genossenschaftsrecht aus dem gesamten Staats- und Gesellschaftsleben hervorgewachsen ist und wie es dieser gewachsenen Gestalt gemäß auf die Entwicklung des tatsächlichen Genossenschaftswesens eingewirkt hat. Diese Fragen sollten in den Einzeldarstellungen des Konsumvereinswesens der verschiedenen Länder Raum finden, so daß hier die nochmalige Erörterung überflüssig erschien. Gewünscht wurde vielmehr eine Übersicht über die rechtliche Behandlung der Genossenschaft überhaupt. Der Zweck der Darstellung sollte darin bestehen, eine rasche Information über die wichtigsten Bestimmungen des jeweiligen Sonderrechts für Erwerbs- und Wirtschaftsgenossenschaften zu ermöglichen, wozu es als ausreichend bezeichnet wurde, wenn an Stelle einer selbständigen Darstellung oder Skizze etwa vorhandene deutsche Literatur nachgewiesen würde.

Die Kriegsverhältnisse haben es mit sich gebracht, daß die Arbeit in der ursprünglich vorgesehenen breiteren Anlage nicht ausgeführt wurde. Was hier vorliegt, ist in der Hauptsache noch im Jahre 1914 niedergeschrieben und später nur in einigen Punkten ergänzt worden. Die sich danach ergebende Gestalt der Arbeit wurde als den ursprünglichen Absichten entsprechend angesehen, so daß eine nähere Ausführung der nur skizzierten Teile als unnötig erschien.

Zu danken habe ich Herrn Geh. Hofrat Prof. Dr. Neubecker in Heidelberg sowie dem Herrn Präsidenten der Preuß. Zentralgenossenschaftskasse, Wirkl. Geh. Oberfinanzrat Dr. Heiligenstadt in Berlin, für die mir bei dieser Arbeit gewährte Unterstützung.

Charlottenburg, im Februar 1919.

Ludwig Waldecker.

Inhaltsübersicht.

Einleitung.

I. Unter einer Erwerbs- und Wirtschaftsgenossenschaft (Kooporativgesellschaft), oder auch, wie man in Deutschland vielfach kurz sagt: einer Genossenschaft [1], versteht man einen Spezialfall der wirtschaftlichen Assoziation, nämlich den auf Gegenseitigkeit beruhenden Zusammenschluß wirtschaftlich schwacher Kräfte zu gemeinsamer wirtschaftlicher Betätigung nach bestimmter Richtung. Vermöge dieses Zusammenschlusses werden die in ihrer Vereinzelung ohnmächtigen Wirtschaftsatome zu einer kraftvollen Einheit zusammengefaßt, aus ihrer Isolierung befreit und damit in die Lage versetzt, sich der Individualität der Mitglieder entsprechend zu entfalten. Darin liegt zugleich, daß es sich um eine sittliche Gemeinschaft handelt, der Einzelne steht innerhalb einer größeren Gemeinschaft, hinsichtlich deren er gleichzeitig Glied und Träger wie Nutznießer ist, die mit den Mitgliedern steht und fällt. So wird durch den Zusammenschluß zugleich der Gemeinsinn geweckt und erzogen. Sittlich ist aber auch die Erziehung der Mitglieder vermöge der gehandhabten Geschäftsgrundsätze — Ehrlichkeit, Barzahlung, Sparsamkeit, Bekämpfung des Wuchers und der Warenfälschung, daneben Erziehung der Mitglieder in geschäftlicher und kultureller Hinsicht. Es gibt keine Aufgabe, die hier nicht gelöst werden könnte. Die „Genossenschaft" schafft ihren Mitgliedern Arbeitsmöglichkeit, sie kauft ihnen billig Rohstoffe ein oder setzt ihre Arbeits- und Wirtschaftsprodukte um; sie kauft ihnen billig Haushalts- und Wirtschaftsbedürfnisse, wie Lebensmittel, Kleider, Futter- und Düngemittel, Kohlen, Maschinen; sie gibt ihnen Kredite zur Einrichtung und Fortführung ihrer Wirtschaft und entwickelt sich mit der Zeit zum Bankier der Mitglieder; sie baut den Mitgliedern Häuser oder vermietet ihnen Wohnungen usw.

Solche Gebilde bestehen teils von altersher, teils sind sie im Laufe der letzten hundert Jahre ins Leben gerufen worden. Gemeinsam ist der Grundzug, daß es sich um eine Vereinigung von Personen handelt, daß der Sache nach die Vereinigung von Kapital nicht Selbstzweck,

---

[1] Über das Verhältnis der beiden Bezeichnungen zueinander vgl. meine Eingetragene Genossenschaft (Tübingen 1916) § 1.

sondern nur dienendes Mittel für den Zweck des gemeinschaftlichen Handelns nach Art des Nachbarschaftsverbandes ist; ja, sie kann sogar ganz in den Hintergrund treten. Im Wesen der Sache liegt, daß Augenblicksgemeinschaften ad hoc nicht hierhergehören, daß die Vereinigung einem einigermaßen dauernden Zweck dient.

Die sonstigen, sich bei dem Aufbau ergebenden Fragen, wie geschlossene oder nicht geschlossene Mitgliederzahl, Geschäftsverkehr mit Nichtmitgliedern, Haftung der Mitglieder für die Schulden usw., können als Gegenstand selbständiger Untersuchungen hier nicht grundsätzlich erörtert, sondern müssen als bekannt vorausgesetzt und können nur gelegentlich gestreift werden. —

Die Bildung der ersten Genossenschaften im 19. Jahrhundert fällt durchgängig in eine Zeit, da allenthalben eine besondere Rechtsform für sie nicht vorhanden war. Sie mußten sich also zunächst den vorhandenen Rechtsformen anpassen. Dadurch wurde ihre spätere Behandlung durch die Gesetzgebung der jeweiligen Länder nachhaltig beeinflußt. Wo es möglich war, die persönliche Struktur vorherrschen zu lassen, unterscheidet sich die Genossenschaft schon äußerlich durchaus von der reinen Kapitalgesellschaft; so namentlich im Deutschen Reich, Österreich und England. Anderswo tritt sie entweder in den üblichen Formen der Erwerbsgesellschaft auf, die allenfalls gewisse Umbildungen erfahren haben, so namentlich in Frankreich und Italien. Schließlich spielt eine gewisse Rolle die Ausgestaltung unter staatlicher Ägide, der Gedanke der Gegenseitigkeit wird von außenher belebt, die Selbsthilfe der Beteiligten erhält einen anstaltlichen Einschlag, strebt dann allerdings sehr rasch nach der Emanzipation, wie wir das noch heute in weniger entwickelten Ländern, wie in Rußland und in den Balkanstaaten beobachten können. Innerhalb der einzelnen Länder haben wieder einzelne Genossenschaftsarten eine durchaus verschiedene Anlehnung hinsichtlich der Rechtsform gefunden, und demgemäß finden vielfach mehrere Gesetze Anwendung. Eine ganz besondere Entwicklung hat überall das Versicherungsgeschäft auf genossenschaftlicher Grundlage, auf Gegenseitigkeit, genommen, da die Eigenheit dieses Geschäfts eine Behandlung des Versicherungsträgers weniger unter genossenschaftlichen, denn unter versicherungstechnischen Grundsätzen erforderte. Im folgenden soll deshalb dieser Zweig der genossenschaftlichen Rechtsformen nur nebenbei berücksichtigt werden; er stellt eine in sich geschlossene Rechtsform mit typischen Grundzügen dar und eignet sich daher sehr zu rechtsvergleichender Darstellung, während die sonstigen genossenschaftlichen Rechtsformen wegen der Ungleichheit der Grundlagen in den einzelnen Ländern mehr auf die resumierende Darstellung hinweisen. Es soll deshalb im folgenden die Genossenschaftsgesetzgebung nach Ländern getrennt behandelt werden; auch bei dieser Art der Darstellung wird sich zeigen, daß gewisse Züge überall wiederkehren, sei es, daß sie aus der Natur der Sache folgen, oder daß die Gesetzgebungen sich gegenseitig beeinflußt haben.

II. Bevor wir jedoch in diese Darstellung des Genossenschaftsrechts in den einzelnen Ländern eintreten, sind einige zum Verständnis der Einzelheiten erforderliche allgemeine Gesichtspunkte voranzustellen.

1. Die Genossenschaft ist der Sache nach zunächst eine Vereinigung von Personen. Als solche ist sie nicht ohne weiteres juristisch rechts- und handlungsfähig, so daß sie für die Gesamtheit der Mitglieder Eigentum und Rechte erwerben und insbesondere mit den Mitgliedern Rechtsgeschäfte abschließen könnte. Man muß hier zwei Möglichkeiten unterscheiden:

a) Entweder kann die Vereinigung juristisch ein selbständiges, von den Mitgliedern getrenntes Lebewesen werden, und kann dann ebenso mit ihnen Geschäfte schließen, wie jeder Dritte. Sie ist hier zur juristischen Person erhoben, wofür überall bestimmte Erfordernisse verlangt werden, wie ein gewisser Mindestinhalt des Statuts, die Anmeldung bei einer Behörde, vielfach auch die Eintragung in ein öffentliches Register und gewisse Bekanntmachungen.

b) Oder aber, es löst sich die Genossenschaft juristisch nicht von ihren Mitgliedern los, so daß nur ein vertragliches Band die Mitglieder zu einer Summe der Einzelwillen zusammenfaßt. Hier ist jeder Einzelwille entscheidend: bei Widerspruch auch nur eines Einzigen unterbleibt die Handlung. Die Aufnahme neuer Mitglieder, der Abschluß von Geschäften usw. bedarf also stets der Einstimmigkeit. Nach Maßgabe des Vertrags ist dabei aber eine starke Annäherung an die erste Form möglich, namentlich durch Bevollmächtigung usw., wovon regelmäßig Gebrauch gemacht wird. Die Gesetzgebung pflegt bei Abstellung auf diesen Typus doch immerhin eine Reihe von Begünstigungen zu gewähren, die dann mehr oder weniger unmittelbar auf den Inhalt der Verfassung der Vereinigung Rückwirkung haben. —

Aus dem Text wird sich ergeben, daß beide Möglichkeiten im Leben der Genossenschaft eine Rolle spielen. Wo die Genossenschaft als besondere Rechtsform anerkannt ist, ist sie durchgängig juristische Person; sonst ist sie regelmäßig Vertragsverhältnis, und zwar letzteres insbesondere auch dann, wenn sie von der gebotenen speziellen Rechtsform keinen Gebrauch macht, deren Erwerb teils mit Umständlichkeiten bei der Gründung oder im späteren Geschäftsleben, teilweise auch mit Kosten verknüpft ist.

Eine besondere Frage taucht auf, wie es wird, wenn eine Genossenschaft die besondere Rechtsform erwerben will, dabei aber die vorgeschriebenen Formalien nicht wahrt. Da die hier erlassenen Erfordernisse nicht erfüllt sind, hat sie die besondere Rechtsform nicht erlangt; sie ist als besondere Rechtsform „nichtig". Mit Rücksicht darauf nun, daß das Gesetz die besondere Rechtsform besonders schützt und als die wünschenswerte Rechtsform der Genossenschaft erachtet, läßt es vielfach es nicht dabei bewenden, daß die Genossenschaft statt als juristische Person in der speziellen Rechtsform nun als Vertragsverhältnis fortbesteht, sondern es erklärt die Genossenschaft für aufgelöst — womit man gleichzeitig dem Umstand Rechnung trägt, daß die Mitglieder nur zur Gründung einer Genossenschaft zusammengetreten sind, die die spezielle Rechtsform erlangen sollte, so daß es unbillig wäre, wollte man sie trotz Nichterreichung dieser Zweckbestimmung an die Genossenschaft binden. Die Frage der „Nichtigkeit" ist daher überall ein Kapitel für sich, das vielfach Schwierigkeiten bereitet.

2. Die Genossenschaft handelt nicht durch die oder in der Gesamtheit der Mitglieder, was bei deren Vielheit eine Unmöglichkeit wäre, sondern durch Beauftragte oder durch Organe. Diese haben regelmäßig einen ganz bestimmten Aufgabenkreis, innerhalb dessen sie durch ihre Handlungen die Genossenschaft verpflichten. Bald werden sie durch Einzelpersonen, bald durch Kollegien dargestellt. Letzterenfalls entscheidet bald Majorität, bald Einstimmigkeit; bald sind alle Funktionäre selbständig, bald können sie nur in Gemeinschaft mit einem anderen oder einem Bevollmächtigten (Prokuristen) auftreten. Regelmäßig finden sich:

a) ein geschäftsführendes Organ (der Vorstand, Direktorium, Verwaltungsrat usw.), das bald aus einer, bald aus mehreren Personen besteht. Es ist überall notwendig. Vereinzelt, z. B. in den romanischen Ländern, wird auch bei kollegialem Vorstand der Präsident oder Direktor mit Rücksicht auf die Repräsentation des Kollegiums nach außen mit besonderen Aufgaben betraut. Die Vertretungsmacht des Vorstandes kann regelmäßig nach außen, d. h. mit Wirkung gegen

Dritte nicht beschränkt werden, wohl aber nach innen, d. h. eine Überschreitung dieses Verbots begründet eine Schadensersatzpflicht, ohne daß die Handlung unwirksam wäre.

b) nicht überall ist der Aufsichtsrat obligatorisch, der die Geschäftsführung des Vorstandes überwacht. Mitunter ist seine Stellung dahin verdichtet, daß einzelne Beschlüsse des Vorstandes unwirksam sind, wenn seine Genehmigung nicht vorliegt. Aber wo dies das Gesetz nicht ausdrücklich bestimmt, hat eine solche Bestimmung nur Wirkung im Innenverhältnis, während sie einem Dritten nicht entgegengehalten werden kann. Der Aufsichtsrat besteht ebenfalls bald aus einer, bald und regelmäßig aber aus mehreren Personen; mitunter erscheint er nur als Rechnungsprüfungskommission u. dgl., vielfach treten solche Sonderkommissionen neben den Aufsichtsrat.

c) die Generalversammlung der Mitglieder, das oberste Organ der Genossenschaft, in der die Richtlinien der gemeinschaftlichen Tätigkeit festgelegt, der Voranschlag und die Jahresrechnung festgestellt und über das Ergebnis Beschluß gefaßt werden. Sie bestellt regelmäßig die anderen Organe; es können ihr Beschwerden über die Geschäftsführung der anderen Organe unterbreitet werden usw. Sie beschließt über den Bestand oder die Auflösung der Genossenschaft, über die Erweiterung oder Beschränkung ihrer Aufgaben und über die Einlagepflicht der Mitglieder, usw. —

Im einzelnen ist die Abgrenzung der Aufgaben und der Zuständigkeit der einzelnen Organe Sache des Statuts; dabei sind vielfach zwingende gesetzliche Bestimmungen zu beachten. Soweit die Zuständigkeit des Organs oder des Organträgers reicht, spricht man auch von seiner „Vollmacht", wobei man sich nur gegenwärtig halten muß, daß diese Vollmacht die Folge der Organschaft und Organträgerschaft, und nicht etwa die Übernahme einer rechtsgeschäftlichen Vertretungsmacht ist, wenn sie vielfach im Ergebnis auch auf dasselbe hinausläuft.

3. Zwar ist der Vorstand für seine Geschäftsführung der Genossenschaft oder deren Mitgliedern verantwortlich. Dies ist jedoch keine ausreichende Garantie für die Mitglieder und die Gläubiger, die gleichmäßig von einer schlechten oder gar ungetreuen Geschäftsführung betroffen werden. Man hat daher zu verschiedenen Mitteln gegriffen, um hier Kautelen zu schaffen.

a) Kennengelernt haben wir bereits die sogenannte Publizität, d. h. bei der Gründung und späterhin sind gewisse Vorgänge und

Einzelheiten aus der Verfassung und dem Leben der Genossenschaft öffentlich bekannt zu machen. Hinsichtlich des Maßes dieser Publizität und der Folge der Nichtbeachtung der dahin zielenden Vorschriften bestehen die größten Verschiedenheiten.

b) Kennengelernt haben wir weiter bereits die Einrichtung eines besonderen, die Geschäftsführung des Vorstandes überwachenden Organs, des Aufsichtsrats.

c) Früher glaubte man das Allheilmittel in einer Staatsaufsicht gefunden zu haben, und verlangte diese bei allen juristischen Personen im weitgehenden Maße. Heute läßt man den Genossenschaften größere Freiheit. Namentlich, wo das System der Eintragung in ein öffentliches Register eingeführt ist, erschöpft sich die Staatsaufsicht auf die Beachtung der dieserhalb bestehenden Normativbestimmungen und den Schutz der dadurch geschaffenen Sonderstellung der Genossenschaften, vereinzelt finden sich daneben noch Überreste einer echten Staatsaufsicht. Daneben steht eine freiwillige Staatsaufsicht, der sich die Genossenschaften unterwerfen müssen, die sich den Genuß besonderer Vergünstigungen verschaffen wollen, insbesondere den Genuß staatlicher Kredite zu Vorzugsbedingungen (Preußen, Bayern, Hessen, Frankreich, Italien, Ungarn, Rumänien, Bulgarien und Serbien), wofür mitunter besondere staatliche Kreditinstitute ins Leben gerufen sind (Preußen, Italien, Ungarn, Rumänien, Bulgarien, Serbien), in Ungarn ist für diese Genossenschaften sogar ein besonderes Recht geschaffen worden. Abgesehen von diesem einen Fall wird auf diese Begünstigungsgesetzgebung hier nur andeutungsweise eingegangen werden, da hier weniger juristische, denn volkswirtschaftliche Erwägungen zugrunde liegen; die Genossenschaft ist eben heute überall mehr oder weniger als wichtiges volkswirtschaftliches Organisationsmittel anerkannt.

d) In England, wo der Aufsichtsrat eine unbekannte Einrichtung ist, hat man schon frühzeitig eine ständige Kontrolle der Geschäftsführung durch einen oder mehrere Revisoren eingeführt. Das Institut ist von hier als anfangs freiwillige Einrichtung nach Deutschland gelangt, wo es 1889 zur zwingenden gesetzlichen Forderung erhoben wurde, ebenso 1903 in Österreich. Andere Länder haben die Revision als Bedingung für die Benutzung der staatlichen Vergünstigungen bedungen. In anderen Ländern schließlich ist die Revision noch heute unbekannt, und zwar auch als freiwillige Einrichtung.

4. Ihr Ende findet die Genossenschaft entweder durch Beschluß der Mitglieder, oder durch Ablauf der Zeit, für die sie gegründet wurde. Daneben stehen als sonstige Gründe der Beendigung die Konkurseröffnung über ihr Vermögen oder die Auflösung im Aufsichtswege u. a. Die Folge der Auflösung ist die Auseinandersetzung der bestehenden vermögensrechtlichen Beziehungen, die entweder Liquidation oder Konkurs heißt, wobei mitunter wegen der Abgrenzung der beiden Begriffe gegeneinander verschiedene Auffassungen bestehen, namentlich in den romanischen Ländern. Eine juristisch sehr bestrittene Frage ist die, ob die aufgelöste Genossenschaft bis zur endgültigen Auseinandersetzung fortbesteht, also ob die „Auflösung" sie nur einleitet, oder ob eine Gemeinschaft nach Bruchteilen Rechtsnachfolgerin der aufgelösten Genossenschaft ist.

5. Ein besonderes Kapitel für sich stellt die Frage der Besteuerung der Genossenschaften dar. Mit in das bereits gestreifte Kapitel der Vergünstigungen gehört eine steuerliche Sonderbehandlung der Genossenschaften, die sich häufig findet. Daneben wird mitunter grundsätzlich die Unmöglichkeit behauptet, die eine oder die andere Steuer auf die Genossenschaften anzuwenden.

6. Von den vielfachen Einzelstreitfragen werden einzelne gelegentlich gestreift werden; eine eingehende Erörterung ist in dem beschränkten Rahmen der vorliegenden Arbeit nicht möglich. Bemerkt sei hier nur für alle Fälle, daß Verf. auf dem Boden der Gierkeschen Genossenschaftstheorie steht.

III. Beabsichtigt war ursprünglich, die Arbeit in derselben eingehenden Gestalt für alle in Frage kommenden Länder durchzuführen, wie sie sich nachstehend für Österreich, Frankreich u. a. findet. Hier nicht weiter zu erörternde Gründe ließen es zweckmäßig erscheinen, von dieser eingehenden Gestaltung, so weit sie nicht bereits bei Kriegsausbruch 1914 vorlag, Abstand zu nehmen, und im übrigen eine summarische Übersicht zu geben; die Möglichkeit zu eingehenderen Studien vermitteln die Nachweisungen der deutschsprachigen Literatur. Soweit leicht zugängliche, übersichtliche Darstellungen in deutscher Sprache bereits vorliegen, ist überhaupt auf eine erneute Darstellung verzichtet worden. Dies gilt insbesondere für Deutschland, für das sich daher außer einer Literaturnachweisung nur eine Skizze des steuerlichen Sonderrechts der Genossenschaften findet.

Deutschland.

Literatur: Gierke, Das deutsche Genossenschaftsrecht, Berlin 1868 bis 1913. — Gierke, Die Genossenschaftstheorie und die deutsche Rechtsprechung, Berlin 1887. — Gierke, Deutsches Privatrecht, Bd. I, Leipzig 1895, S. 456 ff. — Deumer, Das Recht der eingetragenen Genossenschaften, München und Leipzig 1912. — Waldecker, Die eingetragene Genossenschaft, Tübingen 1916. — Lehmann, Lehrbuch des Handelsrechts, 2. Aufl., Leipzig 1912, S. 484 ff. — Cosack, Lehrbuch des Handelsrechts, 7. Aufl. Stuttgart 1910, S. 800 ff. — Kommentare zum Gesetz vom 1. Mai 1889: Parisius-Crüger, 8. Aufl., 1915; Maurer-Birkenbihl, 2. Aufl. 1898; Bonschab, 2. Aufl., 1910; Merzbacher, 2. Aufl., 1907.

Wie am Schlusse der Einleitung bemerkt wurde, beschränkt sich die Erörterung auf die Darstellung der

Besteuerung der Genossenschaften.

Hinsichtlich der Besteuerung der Genossenschaften ist zu unterscheiden, ob es sich um Reichssteuern handelt, oder solche der Einzelstaaten. Im Reich, wo das System der indirekten Steuern, Verbrauchsabgaben und Stempel durchgeführt ist, genießen die Genossenschaften im allgemeinen keine Vorrechte, andererseits aber auch keine speziellen Belastungen. Regelmäßig sind in den Reichssteuergesetzen, soweit sie bestimmte Steuerpflichtige voraussetzen, diese enumerativ aufgezählt, so daß sich hieraus von selbst die Anwendbarkeit oder Nichtanwendbarkeit des betreffenden Steuergesetzes ergibt. So ist z. B. das Wehrbeitrags- und das Besitz- (Vermögenszuwachs-) Steuergesetz vom 3. Juli 1913 auf Genossenschaften nicht anwendbar, weil dieses Gesetz sich nur an physische Personen, Aktiengesellschaften und Gesellschaften mit beschränkter Haftung wendet. In anderen Steuergesetzen des Reichs sind unter speziellen Voraussetzungen in sozialpolitischem Interesse gewisse gemeinnützige Gesellschaften hinsichtlich der betreffenden Steuer begünstigt; diese Vorschriften betreffen dann auch Genossenschaften. Hierher gehört § 12 Abs. 2 des Erbschaftssteuergesetzes vom 3. Juli 1906, wonach Gesellschaften, die einen gemeinnützigen Zweck verfolgen und die Rechte einer juristischen Person besitzen, nur 5 statt 10 % Erbschaftssteuer zu zahlen haben. Hierher gehört ferner § 30 Ziff. 4 des Zuwachssteuergesetzes vom 14. Februar 1911, wonach von der Verpflichtung zur Entrichtung der Wertzuwachssteuer bei Verkäufen usw. von Grund und Boden befreit sind:

„Vereinigungen aller Art, die, ohne Erwerbszwecken zu dienen, satzungsgemäß sich mit innerer Kolonisation, Arbeiteransiedlungen, Grundentschuldung oder Errichtung von Wohnungen für die minderbemittelten Klassen befassen, falls sie den zur Verteilung gelangenden Reingewinn auf eine höchstens vierprozentige Verzinsung der Kapitaleinlagen beschränken, den Mitgliedern, Geschäftsführern oder sonstigen Beteiligten, auch nicht in anderer Form, besondere Vorteile gewähren, bei Auslosung, Austritt eines Mitgliedes oder für den Fall der Auflösung nicht mehr als den Nennwert ihrer Anteile zusichern, und bei der Auflösung den etwaigen Rest des Vermögens für die bezeichneten Zwecke bestimmen."

Ob diese Voraussetzungen vorliegen, entscheidet der Bundesrat. Er ist auch ermächtigt, solchen Vereinigungen der vorbezeichneten Art Steuerfreiheit zuzubilligen, die eine höchstens fünfprozentige Verzinsung der Kapitaleinlagen gewähren.

Von besonderer Bedeutung ist das Reichsstempelgesetz vom 3. Juli 1913 geworden, das in Tarifstelle 1 A c die Errichtung oder erstmalige Feststellung der Satzung einer Genossenschaft für stempelpflichtig erklärt, und zwar mit 5 Mk., wenn sich ihr Geschäftskreis auf die Mitglieder beschränkt, anderenfalls mit $^1/_{10}$ % des „Wertes der das Gesellschaftsvermögen bildenden Einlagen, abzüglich der auf ihnen ruhenden Schulden", mindestens aber 20 Mk. Ebenso sind stempelpflichtig die Beitrittserklärungen bei solchen Genossenschaften, die mit Nichtmitgliedern arbeiten, und zwar ist hier zu jedem Antrag auf Eintragung von Beitrittserklärungen in die Liste der Genossen ein Stempel von $^1/_{10}$ % des Wertes der Einlage „abzüglich der darauf lastenden Schulden", mindestens aber 10 Mk. zu entrichten, einerlei, wieviele Beitrittserklärungen zur Vorlage gelangen. Auch hier sind gemeinnützige Baugesellschaften von der Entrichtung der Abgabe befreit. Bei der Durchführung dieser Bestimmungen haben sich viele Zweifelsfragen ergeben, so wenn der Kreis der Mitglieder überschritten wird, was unter der das Gesellschaftsvermögen bildenden Einlage zu verstehen ist, usw.

Anders sind die Steuersysteme der Einzelstaaten aufgebaut. Hier gelangen durchgängig direkte Steuern zur Hebung, die zum Teil auf persönlicher Grundlage beruhen, zum Teil Realsteuern sind, wie Gewerbe-, Grund-, Umsatzsteuer usw. Letztere pflegen Genossenschaften schlechthin zu treffen, soweit nicht etwa im Einzelfall eine Befreiung daraus resultiert, daß sich die Tätigkeit der Genossenschaft nicht als Gewerbebetrieb charakterisiert, sofern dieses Erfordernis Voraussetzung der Steuerpflicht ist, wie z. B. hinsichtlich der Gewerbesteuer in Preußen. Hinsichtlich der Personalsteuern sind wieder zwei Systeme zu unterscheiden, je nachdem die Genossenschaften nur unter bestimmten Voraussetzungen der Steuerpflicht unterliegen, oder schlechthin, wohingegen ihnen aber unter bestimmten Voraussetzungen Freiheit von der Steuer gewährt wird. Ersteres System ist namentlich durchgeführt in Preußen und Hessen, die nur solche Genossenschaften, und auch nur der Einkommensteuer (nicht dagegen der Ergänzungs- oder Vermögenssteuer) unterwerfen, die mit Nichtmitgliedern arbeiten. Doch ist in Preußen dieser Grundsatz dadurch durchbrochen, daß Konsumvereine schlechthin einkommensteuerpflichtig sind. Das zweite System ist durchgeführt insbesondere in Bayern, Sachsen und Württemberg. In Bayern genießen alle nichtgewerblichen (d. h. keinen eigenen Gewinn anstrebenden) Genossenschaften Befreiung, insbesondere die gemeinnützigen Baugenossenschaften; in Sachsen die Baugenossenschaften hinsichtlich der Ergänzungssteuer. In Baden zahlen Einkommensteuer nur die nichtlandwirtschaftlichen Konsumvereine, Vermögenssteuer dagegen alle Genossenschaften.

Ein Kapitel für sich ist der auf steuerlichem Gebiet geführte Kampf der Konsumvereine, einmal hinsichtlich der Anwendbarkeit bestehender Steuern, wo namentlich die Frage aufgeworfen wird, ob ein Gewerbebetrieb vorliegt, und ob der „Kundengewinn", die Erübrigung, einen „Gewinn" des Vereins darstellt oder nicht vielmehr eine Ersparnis der Mitglieder, und somit, wenn überhaupt, nur bei diesen, jedenfalls aber nicht bei dem Konsumverein der Besteuerung unterliegt. Zum anderen befinden sich die Konsumvereine hier in einer Abwehrstellung gegenüber den Bestrebungen, die in ihnen eine gefährliche wirtschaftliche Konkurrenz „des Mittelstandes" erblicken, und sie deshalb durch Erdrosselungssteuern zu bekämpfen suchen. Hier können nur vereinzelte gelungene Versuche nach der einen oder anderen Richtung verzeichnet werden, so wenn Konsumvereine der Warenhaussteuer unterworfen werden (Preußen, Hessen), wenn die Besteuerung von Filialen zugelassen wird (Preußen, vgl. meine Ausführungen Blätter für Genossenschaftswesen 1912/665; Hessen), wenn in Hamburg 1911 ein Gesetz eingeführt wurde, das Konsumvereine ohne Rücksicht auf den etwaigen Minderverdienst zur Einkommensteuer mit einem fingierten Einkommen von 8 % des Umsatzes heranzieht.

Zu erwähnen ist hier schließlich das Kapitel von der Handhabung der Steuergesetze überhaupt, die häufig in einem für die Genossenschaften nicht gerade freundlchen Sinne erfolgt. Fälle, in denen immer und immer wieder versucht wird, die regelmäßig im Steuerprozeß obsiegende Genossenschaft trotzdem zu veranlagen, oder eine seit Jahrzehnten gleichmäßig arbeitende, noch nie für steuerpflichtig erachtete Genossenschaft unter Aufwendung großen Scharfsinns für steuerpflichtig zu erklären, sind nicht selten. Ebenso, daß kommunale Steuerordnungen aufgestellt oder geändert wurden, nur um die Besteuerung einer Genossenschaft zu ermöglichen. Ja, es schien mitunter sogar ein gleichmäßiges Vorgehen innerhalb bestimmter Bezirke stattzufinden, so daß man vermuten konnte, es liege, wenn auch keine höhere Anweisung, so doch ein stillschweigendes Übereinkommen zwischen den verschiedenen Veranlagungsbehörden vor. Das Ganze macht einen wenig erfreulichen Eindruck und ist die Folge des Umstandes, daß die Frage der Besteuerung der Genossenschaften nicht einwandfrei geklärt ist. Man erkläre sie doch entweder schlechthin für steuerfrei oder für steuerpflichtig, wie dies ja in einer Reihe von Staaten bereits der Fall ist. Soweit sie außerhalb ihrer speziellen Aufgabe überdies „gemeinnützig" sind, könnte man letzterenfalls ja immer noch Befreiungen bewilligen.

Britisches Reich.

Literatur: Sim, Law of friendly societies and industrial and provident societies, 14. éd., London 1909. — Gray, Industrial and provident societies act, Manchester 1894. — Cernesson, Les sociétés coopératives anglaises, Paris 1905, p. 213 ff., 376 ff. — Corréard, Les sociétés coopératives de consommation, Paris 1907, p. 86 ff. — v. Plener, Die englischen Baugenossenschaften, 1873. — Hasbach, Das englische Arbeiterversicherungswesen 1883. — Loening, Das englische Genossemschaftsrecht, Jena 1912 (Conrads Jahrbücher, III 43 S. 33 ff.).

I. Bei Entstehung der ersten Genossenschaften in **England** war die Gesetzgebung denkbar ungünstig. Sie konnten nur als Erwerbsgesellschaft auftreten, partnership, mit einer Mitgliederzahl von höchstens 25. Diese ist reine Kapitalgesellschaft, jeder Gesellschafter hat gleiche Rechte, insbesondere auch hinsichtlich der Geschäftsführung; die Mitglieder haften dem Gläubiger unmittelbar bis zur Höhe der Einlage. Wollte die Genossenschaft diese Form nicht wählen, so mußte sie sich durch Spezialgesetz oder königlichen Freibrief die Rechtsfähigkeit sichern, seit 1836 sich als building society konstituieren oder schließlich seit 1844 sich als Aktiengesellschaft registrieren lassen — welche Möglichkeit angesichts der enormen Kostenlast praktisch aber so gut wie nicht in Frage kam. Auf Grund eines Gesetzes von 1846 konnte man sich dann als friendly society (Hilfskassen-, Unterstützungsvereine auf Gegenseitigkeit) des Gesetzes von 1834 eintragen lassen [1]; sie mußten dann ihren Geschäftsbetrieb auf die Mitglieder beschränken, die Genossenschaft besaß keine

[1] Nach dem Gesetz von 1834 können die friendly societies für alle nicht ungesetzlichen Zwecke unter dem Hauptzweck der Unterstützung der Mitglieder Fonds sammeln; eine wohlwollende Auslegung rechnete hierher auch die haushälterische Anlegung der Ersparnisse der Mitglieder. Auf Grund dieser Auslegung konstituierten sich 1844 die „Pioniere von Rochdale" als friendly society. 1846 wurde dann gerade in Hinblick auf diese Konsumvereine die Auslegung zum Gesetz erhoben. Von den vor dem ersten Genossenschaftsgesetz also errichteten Genossenschaften existieren heute noch 27.

selbständige Rechtsfähigkeit und die Beiträge waren nicht klagbar, da die **Betätigung als Erwerbs- und Wirtschaftsgenossenschaft einen „Nebenzweck"** des Unterstützungsvereins darstellte. So war üblich die dritte Möglichkeit, des trustee, zu dem man auch mutatis mutandis mitunter in Deutschland vor der ersten gesetzlichen Regelung griff: die Genossenschaft tritt nach außen überhaupt nicht hervor, sondern nur der Treuhänder, dem Vermögen und Geschäftsführung anvertraut sind. Aber nach englischem Recht stehen die Genossen dem trustee als Einheit gegenüber, sie können nur gemeinschaftlich klagend gegen ihn auftreten, haften aber umgekehrt mit ihrem ganzen Vermögen für die von ihm für die Genossenschaft eingegangenen Verbindlichkeiten. Und zwar hatte die Haftung in allen Fällen die Möglichkeit der Schuldhaft zur Folge.

Erst 1852 kam ein eigentliches Genossenschaftsgesetz zustande, das den industrial and provident societies im Falle der Eintragung des Statuts Rechtsfähigkeit gibt und die Ausdehnung des Geschäftsbetriebs auf Dritte gestattete, aber zunächst noch die unbeschränkte Haftung der Mitglieder beibehielt. Das Jahr 1862 brachte dann die beschränkte Haftung und die Zulässigkeit der Mitgliedschaft von Genossenschaften. Gegenwärtig gilt das Gesetz in der Fassung vom Jahre 1893 mit den Änderungen der Jahre 1894, 1895 und 1913, und zwar einheitlich für alle Genossenschaftsarten [1]. Daneben können sich Arbeiterdarlehnskassen in der Form der loan societies (Gesetz von 1840, gilt nur für England und Wales), oder als friendly society in der speziellen Form der specially authorised society (eine Art Raiffeisenkasse) des Gesetzes von 1898 konstituieren [2], ferner Baugenossenschaften in Form der building society [3] des Gesetzes von 1876/1894.

Alle Genossenschaftsarten stehen einheitlich unter dem Eintragungsprinzip; die näheren Bestimmungen über die Eintragung erläßt das

---

[1] Das Gesetz von 1913 bezieht sich hauptsächlich auf die Regelung der Verhältnisse im Falle des Todes eines Mitgliedes, sowie auf die Rechnungsprüfung. Über weitere Punkte der damaligen Vorlage vgl. Wolff in BlGWes., 1913, S. 797.

[2] Aber sie bleibt zunächst und in der Hauptsache friendly society, Hilfskasse oder Unterstützungsverein auf Gegenseitigkeit. Es war daher das Schatzamt zu ermächtigen, die Nichteinklagbarkeit der Beiträge außer Kraft zu setzen.

[3] In Betracht kommt hier nur die terminating building society, die auf Zeit errichtet ist; die permanent building society ist Realkreditinstitut.

Schatzamt (treasury). Sie sind ergangen unter dem 1. Januar 1894 bis 31. Dezember 1896. Die Eintragung selbst erfolgt durch den für die Vereinigten Königreiche bestellten Registrar [1]; vermöge der Eintragung besitzt die Genossenschaft Korporationsrechte, deren Umfang mit Rücksicht auf die Eigenart des englischen Rechts genau umschrieben ist. Gemeinschaftlich ist ferner allen Genossenschaftsarten die beschränkte Haftung der Mitglieder, und zwar nur mit den Einlagen: über den Betrag des Geschäftsanteils (share) hinaus können die Mitglieder nicht in Anspruch genommen werden, und insoweit haften sie auch nur der Genossenschaft hinsichtlich der auf die Geschäftsanteile zu leistenden Einzahlungen. Die Genossenschaft ist so der Aktiengesellschaft angenähert. Eine Ausnahmestellung nimmt nach beiden Richtungen nur die specially authorised society ein; sie erwirbt vermöge der Eintragung in das Register der friendly societies Korporationsrechte nicht, sondern hat ihr Vermögen einem oder mehreren von der Generalversammlung gewählten trustees zu übertragen, die nach außen hin die Genossenschaft in vermögensrechtlicher Hinsicht (nicht auch hinsichtlich der Verwaltung!) repräsentieren und demgemäß für die Schulden nur mit dem Genossenschaftsvermögen haften. Durch das Statut kann aber den Mitgliedern der Genossenschaft die unbeschränkte Haftung für die eingegangenen Verbindlichkeiten auferlegt werden [2], die dann die geschäftliche Grundlage der Genossenschaft darstellt, wofür andererseits Geschäftsanteile fehlen. Auch die loan society erwirbt durch die Eintragung keine Korporationsrechte, auch hier wird die Genossenschaft in vermögensrechtlicher Hinsicht durch gewählte trustees repräsentiert, doch ist die Haftung hier auf eben dieses Vermögen beschränkt.

Im übrigen liegen die Unterschiede der speziellen Genossenschaftsarten weniger auf organisatorischem Gebiet, bestehen vielmehr in der Art der geschäftlichen Betätigung, wodurch dann allerdings auch eine Reihe von Organisationsänderungen bedingt werden. Die Darstellung [3]

---

[1] Solcher gibt es im ganzen drei, der Chief-registrar als Zentralstelle, dem für Schottland und Irland je ein Assistent-registrar beigeordnet ist.

[2] Vgl. hierzu in dem Bericht Wolffs über die Kämpfe der englischen Raiffeisenkassen um die unbeschränkte Haftpflicht, Deutsche landwirtschaftliche Genossenschaftspresse, 1913, S. 51, die amüsante Bemerkung, daß dem Schatzamt diese Bestimmung 1908 unbekannt war.

[3] Diese kann sich angesichts der ausführlichen Darstellung Loenings auf die wichtigsten Punkte beschränken; wegen der Einzelheiten sei auf Loening verwiesen.

kann daher dem Recht der industrial and provident society folgen, wobei die wichtigsten Abweichungen der besonderen Arten am geeigneten Ort hervorzuheben sind.

1. Die Errichtung der Genossenschaft bedingt den Zusammentritt von mindestens sieben Personen, die ein schriftliches Statut feststellen und dieses zur Eintragung anmelden. Das Statut muß enthalten:

a) Zweck, Firma, Sitz und Registerbehörde der Genossenschaft.

Zweck ist im allgemeinen jeder wirtschaftliche Geschäftsbetrieb; bei den speziellen Genossenschaftsarten die Ansammlung eines Kapitals durch ratenweise zu zahlende Einlagen der Mitglieder, aus dessen Einkünften bei der loan society und der specially authorised society den Mitgliedern Darlehen gegeben werden. Bei der building society werden diese Darlehen den Mitgliedern zur Erbauung eines Hauses gegen Verpfändung des Baugrundstücks an die Genossenschaft gegeben. Die Firma hat sich von allen bereits eingetragenen Genossenschaftsfirmen deutlich zu unterscheiden, und enthält als letztes Wort „limited". Am Sitz ist ein amtliches Geschäftslokal einzurichten und zur Eintragung anzumelden; an seiner Außenseite ist die Firma anzubringen.

b) Bestimmungen über die Aufnahme von Mitgliedern [1] und deren Ausscheiden;

c) die Organisation der Genossenschaft (Verwaltungsrat, Geschäftsführer, Generalversammlung; Verwendung und Aufbewahrung des Siegels);

d) den Betrag der Einlage, mit dem sich ein Mitglied beteiligen kann, sowie die näheren Grundsätze hinsichtlich der Übertragbarkeit der Geschäftsanteile;

e) Vorschriften über die Anlage von Kapitalien, über Annahme und Gewährung von Darlehen sowie deren Höchstbetrag;

f) die Art der Gewinnverwendung, Rechnungsprüfung und Anstellung der Revisoren.

Kraft der Eintragung erlangt die Genossenschaft Korporationsrechte, d. h. sie kann Vermögen erwerben und besitzen, klagen und verklagt werden, für die Schulden haftet nur das Genossenschafts-

[1] Durch das Gesetz von 1913 ist klargestellt, daß mehrere Genossenschaften eine neue errichten können, wie auch sonst Erleichterungen stattfinden im Falle der Vereinigung mehrerer Vereine zu gemeinsamer Tätigkeit für bestimmte Zwecke.

vermögen (vgl. aber das oben S. 14 über die Wirkungen der Eintragung Gesagte) und führt ein Korporationssiegel, mit dem alle Urkunden zu siegeln sind. Über die Eintragung ist eine Bescheinigung auszustellen. Bei Verweigerung der Eintragung findet Beschwerde statt.

In der Folge sind alle Statutenänderungen einzutragen, die hierdurch erst Wirksamkeit erlangen.

2. Die Rechtsverhältnisse der Mitglieder richten sich in erster Linie nach dem Statut, das auch die Zahl der Mitglieder begrenzen kann. Gesetzlich ist hinsichtlich des Ein- und Austritts nur bestimmt, daß bereits Minderjährige, die das 16. Jahr vollendet haben, Mitglieder werden können. Das Mitgliedschaftsrecht wird durch den Geschäftsanteil (share) vermittelt; Ein- und Austritt sind daher durch den Erwerb (Zeichnung) und den Verlust des Geschäftsanteils (Zurückziehung der Einlage oder Übertragung) bedingt. Doch bedarf der Eintritt der Aufnahme seitens der Genossenschaft. Der Minimalbetrag des Anteils beträgt 1 £; kein Mitglied (ausgenommen Genossenschaften) darf mit mehr als 200 £ beteiligt sein. Bei den building societies muß das Mitglied soviel Anteile zeichnen, als zur Deckung des zu gewährenden Darlehns erforderlich sind; die Einzahlungen haben in monatlichen Raten zu erfolgen.

Der Geschäftsanteil kann übertragbar sein, muß es aber nicht. Da der Erwerber Mitglied wird, bedarf ersterenfalls die Übertragung der Zustimmung der Genossenschaft; sie wird erst binnen Monatsfrist nach erfolgter Anzeige wirksam. Ist der Geschäftsanteil nicht übertragbar, so kann die ganze oder teilweise Zurückziehung der Einlage gestattet werden (unzulässig, wenn Bankgeschäfte betrieben werden), sobald der Geschäftsanteil voll eingezahlt ist. Für den Fall des Todes oder der Geisteskrankheit eines Mitglieds können unanfechtbare Übertragungen des Guthabens stattfinden, sofern dieses nicht mehr als 100 £ beträgt; es kann dann das Mitglied bis zu dieser Höhe frei bestimmen, wer sein Erbe sein soll, ohne daß ein förmliches Testament oder Kodizill errichtet werden müßte, es genügt die Einreichung einer dahingehenden, jederzeit widerrufbaren und abänderbaren Erklärung zu Händen der Geschäftsführer der Genossenschaft. Im Falle der Verehelichung ist die Erklärung zu wiederholen, die vorher abgegebene Erklärung verliert ihre Wirksamkeit. Nun hatte die Rechtsprechung angenommen, die Erklärung bewirke auch unterhalb der Grenze von 100 £ eine Ausnahme gegenüber dem regelmäßigen Erb- und damit Erbschaftssteuerrecht nur in Hinblick auf den Betrag des Geschäftsanteils im Augenblick der Abgabe der Erklärung und nicht des Todes. Die Folge war, daß der im regelmäßigen Erbgang beerbte Teil des Geschäftsanteils in Ermangelung eines übereinstimmenden Testaments meist in andere Hände kam, die Witwe z. B. nur ein Drittel erhielt. Hier greift das Gesetz von 1913 durch, indem es die Rechtslage im Sinne des hier dargelegten klarstellt und dabei überdies den Gläubigerzugriff beschränkt auf den Teil des Nachlasses, der zuzüglich Schulden und Begräbniskosten die testierfreie Grenze des Geschäftsanteils von 100 £ übersteigt, worüber die Geschäftsführer der Genossenschaft zu wachen haben.

Die Genossenschaft hat ein Mitgliederverzeichnis zu führen, in das die Mitglieder, die Zeit ihres Eintritts, die Zahl der Geschäftsanteile, die darauf geleisteten Einzahlungen, die Änderungen in den Geschäftsanteilen und die Zeit des Austrittes einzutragen sind mit der Wirkung, daß die Richtigkeit der Eintragungen bis zum Beweis des Gegenteils vermutet wird. Das Verzeichnis ist nach dem Gesetz von 1913 alle drei Jahre der Registerbehörde einzureichen, wobei jedoch, sofern der Wert der Anteile angegeben ist, statt der Namen auch Nummern usw. eingesetzt werden dürfen, da nur die Summe der Kreditunterlagen nachgewiesen werden soll.

Die Mitglieder sind berechtigt, an der Generalversammlung teilzunehmen, das Verzeichnis der Mitglieder und ihr Geschäftskonto einzusehen, sowie die Zusendung eines Exemplars des Jahresberichts zu verlangen. Daneben besteht der Anspruch auf Benutzung der gemeinschaftlichen Einrichtungen und auf Teilnahme am jährlichen Reingewinn nach Maßgabe des Statuts. Doch darf bei der loan society der Betrag des dem einzelnen Mitglied zu gewährenden Darlehns 15 £ nicht übersteigen, auch darf hier niemand vor Rückzahlung des alten ein neues Darlehn erhalten. Bei der specially authorised society ist die Gewinnverteilung ausgeschlossen.

3. Notwendige O r g a n e sind Verwaltungsrat, Sekretär, Geschäftsführer und Generalversammlung.

Der Verwaltungsrat (commitee of management) besteht aus 11 bis 15 Mitgliedern, die von der Generalversammlung gewählt werden, und zwar meist auf 12 oder 18, seltener 24 Monate. Er ist der eigentliche Vorstand der Genossenschaft, der sie gerichtlich und außergerichtlich vertritt, die Geschäfte führt und beaufsichtigt. Seine Organisation gibt er sich meist nicht selbst, sondern die Ämter werden von der Generalversammlung bestimmt, sie bezeichnet den Vorsitzenden (chairman) und seinen Vertreter, Schatzmeister, Schriftführer und die Rechnungsprüfer. Der Verwaltungsrat ist wieder in Kommissionen eingeteilt, denen die einzelnen Geschäftszweige oder sonstige Einrichtungen unterstehen (etwa eine solche für den Kramladen, für die Bäckerei, das Schulwesen usw.). Gesamtvorstand und Kommissionen tagen wöchentlich mindestens einmal.

Der Sekretär unterzeichnet die gerichtlichen Anmeldungen und führt das Mitgliederverzeichnis.

Der Geschäftsführer (general manager) ist ausführender Beamter des Verwaltungsrats, und ihm als solcher für die gesamte Geschäftsführung verantwortlich; er kann mit dem Sekretär identisch sein.

Mitglieder des Verwaltungsrats, Beamte und Angestellte der Genossenschaft, die ihre gesetzlichen Pflichten verletzen, sind strafbar. —

In der Generalversammlung hat jedes Mitglied mindestens eine Stimme; das Statut kann das Stimmrecht gleichmäßig auf eine Stimme beschränken, ohne Rücksicht auf die Anzahl der innehabenden Geschäftsanteile. Das Statut bestimmt, in welcher Form die Berufung der Generalversammlung erfolgt, die Zahl der zur Beschlußfähigkeit erforderlichen Mitglieder, Vorsitz, Abstimmung und Geschäftsordnung. Mit Zustimmung des Schatzamts kann auf Antrag von einem Zehntel der Mitglieder (bei Genossenschaften mit weniger als 1000 Mitgliedern wenigstens 100) eine Sitzung einberufen werden, wenn in dem Antrag ausreichende Gründe hierfür vorgebracht werden; in einer solchen Generalversammlung führt eine speziell zu wählende Person den Vorsitz. In den Fällen der Firmenänderung, der Fusion mit einer anderen Genossenschaft, der Umwandlung in eine Aktiengesellschaft sowie der freiwilligen Auflösung ist nach frühestens 14 Tagen und spätestens einem Monat die Abstimmung zu wiederholen, auch bedarf es bei der ersten Abstimmung der Zustimmung einer Dreiviertelmehrheit.

Bei der Schwerfälligkeit des englischen Gerichtsverfahrens ergab sich die Notwendigkeit, in weitgehendem Umfang ein schiedsgerichtliches Verfahren zuzulassen. Die Statuten können daher ein Schiedsgericht vorsehen, das hinsichtlich aller Streitigkeiten zwischen der Genossenschaft und ihren Mitgliedern als ausschließlich zuständig erklärt werden kann. Soweit das Statut eine solche Einrichtung nicht vorsieht[1], oder die

[1] Es ist auch zulässig, neben dem genossenschaftlichen Schiedsgericht die Registerbehörde als Schiedsgericht zu bezeichnen, die jedoch nur mit Zustimmung des Schatzamtes tätig werden darf.

Entscheidung nicht binnen 40 Tagen fällt, kann Klage bei dem Grafschaftsgericht erhoben werden.

4. Den Genossenschaften ist der Betrieb jeder Art von Geschäften gestattet, insbesondere seit 1896 auch Versicherungsgeschäfte. Betreiben sie Bankgeschäfte, so muß das Statut deren Art sowie die Art des Betriebs bezeichnen. Die Einzahlungen auf Geschäftsanteile dürfen nicht zurückgezahlt werden. Am ersten Montag im Februar und August ist in jedem Geschäftsraum ein Geschäftsbericht auszuhängen, der Aufschluß gibt über die Höhe des Kapitals, die Anzahl der Geschäftsanteile und den Betrag der darauf geleisteten Einzahlungen, Betrag und Art der Verbindlichkeiten und der Bestände. Dies gilt aber nicht für solche Genossenschaften, die bei mindestens zweitägiger Kündigungsfrist Spareinlagen bis 10 sh bei einer Einzahlung und höchstens 20 £ von einem Sparer annehmen. Abgesehen von diesem Fall bedarf es hinsichtlich der Aufnahme von Darlehen seitens der Genossenschaft stets statutarischer Bestimmung, und zwar über die Bedingungen, die zu gewährende Sicherheit und den Höchstbetrag. Ebenso bedarf es statutarischer Ermächtigung, wenn den Mitgliedern Darlehen gegeben werden sollen; die Genossenschaften unterliegen regelmäßig nicht den für gewerbsmäßige Geldverleiher gegebenen Vorschriften (Gesetz von 1900). Bei der specially authorised society dürfen Vorschüsse nur zu speziell genehmigten Zwecken gegeben werden. — Allgemein zulässig ist der Geschäftsverkehr mit Nichtmitgliedern, doch unterliegt alsdann die Genossenschaft der Einkommensteuer [1].

Über die Art der Gewinnverteilung hat das Statut Bestimmung zu treffen. Die Bildung eines Reservefonds ist nicht vorgeschrieben. —

Alljährlich vor dem 1. April hat die Genossenschaft der Registerbehörde einen Geschäftsbericht einzusenden, dessen Form von der Registerbehörde vorgeschrieben wird [2]. Er muß Einnahmen und Ausgaben, Bestand und Anlage des Vermögens nachweisen sowie an-

[1] Sobald sie 160 £ Gewinn aus dem Geschäftsbetrieb und den Zinsen von Staatspapieren erzielt. Eine Befreiung von der Einkommensteuer findet statt, wenn der Geschäftsbetrieb auf die Mitglieder beschränkt ist, andererseits aber die Mitgliederzahl und die Anzahl der Geschäftsanteile unbeschränkt, nicht geschlossen sind.

[2] Das Gesetz von 1913 enthält einige kleinliche, Wünsche der Behörden befriedigende, hierher gehörende Bestimmungen; wichtig für die Genossenschaften sind dabei die für die Einreichung des Jahresberichtes gewährten längeren Fristen.

geben, wann und durch wen die Revision stattgefunden hat; der Bericht ist vom Revisor zu unterzeichnen. Auf Grund dieser Unterlagen überreicht der Chiefregistrar alljährlich dem Parlament einen Bericht, der veröffentlicht wird und über jede einzelne Genossenschaft genaue Nachweisungen enthält. Außerdem muß die Genossenschaft den Mitgliedern und jedem, der ein berechtigtes Interesse daran hat, auf Verlangen unentgeltlich eine Abschrift des letzten Jahresberichts zustellen, auch sind der letzte Revisionsbericht sowie die letzte Bilanz im Geschäftslokal auszuhängen.

Die Revision findet alljährlich mindestens einmal statt, und zwar bis 1. Januar 1914 nach Maßgabe des Statuts entweder durch einen der öffentlichen, vom Schatzamt bestellten Revisoren (public auditors) oder durch mindestens zwei freie Revisoren. Das Gesetz von 1913 hat dieses Wahlrecht beseitigt und verlangt stets Revision durch einen geprüften, amtlich bestätigten Fachmann. Sie erstreckt sich auf alle Zweige der Verwaltung; insbesondere ist die Bilanz zu prüfen und die Richtigkeit der buchmäßig ausgewiesenen Bestände. Über das Ergebnis der Revision ist der Genossenschaft ein Bericht zu erstatten, den sie mit dem Geschäftsbericht der Registerbehörde einreichen muß. Zum Zwecke der Durchführung des Revisionen ist die Behinderung der Revision oder die Erstattung unrichtiger Auskünfte mit Strafen bedroht.

Auf Antrag eines Zehntels der Mitglieder (bei weniger als 1000 Mitgliedern wenigstens 100) kann bei Vorliegen einer ausreichenden Begründung die Registerbehörde mit Zustimmung des Schatzamts eine außerordentliche Revision durch einen oder mehrere Inspektoren anordnen. Sie können insbesondere Mitglieder und Angestellte der Genossenschaft eidlich vernehmen, und haben über ihren Befund der Registerbehörde Bericht zu erstatten. Daneben kann auf Antrag von zehn der Genossenschaft seit zwölf Monaten angehörenden Mitgliedern ein Rechnungsbeamter (accountant) oder Versicherungstechniker (actuary) beauftragt werden, die Bücher der Genossenschaft einzusehen. Das Ergebnis dieser Prüfung ist von der Registerbehörde den Antragstellern und der Genossenschaft mitzuteilen.

5. Die Beendigung der Genossenschaft tritt ein durch Löschung seitens der Registerbehörde oder durch Auflösung.

a) Eine Löschung durch die Registerbehörde erfolgt:

aa) ohne Mitwirkung der Genossenschaft, wenn die Zahl der Mitglieder unter sieben sinkt, die Eintragung irrtümlicher- oder erschlichenerweise erfolgt war, wenn die Genossenschaft ihre Tätigkeit eingestellt hat und tatsächlich nicht mehr existiert, wenn sie ungesetzliche Zwecke verfolgt und schließlich, wenn sie trotz erfolgter Abmahnung (after notice from a registrar) den Vorschriften des Gesetzes zuwiderhandelt. In den beiden letzteren Fällen ist jedoch zur Löschung Genehmigung des Schatzamts erforderlich, auch kann zunächst wiederholt Suspension auf je drei Monate angeordnet werden. Die Absicht der Löschung und Suspension ist der Genossenschaft zwei Monate vor der endgültigen Anordnung unter Angabe der Gründe anzuzeigen, wogegen Beschwerde — ohne aufschiebende Wirkung — stattfindet;

bb) auf Antrag der Genossenschaft zufolge Beschlusses der Generalversammlung. Der Antrag ist zu begründen; es braucht ihm nicht stattgegeben zu werden. Dieses Verfahren ermöglicht eine Vermeidung des umständlichen Liquidationsverfahrens, wenn keine Schulden da sind.

In beiden Fällen ist die Anordnung der Löschung (Suspension) alsbald durch die Registerbehörde bekannt zu machen, womit die Wirkungen der Anordnung eintreten: die Genossenschaft besitzt keine Korporationsrechte mehr, die Mitglieder haften persönlich und unbeschränkt, doch können die Verbindlichkeiten so geltend gemacht werden, als sei die Löschung nicht erfolgt.

b) Aufgelöst wird die Genossenschaft durch Liquidation, die wieder auf einem Gerichtsbeschluß oder einem Beschluß der Generalversammlung beruht; in beiden Fällen wird die Abwicklung der vermögensrechtlichen Beziehungen angestrebt. Der Unterschied liegt nicht sowohl in den Voraussetzungen, als darin, daß bei der gerichtlichen Liquidation eben der Liquidator sein Recht vom Gericht ableitet und von diesem überwacht wird [1], während er bei der freien Liquidation vom Gericht unabhängig ist. Möglich ist aber auch, daß sich die Genossenschaft mit freier Liquidation der Aufsicht des Gerichts unterwirft (Gesetz von 1908). Aber während die gerichtliche Liquidation dann angeordnet wird, wenn die Genossenschaft zahlungsunfähig ist,

[1] Diese gerichtliche Liquidation zielt also auf eine regelrechte Abwicklung der vermögensrechtlichen Beziehungen ab und unterscheidet sich dadurch wesentlich von der französischen liquidation judiciaire, die sich nur als eine Art von Ausgleichsverfahren darstellt (vgl. unten S. 73, A. 1).

oder das Gericht die Anordnung aus sonstigen Gründen für just and equitable hält, kann auch bei der freien Liquidation das Gericht auf Antrag des Liquidators, eines Gläubigers oder Beitragspflichtigen jede sich ergebende Frage entscheiden, oder wenn es dies für zweckmäßig hält, die Befugnisse ausüben, die ihm im Falle der gerichtlichen Liquidation zustünden, so daß das Gericht jede freiwillige in eine gerichtliche Liquidation umwandeln kann. Umgekehrt kann es letztere freier ausgestalten. Eine gerichtliche Liquidation findet statt bei Überschuldung der Genossenschaft, Unmöglichwerden des Zwecks, fraudulose Gründung, völliger Stillstand d. h. Einstellung des Geschäftsbetriebs. Die Auflösung wird in Fällen der gerichtlichen Liquidation nach erfolgter Vermögensverteilung durch Gerichtsbeschluß ausgesprochen. Bei der freiwilligen Liquidation erstattet der Liquidator nach erfolgter Abwicklung der Geschäfte einer Schlußversammlung Bericht. In beiden Fällen hat der Liquidator der Registerbehörde binnen einer Woche Anzeige zu erstatten, die die Auflösung einträgt, mit der Wirkung, daß die Genossenschaft binnen drei Monaten von der Eintragung ab aufgelöst wird.

Daneben findet die Auflösung statt durch Beschluß von drei Viertel der Mitglieder, die hierüber eine Auflösungsurkunde zu errichten und zu unterzeichnen haben. Die Urkunde muß angeben die Aktiva und Passiva der Genossenschaft, die Zahl der Mitglieder und ihre Forderungen an die Genossenschaft, die Forderungen der Gläubiger und die Mittel für deren Befriedigung, die Bestimmungen über die Verteilung des Vermögens. Sie ist in doppelter Ausfertigung der Registerbehörde zuzustellen nebst einer Erklärung der Richtigkeit und Gesetzmäßigkeit; die Registerbehörde trägt die Urkunde ein und macht die Eintragung bekannt. Ist binnen drei Monaten weder seitens eines Mitglieds, noch eines Gläubigers oder sonstigen Vermögensinteressenten Beschwerde eingelegt worden, oder ist die Beschwerde zurückgewiesen worden, so ist jetzt die Genossenschaft aufgelöst.

6. Im Falle der Auflösung durch Liquidation besteht die Möglichkeit der Geltendmachung der Haftpflicht der Mitglieder, soweit eine solche überhaupt vorhanden war. Die Mitglieder haben nämlich bis zum Betrage der übernommenen und noch nicht voll eingezahlten Geschäftsanteile Beiträge einzuschießen, soweit dies zur Befriedigung der Gläubiger erforderlich ist. Stellt das Gericht fest, daß damit die Gläubiger nicht befriedigt werden, so haben die im letzten Jahre ausgeschiedenen Mitglieder bis zur Höhe ihrer Geschäftsanteile zur Deckung

der vor ihrem Ausscheiden eingegangenen Verbindlichkeiten einzutreten; war der Geschäftsanteil zurückziehbar, so gelten die Mitglieder, die ihre Einzahlungen zurückgezogen haben, mit Bezug auf diesen Anteil als am Tag des Gesuchs um Rückzahlung ausgeschieden.

II. In **Britisch-Indien**[1] gilt ein Genossenschaftsgesetz aus dem Jahre 1904, das zunächst nur für Kreditgenossenschaften galt, 1912 aber mit einer Reihe von Verbesserungen auf alle Genossenschaftsarten ausgedehnt wurde. Danach kann eine Genossenschaft nur zwischen natürlichen Personen errichtet werden, die mindestens 18 Jahre alt sind und in derselben Gemeinde oder Ansiedlung wohnen; mit Zustimmung der Registerbehörde[2] kann auch Zugehörigkeit zur Kaste verlangt werden. Die Zahl der Gründer beträgt mindestens zehn. Sind vier Fünftel der Mitglieder Landwirte, so liegt eine landwirtschaftliche, anderenfalls eine städtische Genossenschaft vor; dieser Charakter ist bei der Eintragung zu vermerken. Die Haftung der Mitglieder ist nach Wahl beschränkt oder unbeschränkt, doch ist sie bei der landwirtschaftlichen Genossenschaft insolange unbeschränkt, als nicht die Regierung ein anderes gestattet. Ebenso ist bei der letzteren jede Gewinnverteilung verboten, der etwaige Gewinn ist dem Reservefonds zuzuführen; erreicht dessen Höhe die Gesamthaftsumme der Mitglieder (also nur denkbar bei beschränkter Haftung!), so können drei Viertel der folgenden Jahresgewinne als Kundengewinne zurückvergütet oder gutgeschrieben werden. Bei städtischen Genossenschaften ist jährlich ein Viertel des Reingewinns an den Reservefonds abzuführen.

Ist die Genossenschaft ermächtigt, von ihren Mitgliedern Einlagen anzunehmen, so bedarf sie der statutarischen Ermächtigung zur Aufnahme von Anleihen bei Dritten. Auch können Darlehen und Vorschüsse nur an Mitglieder gegeben werden; doch kann landwirtschaftlichen Genossenschaften von der Registerbehörde eine Ausnahme bewilligt werden, auch können sie Dispens von dem für sie sonst geltenden Verbot der Beleihung von Mobilien erhalten. Die Regierung kann im Einzelfall die Beleihung von Baugrundstücken usw. verbieten.

---

[2] Annuaire de legislation étrangère, publ. par la soc. de legislation comparée de Paris, t. 34 p. 663; vgl. auch Internat. Agrarökonomische Rundschau (herausgegeben vom Internat. Landwirtschaftsinstitut in Rom), Bd. 41 (Mai 1914) S. 20 ff.

[1] Als solche fungiert der für den Bezirk einer Provinz oder eines Teils einer solchen von der Regierung ernannte registrar.

Die Genossenschaft hat ein Vorrecht hinsichtlich der Ernte und sonstigen landwirtschaftlichen Erzeugnissen ihrer Mitglieder hinsichtlich der von ihr gewährten Vorschüsse, einerlei, ob diese in Geld oder Naturalien bestanden, und zwar für ein Jahr; das Vorrecht bleibt in Wirkung auch nach dem Ausscheiden aus der Genossenschaft. Ihm geht nur der Anspruch des Staates auf die Grundsteuer und des Grundstückseigentümers hinsichtlich Miete und Pacht vor.

Die Rechnungen der Genossenschaft unterliegen der Verifikation durch die Registerbehörde, die die gesamten Verhältnisse der Genossenschaft einer Nachprüfung unterziehen kann. Je nach dem Ergebnis — sonst auf Verlangen von drei Viertel der Mitglieder — kann sie die Auflösung der Genossenschaft anordnen und sie im Register streichen, vorbehaltlich der Beschwerde der Mitglieder an die Regierung. Erlangte die Genossenschaft durch die Eintragung juristische Persönlichkeit, so geht sie jetzt wieder verloren; der registrar ernennt dann den Liquidator zur Abwicklung der vermögensrechtlichen Beziehungen.

III. In **Kanada** hat sich die Genossenschaft noch wenig eingeführt. Näheres vgl. in Internat. Agrarökonomische Rundschau Bd. 29 (Juni 1913) S. 17 ff., 48 (Dezember 1914) S. 8 ff., 57 (September 1915) S. 1 ff.

IV. Über die Verhältnisse in **Südafrika** vgl. Internat. Agrarökonomische Rundschau Bd. 45 (September 1914) S. 18 ff.

V. Auch in **Australien** steht die Genossenschaftsbewegung noch in den Anfängen. Ein Gesetz für den Commonwealth ist infolgedessen noch nicht ergangen. Es liegen nur gelegentliche Einzelgesetze der Dominions vor, vgl. z. B. Internat. Agrarökonom. Rundschau Bd. 55 (Juli 1915) S. 52. Eine Übersicht über den Stand des Genossenschaftswesens überhaupt findet sich daselbst Bd. 49 (Januar 1915) S. 12 ff.

Österreich.

Literatur: Staub und Pisko, Kommentar zum Handelsgesetzbuch, Wien 1902. — Canstein, Lehrbuch des österreichischen Handelsrechts, Berlin 1895/96, Bd. 1, S. 606 ff. — v. Randa und Wolff, Das österreichische Handelsrecht mit Einschluß des Genossenschaftsrechts, Wien 1905. — Brecher, Das Gesetz über Erwerbs- und Wirtschaftsgenossenschaften (in „Das Öst. Recht", Berlin 1905, Bd. 2, S. 881 ff.). — Stroß, Das österreichische Genossenschaftsrecht, Wien 1887. — Hartl, Gesetze und Verordnungen über Erwerbsgesellschaften nach österreichischem Recht, Wien 1911. — Neudörfer, Der Entwurf eines neuen Genossenschaftsgesetzes und die Entwicklung des österreichischen Genossenschaftswesens, Wien 1913.

Die Entwicklung des freien Genossenschaftswesens in Österreich zeigt eine große Ähnlichkeit mit der in Deutschland. Auch in Österreich kleideten sich die ersten Genossenschaften in die Form privatrechtlicher Vereine, wofür sie das Opfer der eigenen juristischen Persönlichkeit bringen mußten; nach dem Vereinsgesetz von 1852 bedurften sie aber auch ohne solche einer behördlichen Verwilligung, die erteilt werden kann, wenn der Vereinszweck erlaubt und der Bewerber vertrauenswürdig ist, der Plan außerdem den gesetzlichen Anforderungen entspricht. Spätere Statutenänderungen sind zu genehmigen, der Staat hat ein Aufsichtsrecht und kann dem Verein einen Kommissar beiordnen. Dieses Bevormundungssystem war der Entwicklung der freien Genossenschaften nicht sehr günstig, und zwar um so weniger — es ist das ein sehr wesentlicher Unterschied in den Entwicklungsfaktoren gegenüber Deutschland —, als der Staat von sich aus die Neuorganisation des Handwerks auf den Trümmern der in der ersten Hälfte des 19. Jahrhunderts zusammengebrochenen Zunftverfassung in die Hand genommen hatte. So rief die Gewerbeordnung von 1859 unter gleichzeitiger Aufhebung des Zunftzwangs öffentliche Zwangsgenossenschaften des Handwerks auf persönlich-territorialer Grundlage ins Leben. Der Zahl nach [1] überwogen diese Zwangsgenossenschaften — die man am besten

[1] Ende der 60er Jahre standen etwa 1500 freien rund 2800 Zwangsgenossenschaften gegenüber.

mit den Innungen des Reichsrechts vergleicht — sehr bald die freien Genossenschaften; doch scheinen anfangs nicht viel eigentliche Neugründungen stattgefunden zu haben, die meisten dieser Zwangsgenossenschaften scheinen übergeleitete alte Zünfte gewesen zu sein. Der Entwicklung des freien Genossenschaftswesens war die Tatsache ihres Vorhandenseins jedoch hinderlich genug. Erst nachdem das Vereinsgesetz vom 15. November 1867 einige Erleichterung gebracht hatte, erfuhr die freie Genossenschaft Ende der sechziger Jahre von Staats wegen Anerkennung, indem nach dem Vorbilde Englands, Preußens und Frankreichs im Jahre 1869 ihre gesetzliche Regelung in Angriff genommen wurde, und zwar zunächst zusammen mit der Aktien- und der Aktienkommanditgesellschaft. Um das Genossenschaftsgesetz nicht länger hinauszuziehen, wurde es 1872 für sich behandelt und am 9. April 1873 vollzogen. Es bildet noch heute die Grundlage des österreichischen Genossenschaftsrechts, ist jedoch durch das Gesetz vom 10. Juni 1903 ergänzt, das nach deutschem Muster die obligatorische Revision einführte. Ein Spezialgesetz vom 16. Juni 1892 besteht ferner für die sogenannten registrierten Hilfskassen, das sich auf solche Gegenseitigkeitsversicherungsvereine bezieht, die sich nicht in eine sonstige Rechtsform gekleidet haben; für letztere gilt das Versicherungsregulativ vom 5. März 1896.

Daneben blieb aber der Staat nicht müßig; die Gewerbeordnungsnovelle von 1883 baut die Zwangsgenossenschaft aus, die jetzt alle gewerblichen Betriebe mit Ausnahme der fabrikmäßigen umfaßt. Die Gewerbeordnungsnovelle vom 23. Februar 1897 machte das Gesetz über die freiwillige Organisation nutzbar zugunsten der gewerblichen obligatorischen Staatsorganisation, und eine Verordnung vom 31. Mai 1899 rief zur Förderung und Entwicklung der Zwangsorganisation das Institut der Genossenschaftsinstruktoren ins Leben.

So stehen in Österreich die freien und die Zwangsgenossenschaften nebeneinander. Beide haben sich in ihrer Art bewährt. Beide haben eine umfassende Organisation in Verbänden, beide kennen das Institut der Revision. Auch die freie Organisation wird von Staats wegen planmäßig gefördert; sie genießt zahlreiche Steuer- und Gebührenprivilegien. Seit 1892 besteht die staatliche „Gewerbeförderung“, der seit 1908 auch budgetäre Mittel zur Förderung des kleingewerblichen Kreditwesens zur Verfügung stehen. Zu erwähnen ist auch das Gesetz vom 22. Dezember 1910 über die Errichtung eines Wohnungsfürsorgefonds, das unter anderem für Baugenossenschaften Mittel zur Verfügung stellt.

II. Das Gesetz vom 9. April 1873 lehnt sich im großen Ganzen an das deutsche Gesetz vom 4. Juli 1868 an [1]. Dies zeigt sich schon in der Definition der Genossenschaft [2] als „Verein von nicht geschlossener Mitgliederzahl, der die Förderung des Erwerbs oder der Wirtschaft seiner Mitglieder mittelst gemeinschaftlichen Geschäftsbetriebes oder mittelst Kreditgewährung bezweckt". Aber während das deutsche Bundesgesetz sich zunächst gegenüber der beschränkten Haftpflicht ablehnend verhielt, ist sie nach bayrisch-sächsischem Muster in Österreich von vornherein wahlweise neben der unbeschränkten Haftung eingeführt worden (§ 2). Die Haftpflicht ist subsidiär und auf den Ausfall beschränkt, den der Gläubiger im Genossenschaftskonkurs [3] erleidet. Ihrem Wesen nach sind aber beschränkte und unbeschränkte Haftung grundverschieden: Bei letzterer besteht eine Haftung sowohl gegenüber dem Gläubiger, wie gegenüber den anderen Genossen; es findet ein Umlageverfahren statt, das vom Vorstand betrieben wird, aber die Gläubiger nicht hindert, unmittelbar die Genossen anzugreifen (§§ 60—68). Im Falle der beschränkten Haftung besteht keinerlei direkte Verhaftung gegenüber dem Gläubiger, sondern nur gegenüber der Genossenschaft als solcher, es findet nur indirekte Gläubigerhaft kraft Umlageverfahrens statt, dessen Betreibung dem Konkursverwalter obliegt (§ 85). Und zwar ist hier auf das Gläubigerinteresse insofern Rücksicht genommen, als sich die Haftung nicht auf den Nominalbetrag des Geschäftsanteils beschränkt, so daß also bei dessen Volleinzahlung keine weitere Einstandspflicht des Genossen bestünde, sondern es kann eine Haftsumme eingezogen werden, die mindestens und im Zweifel nochmals die Höhe des Geschäftsanteils erreicht und danach wie nach deutschem Reichsrecht nur höher, nicht niedriger als der Geschäftsanteil festgesetzt werden kann [4] (§ 76).

[1] Mit der Folge, daß viele der für das deutsche Reichsrecht heute ausgeschiedenen Zweifelsfragen noch offen stehen.

[2] Die Unterschiede der Genossenschaft von den Gesellschaften des HGB und der Gesellschaft m. b. H. (Ges. v. 6. März 1906) sind dieselben wie in Deutschland.

[3] Das Gesetz bestimmt zwar, daß die Haftung auch für den Ausfall im Falle der Liquidation besteht; die Feststellung der Überschuldung zwingt jedoch die Liquidatoren zur Konkurseröffnung, auch ist die Geltendmachung der Haftung mindestens durch den Eröffnungsantrag, regelmäßig auch durch die Konkurseröffnung bedingt; vgl. unten VIII.

[4] Ob man mit Gierke, Genossenschaftstheorie, S. 287 N. 2, die den Gläubigern dergestalt als Haftungsobjekt dienende Haftungssumme als Stück des Geschäfts-

Die Errichtung der Genossenschaft erfordert zunächst schriftliche Feststellung des Statuts durch die Gründer (§ 3), für die eine Mindestanzahl nicht vorgeschrieben ist. Sein Mindestinhalt ist (§ 5):

a) Gegenstand des Unternehmens, Sitz und Firma der Genossenschaft. Die Firma muß vom Gegenstand der Unternehmung entlehnt sein, die Bezeichnung „registrierte Genossenschaft" und einen der gewählten Haftungsart entsprechenden Zusatz erhalten. Personennamen darf sie nicht enthalten, außerdem muß sie sich von den am Ort bereits bestehenden Genossenschaftsfirmen deutlich unterscheiden (§ 4);

b) die etwa in Aussicht genommene Zeitdauer der Genossenschaft;

c) die Bedingungen des Eintritts, sowie die etwaigen besonderen Bestimmungen über das Ausscheiden;

d) den Betrag der Geschäftsanteile der einzelnen Genossen und die Art ihrer Bildung;

e) die Grundsätze, nach denen die Bilanz aufzunehmen und der Gewinn zu berechnen ist, die Art und Weise, wie die Prüfung der Bilanz erfolgt, sowie die Grundsätze über die Verteilung von Gewinn und Verlust;

f) Wahl und Zusammensetzung des Vorstands, Form der Legitimation seiner Mitglieder, ihrer Stellvertreter und der Beamten der Genossenschaft;

g) die Form der Zusammenberufung der Genossenschafter, die Bedingungen des Stimmrechts und die Form, in der es auszuüben ist;

h) die Gegenstände, hinsichtlich deren eine andere Abstimmung als nach einfacher Majorität erforderlich sein soll;

i) die Art und Weise, in der die von der Genossenschaft ausgehenden Bekanntmachungen erfolgen;

---

anteils konstruieren will, tut nichts zur Sache. Mißverständlich wirkt es aber, wenn hier gesagt wird, der Geschäftsanteil „bestimme den Mindestbetrag der nicht unter seinem Duplum festzusetzenden Haftungssumme"; es erweckt das den Eindruck, als müsse im Konkursfall nochmals das Doppelte des Geschäftsanteils eingeschossen werden, während nur gesagt sein wollte, daß der Genosse insgesamt nicht mit dem Simplum, sondern dem Duplum des Geschäftsanteils einzustehen habe. Dabei soll nicht geleugnet werden, daß der Geschäftsanteil stark aktienmäßig aufgefaßt wird; noch wesentlich stärker im ungarischen Gesetz (unten S. 53).

k) die Angabe der gewählten Haftungsart und eventuell des Umfangs der Haftung;

l) die Benennung der Mitglieder des ersten Vorstands oder der Personen, die die erste Registrierung zu erwirken haben.

Dieses Statut ist bei dem Handelsgericht des Sitzes der Genossenschaft zur Eintragung im Genossenschaftsregister anzumelden, und zwar besteht abweichend vom deutschen Reichsrecht Eintragungszwang für die nach Inkrafttreten des Genossenschaftsgesetzes zu errichtenden Vereine, so daß nur noch die Form der registrierten Genossenschaft möglich ist. Erfolgt die Eintragung, so besteht die Genossenschaft nunmehr als solche (§ 8) mit den Rechten einer juristischen Person [1] (§ 12). Bis zur Eintragung haften die für die Genossenschaft handelnden Personen persönlich und solidarisch (§ 8). Der eingetragene Gesellschaftsvertrag muß im Auszug [2] veröffentlicht werden. In der Folge eintretende Änderungen des Gesellschaftsvertrags sind schriftlich festzustellen und unter Beilegung einer Abschrift des Beschlusses zur Eintragung anzumelden. Eine Veröffentlichung der Eintragung findet nur insoweit

[1] Die Frage ist nicht unbestritten, vgl. v. Randa und Wolf, II, S. 27 ff. Das Gesetz bringt die juristische Persönlichkeit jedenfalls nur indirekt zum Ausdruck: Die Genossenschaft kann unter ihrer Firma Rechte erwerben und Verbindlichkeiten eingehen, Eigentum und andere dingliche Rechte — auch an Grundstücken — erwerben, vor Gericht klagen oder verklagt werden. Sie hat ihren eigenen ordentlichen Gerichtsstand am Sitz der Verwaltung. Die Rechtsgeschäfte des Vorstandes verpflichten nicht die Genossen, sondern die Genossenschaft als solche (§ 18). Schließlich ergibt sich aus der Subsidiarität die Haftung der Mitglieder, die bei beschränkter Haftung sogar überhaupt nur der Genossenschaft und niemals unmittelbar den Gläubigern haften, daß zunächst und nur die Genossenschaft haftet. Sie erscheint somit in jeder Hinsicht als eine von den Mitgliedern verschiedene juristische Persönlichkeit, die in der Form der unbeschränkten Haftung allerdings die Eigentümlichkeit aufweist, daß kraft der Zugehörigkeit zur Genossenschaft auch die Mitglieder eine unmittelbare subsidiäre Haftung für die Schulden der Genossenschaft übernommen haben. Dem entspricht es, daß nach §§ 56 und 57 umgekehrt die Privatgläubiger des unbeschränkt haftenden Mitgliedes keinen Zugriff auf das Genossenschaftsvermögen, sondern nur auf den Zinsen- und den Dividendenanspruch, sowie die Auseinandersetzungsraten haben, daß eine Aufrechnung zwischen Genossenschaft und Schulden des Mitgliedes ausgeschlossen ist (§ 58), usw.

[2] Der Auszug muß das Statut des Gesellschaftsvertrags, sowie die oben zu a, b und h aufgeführten Punkte, die etwa vorgesehene Form der Erklärung und Zeichnung des Vorstandes und schließlich Name und Wohnort der etwa bestellten ersten Vorstandsmitglieder enthalten (§ 6).

statt, als sich dadurch die früher bekanntgemachten Bestimmungen ändern. Die Änderung erlangt erst mit der Eintragung Wirksamkeit. — Sind Zweigniederlassungen vorhanden, so sind hier die gleichen Anmeldungen wie bei der Hauptniederlassung zu bewerkstelligen (§ 10). Das Statut kann nicht nur bei dem Gericht, sondern auch bei der Genossenschaft selbst von jedermann eingesehen werden (§ 14).

Die Anmeldungen sind bei dem Registergericht zu Protokoll zu geben oder in gerichtlich bzw. notariell beglaubigter Form einzureichen (§ 2 Verordn. vom 14. Mai 1873); seit 1895 in einfacher Form, wenn die Unterschrift bereits in beglaubigter Form deponiert ist (Brecher S. 887). Die Anmeldung kann durch Ordnungsstrafen erzwungen werden (§ 87).

Für Genossenschaften, deren Unternehmen ganz oder teilweise Handelsgeschäfte zum Gegenstand hat, gelten die für Kaufleute gegebenen Vorschriften des Handelsgesetzbuchs (§ 13). Wenn sie die für Vollkaufleute vorgeschriebene Erwerbssteuer zahlen, so haben sie deren Rechte und Pflichten, also namentlich die Pflicht zur Buchführung und das Recht zur Bestellung von Prokuristen (Verord. vom 11. August 1898).

III. Die Rechtsverhältnisse der Mitglieder richten sich im allgemeinen nach dem Statut, das vom Gesetz nur in den ausdrücklich vorgesehenen Fällen abweichen darf (§ 11).

1. Der Erwerb der Mitgliedschaft setzt die Abgabe einer schriftlichen Beitrittserklärung voraus (§ 3). Weitere Formalitäten sind nicht zu erfüllen. Das Gesetz verlangt zwar, daß am Sitze jeder Genossenschaft und ihrer Zweigniederlassungen ein Mitgliedsregister [1] zu führen ist, dessen Einsicht jedermann gestattet werden muß (§ 14), dessen Führung nach § 87 sogar durch Ordnungsstrafen erzwungen werden kann — aber es legt den Einträgen in diese Register keinerlei konstitutive Bedeutung bei, oder doch nur sehr beschränkt (vgl. unten III. 2). Das Statut kann die Aufnahme neuer Mitglieder [2] von der Erfüllung von Bedingungen abhängig machen, etwa Zahlung eines Eintritts-

[1] Einzutragen sind darin Vor- und Zuname, sowie der Stand (nicht auch der Wohnort) der Mitglieder, der Tag des Eintritts und des Ausscheidens, die Anzahl der Jedem gehörigen Geschäftsanteile, sowie die Kündigung eines oder mehrerer Geschäftsanteile.

[2] Die früher zweifelhafte Frage, ob auch juristische Personen zur Mitgliedschaft zugelassen werden können, ist durch § 1 des Ges. vom 10. Juni 1903 in bejahendem Sinn gelöst worden.

geldes, Angehörigkeit zu einem bestimmten Beruf usw.; nur dürfen diese Bedingungen nicht so gestellt werden, daß dadurch tatsächlich die Mitgliederzahl geschlossen wird. Neu eintretende Mitglieder haften für die bis dahin entstandenen Verbindlichkeiten der Genossenschaft, entgegenstehende Abreden sind gegenüber Dritten unverbindlich [1] (§ 53).

2. Ein Ausscheiden der Mitglieder findet in den durch das Statut bezeichneten Fällen statt und unter den hier angegebenen näheren Umständen. Doch kann das Recht des freiwilligen Austritts nicht ganz oder so gut wie völlig ausgeschlossen werden. Im Zweifel findet der Austritt nur zum Schluß des laufenden Geschäftsjahres und unter Einhaltung einer vierwöchigen Kündigungsfrist statt (§§ 54, 77). Der Tod eines Mitglieds ist im Zweifel nur bei unbeschränkter Haftung Erlöschensgrund, und auch nur, wenn das Statut nichts Gegenteiliges bestimmt. Bei unbeschränkter Haftung hat schließlich der Gläubiger eines Mitglieds die Möglichkeit, unter den Voraussetzungen des § 59 an Stelle des Mitglieds zu kündigen; diese Kündigung muß mindestens 6 Monate vor Ablauf des Geschäftsjahres geschehen, einerlei, ob die statutarische Kündigungsfrist für die Mitglieder etwa kürzer ist.

Ausscheidende Mitglieder oder deren Erben haben Anspruch auf Ausantwortung des Geschäftsanteils nach Maßgabe des Rechnungsergebnisses für das Jahr, in dem der Genosse ausgeschieden ist. An die Reservefonds und das sonstige Vermögen der Genossenschaft besteht kein Anspruch, sofern nicht das Statut ein Anderes bestimmt (§§ 55, 79). Der Anspruch entsteht bei unbeschränkter Haftung binnen eines Monats nach Feststellung des Rechnungsabschlusses, bei beschränkter Haftung erst nach Ablauf eines Jahres vom Ablauf des Geschäftsjahres ab, in dem das Ausscheiden erfolgte, eventuell nach Ablauf der statutarisch vorgesehenen längeren Frist. Bis zum Ablauf dieser Frist, bei unbeschränkter Haftung bis zum Ablauf der zweijährigen Verjährungs-

[1] Ausdrücklich sagt dies das Gesetz nur für den Fall der unbeschränkten Haftung; doch muß das Gleiche auch bei beschränkter Haftung gelten. Offenbar soll zum Ausdruck gebracht werden, daß auch dem Gläubiger gegenüber für die früher entstandene Verbindlichkeit gehaftet werden soll. Bei der reg. Genossenschaft m. b. H. ist angesichts des Fehlens eines direkten Gläubigerzugriffs natürlich eine solche Bestimmung unnötig, weshalb hier auch unnötig war, die Vorschrift der §§ 56 und 57 zu wiederholen, wonach bei unbeschränkter Haftung die Privatgläubiger eines Mitglieds keinen Zugriff auf das Genossenschaftsvermögen haben.

frist[1] des § 73, bleibt der Ausgeschiedene für die bis zu seinem Ausscheiden entstandenen Verbindlichkeiten dem Gläubiger gegenüber subsidiär für dessen etwaigen Ausfall gegenüber der Genossenschaft in Haftung. Wird die Genossenschaft vor Fälligwerden des Anspruchs auf Auszahlung des Guthabens aufgelöst, so schiebt sich die Fälligkeit hinaus, und zwar bei unbeschränkter Haftung bis feststeht, daß für die Befriedigung der Gläubiger genügend Vermögen vorhanden ist, bei beschränkter Haftung bis zum Ablauf eines Jahres seit der dritten Bekanntmachung der Auflösung (§§ 55, 81). Die Liquidatoren haften dafür, daß sie die Geschäftsanteile nicht vorzeitig auszahlen (§ 48).

3. Der Inhalt des mitgliedschaftlichen Verhältnisses kann im Statut in freiester Weise gestaltet werden. Im allgemeinen gilt der Grundsatz der Gleichheit, doch braucht ihn das Statut nicht festzuhalten, selbst das Stimmrecht in der Generalversammlung kann abgestuft werden (§ 27 Abs. 2). Als mitgliedschaftliche Rechte nennt das Gesetz speziell die Einsicht in das Protokollbuch der Generalversammlung (§ 34) und auf Erteilung einer Abschrift (Abdruck) des Statuts sowie der genehmigten Rechnungsabschlüsse und Bilanzen (gegen Kostenersatz) und Unterzeichnung dieser Schriftstücke (§ 35).

Was das vermögensrechtliche Verhältnis anlangt, so unterläßt es das Gesetz, auf die Begriffe Geschäftsanteil und Mitgliederguthaben näher einzugehen[2]. Ihre Bedeutung ist die gleiche, wie für Deutschland: der Geschäftsanteil bedeutet die Möglichkeit, bis zu der die pflichtmäßige Beteiligung erfolgen kann, das Guthaben stellt die Beteiligung selbst dar. Bei unbeschränkter Haftung kann man sich nur auf einen, bei beschränkter Haftung gegebenenfalls auf mehrere Geschäftsanteile beteiligen. Im Gegensatz zum geltenden deutschen Recht können auch bei bestehender Mitgliedschaft ein oder mehrere Geschäftsanteile gekündigt werden (§ 77), doch muß mindestens ein Geschäftsanteil dem

[1] Die Verjährung beginnt mit dem Tage der Eintragung des Ausscheidens in das Mitgliedsverzeichnis. Sie wird durch Rechtshandlungen gegen die Genossenschaft (ev. die Liquidatoren oder die Konkursmasse) unterbrochen (§ 74). Verjährt die betreffende Forderung in kürzerer Zeit als zwei Jahre, so gilt diese kürzere Verjährungsfrist (§ 73).

[2] Auch wenn es das Gesetz nicht ausdrücklich vorschreibt, ist doch die Bildung von Geschäftsanteilen notwendig. Raiffeisensche Darlehnskassen ohne solche sind daher nicht Genossenschaft im Sinne des G.G., sondern unterstehen dem Vereinsgesetz und unterliegen demgemäß der Konzessionspflicht und der Staatsaufsicht (Brecher, S. 883).

Mitglied verbleiben. Da der Geschäftsanteil die Einheit der Haftsumme darstellt (§ 76), steht dieser Fall der Kündigung der Mitgliedschaft als solcher gleich. Entsprechend können auch Geschäftsanteile und sonstige auf Grund des Genossenschaftsverhältnisses zugeschriebene Guthaben mit Bewilligung des Vorstands an andere übertragen werden, sofern das Statut nicht ein anderes bestimmt. Doch bleibt der Übertragende bis zum Ablauf der üblichen Fristen subsidiär haftbar (§ 83). — Sacheinlagen sind zulässig.

Die weitgehenden Kautelen des deutschen Rechts hinsichtlich der Einzahlungspflicht sind in Österreich nur durch entsprechende Ausgestaltung des Statuts möglich. Doch folgt aus der Verhaftung der Geschäftsanteile für die Verbindlichkeit der Genossenschaft und deren Freiwerden erst mit bzw. nach dem Ausscheiden, daß bei bestehender Mitgliedschaft eine Rückzahlung der Einlage unzulässig ist.

Die Grundsätze über die Verteilung von Gewinn und Verlust sind im Statut festzulegen; es gehört zu dessen gesetzlichem Mindestinhalt (§ 5). Reservefonds sind nur fakultativ.

IV. Organisation.

1. Der Vorstand ist notwendiges Organ. Er besteht aus einer oder mehreren aus der Zahl der Genossenschafter zu wählenden[1] Personen; ihre Bestellung ist jederzeit widerruflich, vorbehaltlich der Entschädigungsansprüche aus bestehenden Verträgen (§ 15). Die jeweilige Bestellung und jede Änderung in der Zusammensetzung des Vorstands ist zum Genossenschaftsregister anzumelden; vor erfolgter Eintragung und öffentlicher Bekanntmachung kann die Änderung nur bösgläubigen Dritten entgegengehalten werden, wie sie im umgekehrten Falle der Dritte nicht gegen sich gelten zu lassen braucht, wenn er die Änderung weder kannte noch hätte kennen müssen (§ 16). Der Vorstand hat seine Unterschrift bei dem Registergericht zu deponieren.

Ihm liegt ob die Geschäftsführung und Vertretung der Genossenschaft nach näherer Maßgabe des Statuts. Doch wirken etwaige Beschränkungen seiner Vertretungsmacht nicht gegen Dritte (§§ 17—22). Die Mitglieder des Vorstands haften für den durch Zuwiderhandlung gegen Gesetz oder Statut entstehenden Schaden persönlich und solidarisch (§ 23, vgl. auch § 34), insbesondere dafür, daß bei beschränkter Haftung nicht vorzeitig Geschäftsanteile zurückgezahlt werden (§ 82).

[1] Heißt das auch, daß der Vorstand gerade durch die Generalversammlung und nur durch diese aus der Zahl der Genossenschafter gewählt werden kann?

2. Fakultativ ist dagegen der Aufsichtsrat; wird er bestellt, so ist er von der Generalversammlung aus der Mitte der Genossen zu wählen [1]. Vorstandsmitglieder dürfen dem Aufsichtsrat nicht angehören.

Seine Aufgabe besteht in der Überwachung des Vorstands; er kann zur Durchführung dieser Aufgabe erforderlichenfalls Vorstandsmitglieder und Beamte vorläufig entsetzen, und hat erforderlichenfalls eine Generalversammlung zu berufen, wenn dies im Interesse der Genossenschaft erforderlich ist. Er hat die Rechnungen, Bilanzen und Vorschläge zur Gewinnverteilung zu prüfen und darüber der Generalversammlung alljährlich Bericht zu erstatten. Seine Mitglieder haften für den Schaden, den sie durch die Nichterfüllung ihrer Obliegenheiten verursachen (§ 24). Der Aufsichtsrat ist ermächtigt, die Prozesse zu führen, die die Generalversammlung beschließt; wenn die Genossenschaft einen Prozeß gegen die Mitglieder des Aufsichtsrats zu führen hat, wird sie durch Bevollmächtigte vertreten, die in der Generalversammlung gewählt werden. In allen derartigen Prozessen können die Genossen als Intervenienten auftreten (§ 25).

3. Hinsichtlich der Bestellung von Bevollmächtigten und Beamten gilt das gleiche Recht wie in Deutschland, doch kann in Ermangelung einer entgegenstehenden Bestimmung Prokura und Vollmacht für den gesamten Geschäftsbetrieb erteilt werden (§ 26), d. h. soweit die Genossenschaft Vollkaufmann ist (vgl. oben II. a. E.).

4. Die Generalversammlung ist das oberste Organ der Genossenschaft, in dem die Gesamtheit der Genossen die Schicksale der Genossenschaft bestimmt. Näheres über Berufung, Leitung, Abstimmung und Stimmrecht, sowie wegen der eventuellen Abgrenzung der Zuständigkeit gegenüber anderen Organen bestimmt das Statut.

Im Zweifel erfolgt die Berufung durch den Vorstand (§ 28), und zwar in den statutarisch vorgesehenen Fällen, sonst so oft es das Interesse der Genossenschaft erfordert. Ein Recht der Minorität auf Einberufung besteht, wenn der zehnte Teil der Mitglieder — eventuell die im Statut bezeichnete Anzahl — unter Angabe des Zwecks und der Gründe darauf anträgt. Die zur Berufung Verpflichteten können in diesem Falle

---

[1] In der mir vorliegenden offiziellen Ausgabe des Reichsgesetzblattes, 25. Stück, ausgegeben am 17. Mai 1873, heißt es in § 24, die Bestellung des Aufsichtsrates sei jederzeit unwiderruflich. Sollte das nicht ein Druckfehler sein?

auf Begehren der Antragsteller vom Registergericht durch Ordnungsstrafen zur Berufung gezwungen werden (§ 29). Eine Pflicht zur Einberufung besteht für den Vorstand bei beschränkter Haftpflicht, wenn sich aus der Bilanz ergibt, daß die Hälfte des auf die Geschäftsanteile eingezahlten Betrags verloren ist (§ 84 Abs. 1). Bei der Berufung ist stets der Zweck der Generalversammlung bekannt zu geben; über nicht dergestalt angekündigte Gegenstände kann nicht abgestimmt werden, ausgenommen über den Antrag auf Einberufung einer außerordentlichen Generalversammlung. Zur Stellung von Anträgen und zu Verhandlungen ohne Beschlußfassung bedarf es der Ankündigung nicht (§ 30). Zur Beschlußfähigkeit ist im Zweifel die Anwesenheit des zehnten Teils der Mitglieder erforderlich (§ 31), eventuell ist eine zweite Versammlung einzuberufen, die ohne Rücksicht auf die Teilnehmerzahl beschlußfähig ist, aber nur über die Gegenstände der verhinderten Versammlung beschließen kann (§ 32). In Ermangelung entgegenstehender Bestimmung haben alle Genossen gleiches Stimmrecht (§ 27 Abs. 2); da es das Gesetz nicht verbietet, vielmehr mehrfach von „vertretenen" Genossen spricht, können sich die Genossen in der Generalversammlung beliebig vertreten lassen. Im Zweifel entscheidet einfache Majorität und gibt bei Stimmengleichheit die Stimme des Vorsitzenden den Ausschlag. Satzungsänderungen, sowie die Auflösung der Genossenschaft können nur mit Zweidrittelmajorität der abgegebenen Stimmen beschlossen werden (§ 33). Die Beschlüsse sind in ein Protokollbuch einzutragen, dessen Einsicht den Mitgliedern und der Verwaltungsbehörde freisteht.

Eine Anfechtung der Beschlüsse der Generalversammlung ist vom österreichischen Gesetz nicht erwähnt. Einen Schutz gibt also an sich nur die Möglichkeit der Ablehnung der Eintragung gesetzwidriger Satzungsänderungen durch das Registergericht, ferner die Haftbarkeit der Organe der Genossenschaft für die Ausführung etwa satzungswidriger oder den Interessen der Genossenschaft direkt zuwiderlaufender Beschlüsse. Doch wird seitens der Rechtsprechung ein unmittelbares Recht der Anfechtung von Generalversammlungsbeschlüssen im Wege der Klage durch ein Mitglied anerkannt, soweit zum Nachteil des Mitglieds eine Vorschrift des Gesetzes oder Statuts verletzt wurde (v. Randa und Wolf S. 161, 155).

V. Geschäftsführung.

1. Der Geschäftsverkehr mit Nichtmitgliedern ist gesetzlich nicht verboten, doch haben die Steuergesetze mehrfach dagegen Stellung

genommen, indem sie die Genossenschaften, die mit Nichtmitgliedern arbeiten, von den sonst gewährten gesetzlichen Vergünstigungen ausnehmen.

2. Die Genossenschaft hat die erforderlichen Bücher zu führen, und zwar ist der Vorstand hierfür verantwortlich (§ 22 Abs. 1).

3. Alljährlich sind Jahresrechnung und Bilanz zu erstatten und spätestens in den ersten sechs Monaten des neuen Geschäftsjahres bekannt zu machen. Gleichzeitig ist die Zahl der zur Zeit des Bilanzabschlusses vorhandenen und der im Bilanzjahr eingetretenen und ausgeschiedenen Mitglieder, ferner die Zahl der noch bestehenden sowie der zugewachsenen und gekündigten oder rückgezahlten Geschäftsanteile bekannt zu machen (§ 23 Abs. 3). Diese Bekanntmachungen können durch Ordnungsstrafen erzwungen werden (§ 87). Unrichtige Angaben n den Bekanntmachungen, ebenso in den Geschäftsberichten, Protokollen und im Mitgliederverzeichnis werden nach § 89 bestraft.

VI. Staatsaufsicht und Revision.

1. Nach § 90 findet das Vereinsgesetz vom 26. November 1852 (vgl. oben I.) auf registrierte Genossenschaften keine Anwendung. Jedoch ist damit die Genossenschaft der Einwirkung der Verwaltungsbehörden nicht entzogen. Nach § 35 Abs. 2 ist der Behörde eine Abschrift des Statuts und seiner Änderungen jeweils binnen acht Tagen nach erfolgter Registrierung, ferner binnen acht Tagen nach erfolgter Genehmigung eine Abschrift der Rechnungsabschlüsse und Bilanzen vorzulegen. Diese Verpflichtung kann durch Geldstrafen erzwungen werden. Die Verwaltungsbehörde hat das Recht der Einsicht in die Protokollbücher (§ 34 Abs. 2). Wenn eine Genossenschaft ihre Tätigkeit oder ihre Verhandlungen auf andere als die in § 1 des Gesetzes bezeichneten Gegenstände ausdehnt, werden die beteiligten Genossen nach § 88 bestraft. Liegt ein derartiges rechtskräftiges Erkenntnis vor, so ist es der Landesbehörde gerichtsseitig mitzuteilen, der binnen drei Monaten das Recht der Auflösung der Genossenschaft zusteht (§ 37). Gegen die Auflösungsverfügung steht der Genossenschaft binnen vier Wochen der Rekurs an das Ministerium des Innern offen (§ 38). Wird die Auflösung rechtskräftig so ist sie von Amts wegen dem Registergericht zur Eintragung und Bekanntmachung mitzuteilen (§ 39). Eine Staatsaufsicht übt auch das Registergericht, wenn es gemäß § 87 Unrichtigkeiten in den gesetzlich angeordneten Nachweisungen und Mitteilungen mit Ordnungsstrafen ahndet.

Eine Staatsgenehmigung ist in allen den Fällen erforderlich, in denen eine solche speziell erfordert wird, z. B. zur Ausgabe von Pfandbriefen oder Schuldverschreibungen auf den Inhaber (§§ 92, 93). Hier bewendet es bei den allgemeinen Bestimmungen (§ 95).

2. Wie in Deutschland müssen sich alle Genossenschaften mindestens in jedem zweiten Jahre einer Prüfung ihrer Einrichtungen und Geschäftsführung in allen Zweigen der Verwaltung durch einen der Genossenschaft nicht angehörenden Revisor unterwerfen. Abweichend vom deutschen Recht besteht diese Verpflichtung auch für den Fall der Liquidation während der Dauer derselben (§ 1 Rev.-Ges. 1903). Die Bestellung des Revisors erfolgt bei verbandsfreien Genossenschaften durch das Handelsgericht [1], sonst durch einen Revisionsverband [2] (§ 2 Rev.-Ges.); wird die Genossenschaft aus öffentlichen Mitteln subventioniert, so untersteht sie der Revision des Landesausschusses, ebenso

[1] Auch die vor Erlaß des Gesetzes von 1873 in Vereinsform errichteten Genossenschaften, die sich nicht dem Gesetz angepaßt haben, unterliegen der Revisionspflicht, und zwar ernennt hier die politische Landesbehörde den Revisor. Im Gegensatz zu Deutschland ist die Zahl dieser nicht in die spezielle Rechtsform überführten alten Genossenschaften nicht ganz gering; in Deutschland unterliegen sie einer Revisionspflicht nur im Falle der freiwilligen Übernahme.

[2] Der Revisionsverband ist entweder als registrierte Genossenschaft oder als Verein im Sinne des Gesetzes vom 15. November 1867 zu errichten. Ersterenfalls kann er außer der Revision der ihm angehörenden Vereine und Genossenschaften auch gemeinsame Interessenwahrung und Unterhaltung gemeinsamer Geschäftsbeziehungen zum Gegenstand haben. Er muß eine solche Zahl von Genossenschaften umfassen, daß eine wirksame Tätigkeit gesichert erscheint; dem ist genügt, wenn er mindestens 50 oder alle gleichartigen und gleichsprachigen Genossenschaften eines Landes umfaßt. Das Statut muß hierüber Aufschluß geben, das Verbandsgebiet, sowie Näheres über die Bestellung des Revisors und die Ausführung der Revision enthalten (§ 3 RevGes.). Das Recht zur Bestellung des Revisors wird durch die politische Landesbehörde, ev. das Ministerium des Innern verliehen (§ 2 RevGes.). Der Verbandsvorstand hat dem Registergericht und der Landesbehörde die erteilte Revisionsbefugnis nachzuweisen und etwaige Änderungen ungesäumt anzuzeigen (§ 4 RevGes.). Das Recht zur Bestellung des Revisors kann dem Verband entzogen werden, wenn er seine Tätigkeit auf andere als die im Statut bezeichneten Gegenstände ausdehnt, wenn der Revisionspflicht nicht genügt oder wenn die Zahl der angeschlossenen Vereine derart gesunken ist, daß eine wirksame Tätigkeit ausgeschlossen erscheint. Vor der Entziehung ist der Verbandsvorstand zu hören. Die Entziehung ist dem Registergericht und der Landesbehörde amtlich anzuzeigen (§ 5 RevGes.). Die in Deutschland vorgeschriebenen regelmäßigen Anzeigen usw. sind hier nicht erforderlich. Dafür sind eine Reihe anderer Gesichtspunkte zu beachten; vgl. oben im weiteren Text.

die Genossenschaft, die sich dieser Revision durch den Landesausschuß durch ihr Statut unterwirft, solange der Landesausschuß dieses Recht für sich beansprucht (§ 14 Rev.-Ges.). Bei der Bestellung des gerichtlichen Revisors sollen in erster Linie Revisoren der Verbände oder Landesausschüsse berücksichtigt werden (§§ 9, 10, 14 Ausf.V. vom 24. Juni 1903); eine Mitwirkung kommt der Genossenschaft hierbei nicht zu.

Zum Zwecke der Vornahme der Revision ist dem gehörig legitimierten Revisor das Recht gegeben, die Geschäfts- und Betriebsräume der Genossenschaft zu betreten, die Bücher und Papiere einzusehen, den Organen und Beauftragten Auskünfte und Aufklärungen abzuverlangen und den Bestand der Kasse sowie die Bestände an Effekten usw. zu untersuchen. Die abverlangten Auskünfte sind wahrheitsgemäß zu erstatten. Besteht ein Aufsichtsrat, so ist er bei der Revision zuzuziehen (§ 6 Rev.-Ges.). Die Nichtbefolgung der Anordnungen des Revisors kann durch Ordnungsstrafen geahndet werden (§ 11 Rev.-Ges.), demnach auch die Erteilung unrichtiger Auskünfte.

Der Revisor zeigt die Vornahme der Revision dem Gericht (bzw. der Landesbehörde oder dem Landesausschuß, § 14 Rev.-Ges.) an, und erstattet der Genossenschaft über seinen Befund einen Bericht, der sich insbesondere auch darüber auszusprechen hat, ob die gesetzlichen und statutarischen Bestimmungen eingehalten werden (§ 1 Abs. 3). Im Falle der Verbandsrevision ist der Bericht zunächst dem Verbandsdirektor vorzulegen, der ihn prüft und das Ergebnis seiner Prüfung dem Bericht beizufügen hat (§ 7 RevGes.). Von der Ermächtigung, allgemeine Anordnungen über die Abfassung der Revisionsberichte zu erlassen, ist im Gegensatz zu Deutschland in der Verordnung vom 24. Juni 1903 umfassend Gebrauch gemacht. Der Genossenschaftsvorstand hat sofort nach Erhalt des Revisionsberichts, eventuell in gemeinsamer Sitzung mit dem Aufsichtsrat, über den Bericht zu beschließen; ferner ist der Bericht bei der Berufung der nächsten Generalversammlung als Gegenstand der Beschlußfassung anzukündigen, und zwar ist hier der Bericht nebst den etwa vom Verbandsvorstand beigefügten Bemerkungen vollinhaltlich zu verlesen. Der Aufsichtsrat, in Ermangelung desselben der Vorstand, hat sich über dieses Ergebnis der Revision zu erklären (§ 8 RevGes.). Zuwiderhandlungen gegen diese Bestimmungen werden bestraft (§ 11 RevGes.). Waren gesetzliche oder statutarische Bestimmungen verletzt, so ist dem Revisor binnen einer von ihm angemessen zu bestimmenden Frist die Behebung der Mängel nachzuweisen; unterbleibt die Nachweisung, so hat der Verbandsrevisor durch den Verbandsdirektor, der freie Revisor direkt, dem Gericht (bzw. der Landesbehörde) eine Abschrift des Berichts mit den etwa erforderlichen Bemerkungen vorzulegen. Irgendwelche Zwangsbefugnisse kommen dieser Stelle dieserhalb jedoch nicht zu, wenn die Generalversammlung es ablehnt, auf die Bemängelungen des Revisionsberichts einzugehen [1].

Der Revisor ist zur Geheimhaltung seiner Wahrnehmungen verpflichtet; nur soweit sie den Gegenstand seiner Bemängelungen bilden, ist die Erörterung der Geschäfts- und Betriebsverhältnisse im Revisionsbericht statthaft (§ 12 RevGes.). Er hat für seine Tätigkeit Anspruch auf Vergütung gegen die Genossenschaft, soweit nicht etwa im Falle seiner Bestellung durch einen Verband ein anderes vorgesehen ist; in Ermangelung einer Einigung erfolgt die Festsetzung der Revisionskosten durch das Gericht bzw. die politische Landesbehörde (§ 10 RevGes.).

Die auf Grund des Revisionsgesetzes verfaßten Eingaben, Berichte und Anzeigen sind stempel- und gebührenfrei (§ 13).

Alles in allem erscheint die Revision weit mehr als in Deutschland nach dem Gesichtspunkt der öffentlichrechtlichen Verpflichtung ausgebaut; die Stellung des Revisors ist der eines Beamten angenähert, er fungiert als staatliches Organ, wenn er auch einen speziellen strafrechtlichen Schutz für seine Person nicht genießt. Entsprechend dieser Bedeutung der Revision gibt die Ausf.-Verordn. vom 24. Juni 1903 eingehende Bestimmungen über die Kontrolle hinsichtlich der rechtzeitigen Vornahme der Revision bzw. Bestellung des Revisors, die bei freier Genossenschaft ja rein behördliche Angelegenheit ist. Über die freien Revisoren wird eine Liste geführt; Revisoren, die weder Verbands- noch Landeausschußorgane sind, haben gelegentlich ihrer ersten Bestallung mittelst Handschlags gewissenhafte Pflichterfüllung zu geloben, worüber ihnen ein Amtszeugnis ausgefertigt wird (§ 13 AusfVerordn.).

[1] Das erkennt die Ausführungsbestimmung vom 24. Juni 1903 ausdrücklich an, indem sie diese Stelle anweist, „auf die Beobachtung der gesetzlichen und statutarischen Bestimmungen hinzuwirken. Bei Erwerbs- und Wirtschaftsgenossenschaften hat der Gerichtshof insbesondere zu erwägen, ob Grund für ein Einschreiten nach den §§ 85—89 GG. vorliegt.“ Also nur ein „Einwirken“, eventuell Strafe wegen falscher Meldungen, Nichterstattung von Meldungen, Nichtvornahme gewisser speziell vorgeschriebener Akte usw.

VII. Nichtigkeit und Auflösung.

1. Das Gesetz enthält keine Bestimmung für den Fall, wie es gehalten werden soll, wenn einzelne der zur Entstehung einer registrierten Genossenschaft erforderlichen Tatbestandsstücke infolge Nichtigkeit oder Anfechtung entfallen. Die Rechtslage ist infolgedessen ungewiß, wie ähnlich früher nach deutschem Reichsrecht. Da die Eintragung des Gesellschaftsvertrags — ebenso dessen späteren Änderungen — rechtsbegründender Natur ist, so ergibt sich daraus, daß bei unzulänglichen oder gesetzwidrigen Bestimmungen eine Eintragung nicht erfolgen darf. Geschah dies dennoch, so kann aber das Registergericht nicht von sich aus die Eintragung löschen, wie in Deutschland, es ist nur in der Lage, auf eine Beseitigung des Mangels hinzuwirken, d. h. der Genossenschaft die Vornahme einer Änderung des Statuts nahezulegen, ohne sie erzwingen zu können. Einzig ist die Finanzprokuratur in der Lage, und zwar auch noch nach Ablauf der Rekursfrist, also nach Eintritt der formellen Rechtskraft, gegenüber einer gesetzwidrig erfolgten Eintragung der Genossenschaft durch Beschwerde auf Löschung bei dem Registergericht anzutragen (v. Randa und Wolf II S. 83, I S. 104). Da die Eintragung der Genossenschaft nicht nur die Vermutung ihres tatsächlichen Bestehens begründete, sondern darüber hinaus sogar rechtsbegründend war, wird anzunehmen sein, daß die nachträgliche Löschung auf den Bestand der seitherigen Rechtsgeschäfte ohne Belang ist; anderenfalls bestünde persönliche Haftung der Handelnden, und zwar auch in dem Falle, daß nachträglich der Mangel beseitigt wird. — Soweit nur solche Mängel in Frage stehen, die nichtzwingende Vorschriften betreffen, so ist die nur rechtsdeklaratorische Wirkung der Eintragungen zu berücksichtigen: für das interne Verhältnis entscheidet der Vertragswille, der nach außen durch die Eintragung als vorhanden deklariert wird. Durch diese Deklaration wird die Wirkung der Willenseinigung relativ verselbständigt: liegt ein Mangel des Gesellschaftsvertrags vor, der nicht etwa zu den Voraussetzungen der Eintragung gehört, so kann dies Dritten nicht entgegengehalten werden, außer etwa auf Grund einer exceptio doli.

2. Aufgelöst wird die Genossenschaft (§ 36):

a) durch Ablauf der im Gesellschaftsvertrag bestimmten Zeit;

b) durch Beschluß der Genossenschaft, wofür im Zweifel eine Zweidrittelmehrheit erforderlich ist (§ 33 Abs. 2);

c) durch Eröffnung des Konkurses (unten VIII);

d) durch Verfügung der Verwaltungsbehörde (oben VI 1).

Die Auflösung ist in den beiden letzteren Fällen von Amts wegen einzutragen, sonst durch den Vorstand anzumelden. Abgesehen vom Konkursfall findet dreimalige Bekanntmachung in den Genossenschaftsblättern mit der Aufforderung an die Gläubiger statt, sich bei der Genossenschaft zu melden (§ 40; § 5 Vero. vom 14. Mai 1873), womit die Liquidation eingeleitet wird. Auf die aufgelöste Genossenschaft finden während der Dauer der Liquidation die Vorschriften über die bestehende Genossenschaft insoweit Anwendung, als sich nicht aus dem Wesen der Liquidation ein anderes ergibt (§ 50). Liquidatoren sind der Vorstand, eventuell die statutarisch oder durch die Generalversammlung zu berufenden Personen. Die Bestellung der Liquidatoren ist jederzeit widerruflich (§ 41). Berufung und Beendigung ihrer Funktion sind zur Eintragung im Genossenschaftsregister anzumelden. Ihre Vollmacht entspricht der des Vorstands mit der sich aus dem Zweck der Liquidation ergebenden Beschränkung (§§ 43—47), doch können sie im Zweifel Grundstücke nur im Weg öffentlicher Versteigerung veräußern. Sofort bei Beginn der Liquidation ist eine Bilanz aufzustellen (§ 49), in der Folge alljährlich (§ 22 Abs. 3, 50). Die eingehenden Gelder sind zunächst zur Befriedigung (eventuell Sicherstellung) der Gläubiger zu verwenden, dann werden die auf die Geschäftsanteile eingezahlten Beträge an die Genossen zurückgezahlt; reicht der Bestand hierzu nicht aus, so erfolgt im Zweifel Verteilung nach Verhältnis der Guthaben. Der etwa vorhandene Überschuß wird nach Maßgabe der Bestimmungen über die Verteilung des Gewinnes unter die Genossen verteilt (§ 48). Bei der Genossenschaft mit beschränkter Haftung darf diese Verteilung nicht vor Ablauf eines Jahres seit der letzten Gläubigeraufforderung erfolgen (§ 81) bei Meidung der persönlichen Haftbarkeit der Liquidatoren (§ 82). Die Beendigung der Liquidation ist, da sie gleichzeitig die Vollmacht der Liquidatoren beendet, anzumelden und bekanntzumachen. Nach beendeter Liquidation sind die Bücher und Schriften der Genossenschaft einem Dritten zur Verwahrung zu geben, den eventuell das Registergericht bestimmt. Die Mitglieder behalten das Recht der Einsicht in diese Bücher und Papiere (§ 51).

VIII. Konkursverfahren und Geltendmachung der Haftpflicht.

In Ermangelung besonderer Bestimmungen folgt das Konkursverfahren den allgemeinen Bestimmungen [1]; Konkursgrund ist bei kaufmännischer Genossenschaft im allgemeinen die Zahlungseinstellung (§ 194 KO.), im Liquidationsstadium auch die Überschuldung (§ 49 GG.). Daneben steht die Konkurseröffnung auf Antrag der Genossenschaft wegen Unvermögens, ihre Schulden zu bezahlen (§ 62 KO.), und zwar ist bei der Genossenschaft mit beschränkter Haftung der Vorstand bei eigener Verantwortlichkeit verpflichtet, die Konkurseröffnung zu beantragen, sobald das Vermögen nicht mehr die Schulden deckt (§ 84 Abs. 2). Schließlich wird auf Antrag eines Gläubigers der Konkurs eröffnet, der Exekution folgt, wenn die Genossenschaft nicht die Möglichkeit der Befriedigung sämtlicher Gläubiger dartun kann (§ 63 KO.).

Das Konkursverfahren findet auch im Liquidationsstadium bis zur Verteilung der Masse statt; doch ist hier die Verpflichtung der Liquidatoren zur Konkursanmeldung insofern abgeschwächt, als sich die Überschuldung gerade aus einer Bilanz ergeben muß, wobei die Reservefonds und Geschäftsanteile als Aktiva (d. h. nicht als Passiva) gerechnet werden. Gleichzeitig haben die Liquidatoren eine Generalversammlung zu berufen und dieser Mitteilung zu machen (§ 49). Ein Zwangsausgleich findet im Genossenschaftskonkurs nicht statt (§ 52) [2]. Die Konkurseröffnung wird von Amts wegen eingetragen.

Die Konkurseröffnung, bei unbeschränkter Haftung auch die Ablehnung der Eröffnung des Konkursverfahrens mangels Masse [3] (§ 69)

---

[1] Nicht die Genossenschaft, sondern der Vorstand (eventuell die Liquidatoren) nimmt die Stellung ein, die die Konkursordnung dem Gemeinschuldner einräumt (§ 60 Abs. 3). Damit kommt sehr hübsch zum Ausdruck, daß die durch die Konkurseröffnung aufgelöste Genossenschaft nur noch eine durch den Vorstand bzw. die Liquidatoren vertretene Rechtsgemeinschaft (zur gesamten Hand) darstellt (ähnlich § 66: im Anfechtungsprozeß hinsichtlich der Nachschußberechnung vertritt der Vorstand nicht die Genossenschaft, sondern die beteiligten Genossenschafter).

[2] Die Bestimmung steht im vierten Abschnitt: „Von der Liquidation der Genossenschaft", woraus gefolgert werden könnte, der Zwangsausgleich sei nur dann ausgeschlossen, wenn der Konkurs im Liquidationsstadium ausgebracht wurde. Die Bestimmung wird jedoch tatsächlich allgemein verstanden (vgl. auch v. Randa und Wolf, II, S. 250; Brecher, S. 885).

[3] In diesem Fall tritt an Stelle des Konkursgerichts das Gericht erster

bedingt die Geltendmachung der Haftpflicht der Genossen, und zwar findet zunächst das Nachschußverfahren statt. Insoweit der Gläubiger im Konkurse nicht zum Zuge gelangt, kann er nach beendetem Konkursverfahren im Falle der unbeschränkten Haftpflicht auch die Mitglieder unmittelbar in Anspruch nehmen, und zwar findet hier hinsichtlich der im Konkurs festgestellten, vom Vorstand oder den Liquidatoren nicht ausdrücklich bestrittenen Forderungen ohne neue Klage die Zwangsvollstreckung statt (§§ 60 Abs. 4 und 5, 72). Die Geltendmachung dieser Haftpflicht verjährt binnen zwei Jahren (eventuell innerhalb der sonst geltenden kürzeren Verjährungsfrist) von der Eintragung der Auflösung der Genossenschaft im Genossenschaftsregister ab, und die Verjährung wird durch Rechtshandlungen gegen die Liquidatoren bzw. die Konkursmasse unterbrochen (§§ 73 und 74).

Das Nachschuß- (Beitrags-) Verfahren wird im Falle der beschränkten Haftpflicht vom Konkursverwalter, im Falle der unbeschränkten Haftpflicht vom Vorstand [1] betrieben. Letzterenfalls ist außerdem erforderlich, daß der Schlußverteilungsentwurf feststeht, aus dem sich ergibt, wieviel jeder Genosse nach den Bestimmungen des Gesellschaftsvertrags über die Verlustverteilung zur Befriedigung der Gläubiger beizutragen hat (§ 61). Bei beschränkter Haftung kann der Konkursverwalter allein auf Grund der Tatsache, daß jeder Genosse mindestens in Höhe eines weiteren Anteils verhaftet ist, schon vorher das Beitragsverfahren einleiten (§ 85). Doch ist letzterenfalls sofort — bei unbeschränkter Haftung nur im Falle der Weigerung oder Verzögerung der Beitragszahlung — die Beitragsberechnung in duplo nebst dem Gesellschaftsvertrag und einem Verzeichnis der Genossen (bei unbeschränkter Haftung auch der Ausfälle der Gläubiger) dem Konkursgericht zur Bestätigung einzureichen. Die Beitragsberechnung wird zur Einsicht der Beteiligten offengelegt, und es wird ein Termin zur

---

Instanz, bei der die G. ihren ordentlichen Gerichtsstand hat. Es ist dies der Fall der sogenannten konkursmäßigen Liquidation (v. Randa und Wolf, II, S. 251). Brecher ist S. 890 der Ansicht, der Gläubiger habe auch ohne Konkurs- oder Liquidationsverfahren das Recht des direkten Angriffs, wenn er beweise, daß die Aktiva seine Forderung nicht decken.

[1] Befand sich die Genossenschaft bei Konkurseröffnung bereits in Liquidation, so treten an Stelle des Vorstandes die Liquidatoren (§ 71). Wenn Vorstand oder Liquidatoren die ihnen obliegenden Verpflichtungen nicht erfüllen, kann das Gericht auf Antrag eines Genossen einen oder mehrere Genossen oder andere Personen zur Besorgung der Geschäfte des Vorstandes bestellen (§ 70).

Verhandlung über die Berechnung anberaumt. Beides wird durch Anschlag an Gerichtsstelle und unmittelbare Benachrichtigung der Genossen bekannt gemacht, doch ist das Unterbleiben der speziellen Benachrichtigung ohne Folgen. Der Vorstand ist speziell zu laden (§ 62). Die Ergebnisse des Termins sind zu Protokoll festzustellen; über etwaige Erinnerungen gegen die Beitragsberechnung ist zu verhandeln (§ 63) und vom Gericht zu entscheiden. Alsdann ist die Beitragsberechnung gerichtlich zu bestätigen, wogegen ein Rechtsmittel nicht stattfindet. Binnen 14 Tagen nach erfolgtem Aushang findet die Zwangsvollstreckung auf Grund der bestätigten Beitragsberechnung statt (§§ 64 und 65). Den Mitgliedern bleibt jedoch die Möglichkeit, den bestätigten Beschluß im Wege der Klage anzufechten; die Klage ist bei beschränkter Haftung gegen die Konkursmasse, bei unbeschränkter Haftung gegen den Vorstand als Vertreter der übrigen beteiligten Genossen zu richten und hemmt die Exekution nicht (§§ 66 und 86). Im Falle der unbeschränkten Haftung ist das Umlageverfahren fortzusetzen, wenn und soweit festgesetzte Beiträge nicht hereingebracht werden können (§ 67).

Die im Nachschußverfahren eingehenden Beträge sind bei unbeschränkter Haftung zur Befriedigung der Gläubiger zu verwenden (§ 68), wodurch sich die Möglichkeit des direkten Angriffs der Genossen mindert. Bei beschränkter Haftung fließen die Zahlungen jedoch in die Konkursmasse und sind bei der Schlußverteilung gleichmäßig zu verwenden.

Anhang: Die Besteuerung der österreichischen Erwerbs- und Wirtschaftsgenossenschaften[1].

1. Die gesetzlichen Grundlagen. Für die Besteuerung der österreichischen Erwerbs- und Wirtschaftsgenossenschaften kommt das Gesetz vom 25. Oktober 1896 RGBl. Nr. 220 betreffend die direkten Personalsteuern, und zwar dessen 2. Hauptstück, enthaltend die besondere Erwerbssteuer für die der öffentlichen Rechnungslegung unterworfenen Unternehmungen (§§ 83—123) in Betracht.

Diesen gesetzlichen Bestimmungen unterliegen nicht nur die Erwerbs- und Wirtschaftsgenossenschaften, sondern auch Erwerbsunternehmungen, wie Aktiengesellschaften, Kommanditgesellschaften, öffentliche Kredit-

[1] Von Herrn Dr. Otto Neudörfer in Wien, Generalrevisor des Allg. Verbandes landwirtschaftlicher Genossenschaften in Österreich.

institute und Staatseisenbahnen, sowie gemeinnützige Unternehmungen und Vereinigungen, wie Sparkassen, wechselseitige Versicherungsanstalten, Gemeindevorschußkassen usw.

Das äußere Band, welches die Besteuerung aller dieser Rechtssubjekte umschließt, bildet die Verpflichtung zu einer der Öffentlichkeit zugänglichen periodischen Rechnungslegung, die dann vorliegt, wenn die Rechnungslegung der betreffenden Rechtssubjekte gesetzlich oder statutarisch in einer Vollversammlung der Teilnehmer überprüft und veröffentlicht oder öffentlich beurkundet wird, oder wenn die periodischen Rechnungsausweise einem öffentlichrechtlichen Aufsichtsorgane zur Prüfung vorgelegt werden müssen.

Durch die Novelle zu obigem Gesetz vom 3. Juni 1913, RGBl. Nr. 5, betreffend Steuer- und Gebührenerleichterung für Erwerbs- und Wirtschaftsgenossenschaften wird der Kreis der diesen Genossenschaften durch das erstgenannte Gesetz eingeräumten Steuerbegünstigung wesentlich erweitert.

2. Steuerfreie Genossenschaften.

a) Die Kredit- und Vorschußvereine (Spar- und Darlehenskassen), deren Satzungen den Anforderungen des § 1 des Gesetzes vom 1. Juni 1889, RGBl. Nr. 91, entsprechen. Nach den Bestimmungen dieses Gesetzes muß die Haftung der Mitglieder unbeschränkt sein, sich die Wirksamkeit des Vereines auf einen kleinen Bezirk (eine oder mehrere benachbarte Gemeinden) erstrecken, darf der Betrag eines Anteiles 50 Kronen nicht überschreiten, wobei die Anteile entweder gar nicht oder nicht höher als die Spareinlagen verzinst werden dürfen, müssen die Überschüsse dem Reservefonds, woran den Mitgliedern kein Anteil zusteht, zugewiesen werden, muß die Darlehnsgewährung auf die eigenen Mitglieder beschränkt und hierbei die Ausstellung von Wechseln ausgeschlossen sein, und darf endlich der Darlehnszinsfuß mit Einschluß der Nebengebühren den Zinsfuß der Spareinlagen um höchstens 1½ % übersteigen.

b) Genossenschaften von Landwirten zur gemeinschaftlichen Beschaffung von Saatgut, Düngemitteln, Zuchtvieh, Maschinen und Geräten oder anderen Produktionserfordernissen, soferne dabei die Verteilung von Reinerträgnissen nicht stattfindet.

Die obzitierte Novelle hat den Kreis der nach dieser Gesetzesstelle oder steuerbefreiten Genossenschaften auch auf solche zur Hebung der Viehzucht oder zur gemeinsamen Förderung anderer landeskultureller Zwecke erweitert.

c) Genossenschaften von Landwirten zur gemeinschaftlichen Verarbeitung und Verwertung der selbstgewonnenen Erzeugnisse der Teilnehmer, sofern diese Genossenschaften dieselben Beschränkungen einhalten, die für die Befreiung des einzelnen Landwirts von der allgemeinen Erwerbsteuer maßgebend sind.

Diese Beschränkungen sind im wesentlichen: Grundsätzliche Verarbeitung eigener, in einem landwirtschaftlichen Nebenbetriebe gewonnener Erzeugnisse, der Ausschluß eines ausgesprochen industriellen Charakters des Betriebes und die Beschränkung des Verkaufes der selbstgewonnenen Erzeugnisse der Teilnehmer im Wege des Kleinverschleißes auf jene Gemeinden, in der sich der größere Teil der landwirtschaftlichen Betriebe der Teilnehmer befindet.

Die Steuerfreiheit dieser landwirtschaftlichen Produktivgenossenschaften geht durch die Verteilung von Überschüssen nicht verloren.

Alle Genossenschaften, die nicht unter eine der sub a bis c genannten Kategorien fallen, sind steuerpflichtig, und zwar unterscheidet das Gesetz steuerrechtlich begünstigte und steuerrechtlich nichtbegünstigte Genossenschaften.

3. Begünstigte Genossenschaften. Begünstigt sind jene Genossenschaften, die auf dem Prinzipe der Selbsthilfe beruhend, ihren Geschäftsbetrieb statutenmäßig und tatsächlich auf ihre eigenen Mitglieder beschränken. Die Wirkung dieser Begünstigung äußert sich in mehrfacher Richtung. Zunächst sind solche begünstigte Genossenschaften steuerfrei, sofern der steuerrechtlich ermittelte Reinertrag nicht mehr als 1200 Kr. beträgt. Ist der Reingewinn höher, so treten gewisse Erleichterungen in der Bemessung der Besteuerungsgrundlage ein, indem gewisse Ausgabeposten, die bei nichtbegünstigten Genossenschaften in die Steuerbemessung einzureihen sind, passiert, d. h. in die Steuerberechnung nicht eingerechnet werden. Hierher gehören vor allem die hypothekarischen Passivzinsen, also Zinsen von Geldern, welche die Genossenschaft gegen Hypothekarsicherstellung aufgenommen hat, Geschenke, Spenden und Widmungen an Personen oder Anstalten, die

der Genossenschaft selbst nicht angehören und die Gründungskosten aus den ersten Jahren des Bestandes der Genossenschaft.

Außerdem ist den begünstigten Genossenschaften auch ein ermäßigter Steuerfuß eingeräumt. Dieser Steuerfuß beträgt nämlich: Bei einem Reingewinn bis inklusive

	2 800 Kr.	2½%
bis	5 000 „	3 %
„	40 000 „	3½%
„	100 000 „	4 %
von über	100 000 „	5 %.

Beschränkung des Geschäftsbetriebes auf die eigenen Mitglieder liegt dann vor, *wenn nur die Mitglieder an den Zwecken teilnehmen können, zu deren Erreichung die Genossenschaft gegründet wurde*, Nichtmitglieder also von den Vorteilen, die die Genossenschaft mit sich bringen soll, ausgeschlossen sind. (Bei den Konsumvereinen Einkauf von Waren, bei Kreditgenossenschaften Erhalt von Darlehen, bei Produktivgenossenschaften Lieferung der Rohstoffe zur Produktion, bzw. Mitarbeit an der Produktion.)

4. *Nichtbegünstigte Genossenschaften*. Alle jene Genossenschaften, die nicht steuerfrei oder nicht begünstigt sind, haben von ihrem, nach steuerrechtlichen Normen ermittelten Reingewinne, sofern sich ihr Geschäftsbetrieb innerhalb der gesetzlichen oder statutarischen Grenzen hält, die Steuer nach folgender Skala zu entrichten: Der Steuerfuß beträgt bis zu einem Reingewinne

von	2 800 Kr.	4%
„	5 000 „	5%
„	10 000 „	6 „
„	20 000 „	8 „
über	20 000 „	10 „.

Genossenschaften, deren Geschäftsbetrieb sich nicht innerhalb der gesetzlichen oder statutarischen Grenzen hält, haben ohne Rücksicht auf die Höhe des Reingewinnes 10 % desselben als Steuer zu entrichten. Das träfe zum Beispiel für einen Konsumverein zu, der statutenwidrig Waren auch an Nichtmitglieder abgibt.

Die Steuer ist mit der Maßgabe zu bemessen, daß von dem Betrage des steuerpflichtigen Reinerträgnisses einer höheren Stufe nach Abzug der Steuer niemals weniger erübrigt werden darf, als von dem höchsten Reinertrage der nächst niedrigeren Stufe nach Abzug der auf ihn entfallenden Steuer erübrigt wird, z. B. von 10 000 Kr. Reingewinn einer nichtbegünstigten Genossenschaft entfallen als Steuer 6 %, das sind 600 Kr., es bleiben somit der Genossenschaft nach Bezahlung der Steuer 9400 Kr. übrig. Von 10 100 Kr. Reingewinn entfallen an Steuern 8 %, das wären 808 Kr., so daß der Genossenschaft nur 9292 Kr. verblieben. Daher zu bemessen: 10 100 — 9400 = 700 Kr.

5. Die Besteuerung der Genossenschaftsverbände. Die Steuernovelle aus dem Jahre 1913 bestimmt, daß die Steuerbegünstigungen, die den einzelnen Genossenschaften zustehen, auch deren Verbänden zuzuerkennen sind, und zwar werden jene Verbände für steuerfrei erklärt, die nur gesetzlich erwerbsteuerfreie Spar- und Darlehnskassen oder erwerbsteuerfreie landwirtschaftliche Bezugs- oder Produktivgenossenschaften in sich vereinigen. Verbände anderer Genossenschaften sind nicht steuerfrei, können aber, wenn sie in genossenschaftlicher Form registriert sind, der übrigen Steuererleichterungen teilhaftig werden, wenn sie ihren Geschäftsbetrieb statutenmäßig und tatsächlich auf ihre eigenen Mitglieder beschränken.

Da es tatsächlich nur sehr wenige Verbände gibt, die nur Spar- und Darlehnskassen oder nur landwirtschaftliche Genossenschaften umfassen, da die meisten der bestehenden Verbände beide Arten von Genossenschaften zu ihren Mitgliedern zählen, hat das k. k. Finanzministerium, um in der Praxis allen etwaigen Mißverständnissen vorzubeugen, in der Vollzugsvorschrift zur Steuernovelle angeordnet, daß auch diese gemischten Verbände insolange als erwerbsteuerfrei zu behandeln sind, als sie den für die Steuerfreiheit der betreffenden einzelnen Genossenschaften vorgesehenen Bedingungen entsprechen und für die einzelnen Geschäftszweige insoweit getrennte Rechnung führen, als dies zur Beurteilung der Frage, ob die gesetzlichen Voraussetzungen der Steuerfreiheit zutreffen, erforderlich ist.

Ungarn.

I. Auch in Ungarn entstanden die ersten Genossenschaften in den Formen des Vereinsrechts. Durch das Gewerbegesetz vom 27. Februar 1872 wurde die Bildung von Gewerbsgenossenschaften für zulässig erklärt, ohne daß ein Zwang zum Eintritt stattfindet. Die Statuten dieser unter der Aufsicht der zuständigen Gewerbsbehörde stehenden Genossenschaften dürfen jedoch nichts enthalten, wodurch die Mitglieder in der beliebigen Ausübung der ihnen durch das Gewerbegesetz eingeräumten Rechte beeinträchtigt würden. Durch das Handelsgesetzbuch, Gesetzartikel 38 von 1875, §§ 223—257 wurde dann das Genossenschaftsrecht vollständig und neu geordnet, wobei unbeschadet aller selbständigen Gestaltung der Einfluß des österreichischen Gesetzes von 1873 unverkennbar ist.

1. Danach wird die Genossenschaft, d. h. „die aus einer nicht bestimmten Anzahl von Mitgliedern bestehende Gesellschaft zur Förderung des Kredits, des Erwerbs und der Wirtschaft ihrer Mitglieder mittels gemeinsamen Geschäftsbetriebs oder auf der Grundlage der Gegenseitigkeit" (§ 223), sofern sie gewissen Mindestanforderungen genügt und sich im Handelsfirmenregister eintragen läßt (§ 224), als selbständige juristische Person [1] neben der herkömmlich definierten offenen Handels-, Kommandit- und Aktiengesellschaft den Handelsgesellschaften zugerechnet (§ 61). Daher gelten für sie die auf Kaufleute bezüglichen Bestimmungen des Handelsgesetzbuches (§ 4), sie ist also verpflichtet, Bücher zu führen (§ 25), sowie Inventur und Bilanz aufzumachen [2] (§§ 26 ff.).

[1] Als Handelsgesellschaft kann sie unter ihrer Firma Rechte erwerben und Verpflichtungen eingehen, Eigentum und andere Rechte an unbeweglichen Sachen erwerben, vor Gericht klagen und verklagt werden (§ 63). Im übrigen ist die selbständige juristische Persönlichkeit durchgeführt wie in Österreich, §§ 231—239, 95, 96.

[2] Als protokollierte Firma untersteht eine Genossenschaft nicht dem Verbot des Ges. Art. 25 von 1883 § 4, wonach nicht mehr als 8 % Jahreszinsen genommen werden dürfen. Dies schließt die Anwendung dieses Wucherverbots aber nicht im Falle eines ausbeuterischen Mißbrauches des Privilegs aus, vgl. die im Pester Lloyd vom 23. Februar 1910 abgedruckte Entscheidung.

2. Die Errichtung kann in Form der beschränkten oder der un- unbeschränkten Haftung erfolgen (§ 231). Erforderlich ist der Zusammentritt beliebig vieler Personen und die Feststellung des Statuts; die Einhaltung einer Form ist hierbei nicht vorgeschrieben, doch ergibt sich die Notwendigkeit der Schriftlichkeit des Statuts aus den Bestimmungen über die Anmeldung zur Eintragung [1]. Das Statut muß mindestens festsetzen (§ 225):

a) Gegenstand des Unternehmens, Firma und Sitz, sowie die Dauer der Genossenschaft. Die Firma muß die Bezeichnung als Genossenschaft enthalten (§ 14);
b) die Bedingungen des Eintritts und des etwaigen Ausscheidens der Mitglieder;
c) das Verhältnis der Beteiligung der Mitglieder, Geschäftsanteil und dessen Bildung. Wie sich aus § 238 ergibt, läßt das Gesetz auch bei unbeschränkter Haftung eine Beteiligung auf mehrere Geschäftsanteile zu;
d) die Grundsätze über Aufstellung und Prüfung der Bilanz;
e) die Berechnung und Verteilung von Gewinn und Verlust;
f) die Organisation der Genossenschaft (Vorstand, Aufsichtsrat, Generalversammlung), sowie die Art und Weise der Firmenzeichnung;
g) das Stimmrecht der Mitglieder und die Form von dessen Ausübung;
h) die Art und Weise der Kundmachungen der Genossenschaft;
i) welche Haftungsart gewählt wird, im Falle der beschränkten Haftung auch den Umfang der Haftung.

Das Statut ist mit einem Namensverzeichnis der Mitglieder bei dem Gerichtshof des Sitzes der Genossenschaft zur Eintragung in das Handelsfirmenregister und Kundmachung anzumelden (§ 226); Vorstand und Aufsichtsrat sind vorher durch die konstituierende Generalversammlung zu bestellen (§ 227). Bekannt gemacht werden das Datum

[1] Es muß bei der Einreichung des Statuts der Nachweis geführt werden, daß das Statut von der konstituierenden Generalversammlung festgesetzt worden ist. „Die hierauf bezügliche Eingabe haben die Direktionsmitglieder bei dem Gerichtshof eigenhändig zu unterfertigen oder in beglaubigter Form einzureichen" (§ 227). Das Statut stellt also eine Anlage der Anmeldung dar, die darauf Bezug nimmt, und kann nicht etwa erstmalig in der Anmeldung als solcher deponiert werden.

des Gesellschaftsvertrags, ferner die Erfordernisse zu oben a, h und i, sowie die Art und Weise der Firmenzeichnung. Ist eine Zweigniederlassung vorhanden, so ist die Genossenschaft dort gleichermaßen anzumelden. Kraft der Feststellung des Statuts in Verbindung mit der Eintragung und Kundmachung besteht die Genossenschaft als solche [1] (§ 228); trat sie vorher bereits rechtsgeschäftlich auf, so haften die Handelnden persönlich und solidarisch. Die Eintragungen im Handelsfirmenregister sowie alle Anlagen sind öffentlich, d. h. können von jedermann eingesehen werden (§ 7 Abs. 2).

3. Der Eintritt der Mitglieder setzt in jedem Fall Abgabe einer schriftlichen Beitrittserklärung voraus (§ 224 Abs. 2). Das Ausscheiden erfolgt aus den im Statut vorgesehenen Gründen und unter den dortigen Bedingungen; unzulässig ist es jedoch, das Kündigungsrecht (sowohl im ganzen als hinsichtlich einzelner Geschäftsanteile) auszuschließen. Im Zweifel ist die Kündigung nur zum Schlusse eines Geschäftsjahrs mit vierwöchiger Frist zulässig. Mit dem Tod eines Genossen hört die Mitgliedschaft auf; doch können die Rechtsnachfolger an Stelle des Verstorbenen treten, wenn die Statuten nicht ein anderes bestimmen. Ein Ausschluß findet nur kraft besonderer statutarischer Bestimmung und in den dort vorzusehenden Fällen statt (§ 235). Eintritt und Ausscheiden der Mitglieder sind zwar für den Bestand der Firma ohne Belang (§ 15), doch bestimmt § 242, daß der Vorstand mit Ende eines jeden Vierteljahres die ein- und austretenden Mitglieder und die Anzahl der gekündigten Geschäftsanteile bei Gericht anzumelden, sowie alljährlich im Januar ein alphabetisches Namensverzeichnis der Genossen unter Bezeichnung der Geschäftsanteile einzureichen hat. Daraus, sowie aus § 254 ergibt sich, daß die Genossenschaft ein Mitgliederverzeichnis zu führen hat. Alljährlich ist mit der Bilanz der Stand der Mitglieder und Geschäftsanteile sowie deren Bewegung im abgelaufenen Geschäftsjahr zu veröffentlichen (§ 243). Irgend-

[1] Die Wirkung der Eintragung ist konstitutiv, auf die Unkenntnis der Veröffentlichung kann sich niemand berufen (§ 9). Ergibt sich nachträglich die Unzulässigkeit der Eintragung, so ist sie durch neue Eintragung zu rektifizieren. Gegen die Einträge findet, wie in Österreich, seitens eines staatlichen Registerkommissärs Vorstellung und Beschwerde binnen bestimmter Fristen statt, sofern er sie für unzulässig erachtet, mit dem Ziele der Beseitigung der unzulässigen Eintragung (näheres in der Verordnung über die Einrichtung und Führung des Handelsfirmenregisters vom 1. Dezember 1875 und 31. Mai 1883).

welche Bedeutung für die Mitgliedschaft als solche kommt diesen Akten nicht zu (beachte aber unter 4 d und f).

4. Die Rechtsverhältnisse der Mitglieder bestimmen sich in erster Linie nach dem Statut, das selbst das Stimmrecht in der Generalversammlung autoritativ festsetzt (ausgenommen die Minoritätsrechte des § 178, vgl. unten 5 c). Nur in Ansehung des vermögensrechtlichen Verhältnisses gibt das Gesetz eine Reihe von Bestimmungen, die jedoch meist geändert werden können.

a) Vermöge des Eintritts haftet das Mitglied für die bis zu seinem Eintritt entstandenen Verbindlichkeiten (§ 233), eine entgegenstehende Abrede ist gegen Dritte, nicht dagegen im internen Verhältnis, nichtig. Aus der Tatsache, daß die statutenmäßigen Einzahlungen geleistet sind, kann im Zweifel nicht der Einwand hergeleitet werden, ein anderer habe weniger geleistet (§ 234).

b) Die Mitglieder haben den satzungsmäßigen Verpflichtungen nachzukommen; Sacheinlagen sind zulässig (§§ 239, 95 Abs. 2). Wie oben bereits erwähnt, ist ausweislich zahlreicher Bestimmungen allgemein (nach Maßgabe des Statuts) die Beteiligung auf mehrere Geschäftsanteile zulässig.

c) Die Gläubiger eines Genossen können sich nicht [1] an das Genossenschaftsvermögen halten, sie haben nur den Zugriff auf die Ansprüche auf Zinsen, Honorare und Gewinnanteile, sowie das, was den Genossen bei der Auseinandersetzung zukommt. Der Privatgläubiger eines Mitglieds kann nach Pfändung dieses Auseinandersetzungsguthabens die Mitgliedschaft mit vierwöchiger Frist zum Ablauf des Geschäftsjahres kündigen.

Eine Aufrechnung zwischen Genossenschaft und Privatschuldner eines Genossen und umgekehrt findet bei bestehender Genossenschaft nicht statt (§§ 239, 95, 96).

d) Dafür haften andererseits die Mitglieder den Gläubigern für deren im Konkurs der Genossenschaft erlittenen Ausfall (§ 232, Geltendmachung unten 8), und zwar bei unbeschränkter Haftpflicht solidarisch und mit ihrem ganzen Vermögen; die beschränkte Haftung ist dagegen im Zweifel zur Haftung nur mit

[1] Außer wegen solcher Rechte, die zurzeit des Einbringens von eingebrachten Sachen bestanden, sowie im Falle der Auflösung nach Übertragung der Forderung auf den Genossen.

der Einlage herabgedrückt, sie geht nur bis zur Höhe der gezeichneten Geschäftsanteile, sofern nicht das Statut ein anderes bestimmt [1]. Die (ganz oder nur hinsichtlich einzelner Geschäftsanteile) ausgeschiedenen Mitglieder und deren Erben haften den Gläubigern für die bis zu ihrem Ausscheiden entstandenen Verbindlichkeiten der Genossenschaft nach Maßgabe des Statuts bis zum Ablauf eines Jahres von der Eintragung des Ausscheidens oder Ausschließung in dem bei der Genossenschaft geführten Mitgliederverzeichnis ab (§§ 236, 254). Doch gibt das Gesetz keine Kautelen, um das Mitglied zu schützen, wenn der Vorstand die Eintragung nicht vornimmt [2]. Rechtshandlungen gegen die Genossenschaft oder deren Konkursmasse unterbrechen den Lauf dieser „Verjährungsfrist" (§ 256).

e) In Ermangelung einer entgegenstehenden Bestimmung des Statuts können die Mitglieder alle oder einzelne Anteile und die damit verbundenen Mitgliedschaftsrechte und -pflichten nach erfolgter Anmeldung bei dem Vorstand an einen Anderen übertragen, somit also ausscheiden, wobei sie jedoch subsidiär neben dem Erwerber ein Jahr haftbar bleiben (§ 238). Aus dieser Bestimmung ergibt sich (vgl. auch oben d), daß das Gesetz die Einheit der Beteiligung, den Geschäftsanteil, wie eine Aktie als Träger des Mitgliedschaftsrechts auffaßt; sie vermittelt die mitgliedschaftlichen Rechte. Und dies ist auch der Grund, weshalb die Beteiligung auf mehrere Geschäftsanteile als allgemein zu-

---

[1] Diese Bestimmung (§ 231) mutet eigenartig an; die Haftung nur mit der Einlage kann durch das Statut „anders bestimmt" werden. Wenn daneben noch eine Haftung mit einer bestimmten Haftsumme festgesetzt wird, so ist dagegen nichts zu sagen. Kann aber die Haftung mit der Einlage auch gemildert werden? Daß etwa nur mit den bereits geleisteten Zahlungen „gehaftet" wird? Die Frage wird zu bejahen sein; läßt das Gesetz doch bei entsprechender Ausgestaltung des Statuts umgekehrt den bei uns unzulässigen Einwand gelten, die Einzahlungen seien ungleich hoch (§ 234). Die Situation liegt infolge dieser ausdrücklichen Bestimmungen hier wohl wesentlich anders als in Frankreich und Italien.

[2] Es ist zu beachten, daß der Eintrag in das Mitgliederverzeichnis die Grundlage der dem Gericht einzureichenden Listen und Auszüge bildet, sowie der Vorlagen an die Generalversammlung über das Ergebnis des letzten Geschäftsjahres. Es kann daher möglicherweise Strafe nach § 218 Z. 1 und 3 eintreten. Daneben bleibt natürlich die Möglichkeit der Haftbarmachung des Vorstandes. In beiden Fällen ist aber das Mitglied nicht in der Lage, sich gegen den Zugriff der Gläubiger zu schützen.

lässig vom Gesetz nicht besonders ausgesprochen zu werden braucht, sondern stillschweigend vorausgesetzt werden kann.

f) Ausscheidende Mitglieder bzw. deren Erben haben Anspruch auf den Geschäftsanteil, der ihnen nach dem Rechnungsabschluß für das betreffende Geschäftsjahr zufällt. In Ermangelung entgegenstehender Bestimmung des Statuts haben sie keinen Anspruch auf den Reservefonds und das übrige Vermögen der Genossenschaft. Diese Ansprüche werden fällig bei unbeschränkter Haftung binnen drei Monaten nach Feststellung des Rechnungsabschlusses, bei beschränkter Haftung binnen eines Jahres nach der Eintragung des Ausscheidens in der Mitgliederliste; in beiden Fällen entfällt der Anspruch, wenn die Genossenschaft bis zum Fälligwerden aufgelöst wird (§ 237).

5. Die Organisation ist im wesentlichen die der Aktiengesellschaft (§§ 240 ff.).

a) Der Vorstand kann aus einer oder mehreren Personen bestehen, die nicht Mitglied der Genossenschaft zu sein brauchen (§ 182); die Bestellung erfolgt durch Wahl seitens der Generalversammlung, die die Vorstandsmitglieder unbeschadet etwaiger Ersatzansprüche jederzeit ihres Dienstes entheben kann (§ 183). Bestellung, Abberufung und Änderung des Vorstands sind zur Eintragung im Handelsfirmenregister anzumelden; die Änderung erlangt gegen Dritte damit Wirksamkeit im Sinne der Umkehrung der Beweislast (§§ 184, 42). Die Mitglieder des Vorstands haben ihre Unterschrift bei Gericht in beglaubigter Form zu deponieren; über die Art der Zeichnung muß das Statut Bestimmung treffen, anderenfalls die Eintragung der Genossenschaft nicht erfolgen kann (§ 225[10]). Um ein stetiges Funktionieren des Vorstands zu gewährleisten, bestimmt § 192, daß Vorstandsmitglieder ihr Amt nur noch in der Generalversammlung niederlegen können, wenn ihre Zahl auf die statutenmäßig zur Beschlußfähigkeit erforderliche Mindestanzahl herabgesunken ist.

Der Vorstand vertritt die Genossenschaft gerichtlich und außergerichtlich (§ 186), ausgenommen in Prozessen, die die Genossenschaft kraft Generalversammlungsbeschlusses gegen den Vorstand oder Aufsichtsrat anstrengen will[1] (§ 197). Die Vollmacht der Mitglieder des

---

[1] In diesem Fall wird die Genossenschaft durch speziell von der Generalversammlung gewählte Bevollmächtigte vertreten; ist die Bestellung unterblieben, so ernennt sie der kompetente Gerichtshof von Amtswegen.

Vorstands ist nach außen nicht beschränkt, nach innen sind die statutarischen oder sonst gezogenen Schranken einzuhalten (§§ 188—190). Überschreitung der Vollmacht, Zuwiderhandlung gegen das Statut oder die Pflichten der Vorstandsmitglieder bedingt die solidarische Haftbarkeit des Vorstands, und zwar bei der Zuwiderhandlung gegen Gesetz oder Statut auch dann, wenn die betreffende Anordnung auf einem Generalversammlungsbeschluß beruht (§ 189 Abs. 2). Von der Haftbarkeit sind jedoch die Mitglieder befreit, die unverzüglich nach erlangter Kenntnis gegen den Beschluß Einsprache erheben und hiervon dem Aufsichtsrat Anzeige machen (§ 191).

Dem Vorstand liegt speziell die Führung der Mitgliederliste und deren regelmäßige Einreichung bei Gericht ob (§ 242, oben 3), er hat für ordnungsmäßige Buchführung zu sorgen und acht Tage vor der Generalversammlung die vom Aufsichtsrat geprüfte Bilanz nebst den Angaben über den Stand der Mitgliedschaft und der Geschäftsanteile, sowie über deren Bewegung im abgelaufenen Geschäftsjahre zu veröffentlichen. Außerdem ist eine Abschrift der von der Generalversammlung genehmigten Bilanz dem Registergericht einzureichen, wo sie von jedermann eingesehen werden kann (§ 243). Für die richtige Aufstellung der Bilanz haften Vorstand und Aufsichtsrat solidarisch (§ 245), eventuell sind sie strafbar (§§ 246, 218 Z. 3).

b) Der A u f s i c h t s r a t (§ 244) ist notwendiges Organ. Deshalb ist der Vorstand strafbar, wenn die Genossenschaft länger als drei Monate ohne solchen bleibt (§ 218 Z. 2). Er besteht aus mindestens drei Mitgliedern, die von der Generalversammlung gewählt werden und jederzeit ihres Amtes enthoben werden können (§ 194). Seine Funktionen zählt das Gesetz erschöpfend dahin auf, daß er die Geschäftsführung der Genossenschaft in allen Zweigen überwacht, Jahresrechnung, Bilanz und Vorschläge zur Gewinnverteilung prüft und hierüber der Generalversammlung Bericht erstattet, welche ohne diesen Bericht nicht über die Gewinnverteilung beschließen kann. Im Falle der Feststellung von Zuwiderhandlungen gegen das Gesetz oder Statut, schädigenden Unterlassungen oder Mißbräuchen, kann er nur an die Generalversammlung appellieren, die er aber zu diesem Zwecke sofort einberufen muß (§ 195). Die Mitglieder des Aufsichtsrats sind für den infolge Verletzung ihrer Pflichten entstehenden Schaden solidarisch haftbar (§ 196, Strafbestimmung § 219).

c) Die Generalversammlung (§ 240) tritt jährlich mindestens einmal zusammen (§ 177, Strafbestimmung § 221 Z. 2). Das Statut bestimmt, in welchen Fällen und in welcher Form die Berufung zu erfolgen hat [1], Ort und Zeit der Abhaltung, Wirkungskreis [2] und Verhandlungsordnung, Art und Weise der Beschlußfassung und die Folgen etwaiger Beschlußunfähigkeit (§ 225 Z. 11). Doch ist bestimmt, daß die Gegenstände der Versammlung in der Einberufung anzugeben sind; nur über die also angekündigten Gegenstände kann abgestimmt werden, ausgenommen über den Antrag auf Einberufung einer neuen Generalversammlung (§ 177). Diejenigen Mitglieder, die den zehnten Teil der Geschäftsanteile (eventuell den statutarisch geringeren Teil) vertreten, können jederzeit die Einberufung der Generalversammlung unter Angabe von Grund und Zweck verlangen; wird dem Antrag nicht binnen acht Tagen entsprochen, so erfolgt die Einberufung durch das Registergericht (§ 178). Über die Generalversammlung ist ein Protokoll zu führen, in das die Namen der anwesenden Mitglieder und die Anzahl der von ihnen vertretenen Geschäftsanteile aufzunehmen ist; das Protokoll ist dem Registergericht unverzüglich im Original oder beglaubigter Abschrift vorzulegen (§ 180), wodurch es allgemein zugänglich gemacht wird (§ 7 Abs. 2). Seine Richtigkeit wird durch die Strafbestimmung des § 218 Z. 4 geschützt. Beschlüsse, die eine Statutenänderung und die Auflösung der Genossenschaft betreffen, bedürfen zu ihrer Wirksamkeit der Eintragung in das Handelsfirmenregister; bekannt zu machen sind sie nur insoweit, als durch sie eine Änderung früherer Bekanntmachungen eintritt (§ 181).

d) Zulässig ist die Einrichtung weiterer Organe sowie die Bestellung von Bevollmächtigten (§ 193).

6. Die Genossenschaft wird aufgelöst (§ 247):

a) mit Ablauf der vorgesehenen Zeit;

b) durch Beschluß der Generalversammlung und Fusion;

---

[1] Da der Aufsichtsrat weitere Funktionen nicht haben kann, als oben aufgeführt wurde, muß die regelmäßige Berufung vom Vorstand ausgehen, sofern nicht etwa das Statut ein besonderes Organ hierfür vorsieht.

[2] Notwendig zuständig ist die Generalversammlung (§ 179) für Wahlen, sowie Enthebung und Entlastung von Vorstand und Aufsichtsrat; Prüfung der Rechnung, Feststellung der Bilanz und Gewinnverteilung; Fusionen und Kartellverträge, Statutenänderung; Auflösung und Bestellung von Liquidatoren. Eigenmächtiges Handeln des Vorstandes in diesen Fällen ist strafbar (§ 218 Z. 8).

c) durch Konkurseröffnung (unten 8);

d) infolge gerichtlichen Beschlusses (unten 7).

In den Fällen a und b ist die Auflösung vom Vorstand zur Eintragung anzumelden. Abgesehen vom Konkursfalle hat der Vorstand die Auflösung dreimal öffentlich bekannt zu machen und die Gläubiger zur Geltendmachung ihrer Forderungen binnen sechs Monaten aufzufordern (§ 249), womit die Liquidation eingeleitet wird. Liquidatoren sind die statutarisch oder von der Generalversammlung zu berufenden Personen, im Zweifel der seitherige Vorstand; ihre Bestellung kann jederzeit widerrufen werden (§ 203 Abs. 2). Die Liquidatoren sind zur Eintragung anzumelden; ihre Stellung entspricht der des Vorstands bei bestehender Genossenschaft. Der Aufsichtsrat bleibt während der Liquidation in Funktion. Die Genossenschaft besteht während der Liquidation nicht weiter, doch finden auf das Verhältnis der Mitglieder untereinander und gegenüber den Gläubigern die seitherigen Vorschriften Anwendung, soweit sich nicht aus der Natur der Liquidation ein anderes ergibt (§ 251). Die Verteilung des nach Befriedigung der Gläubiger verbleibenden Vermögens darf nicht vor Ablaufung von sechs Monaten seit der letzten Aufforderung erfolgen. Maßgebend bei der Verteilung sind die statutarischen Grundsätze. Jährlich ist ein Ausweis über den Stand der Liquidation, bei Beendigung ist ihr Resultat zu veröffentlichen (§ 206), Die Bücher der aufgelösten Genossenschaft sind zehn Jahre aufzubewahren.

7. Dehnt die Genossenschaft ihre Wirksamkeit auf andere als die gesetzlich zulässigen Zwecke aus, so kann sie durch das Registergericht auf Antrag jeder beteiligten Partei durch Gerichtsbeschluß ohne Anspruch auf Schadensersatz aufgelöst werden (§ 248). Der Beschluß ist von Amts wegen einzutragen. Im übrigen findet eine spezielle Staatsaufsicht nur insoweit statt, als sie sich aus dem Registerzwang und den Strafbestimmungen ergibt, welch letztere zwar sehr detailliert sind, aber die österreichische Generalklausel der „Zuwiderhandlung gegen das Gesetz oder Statut" nicht kennen. Eine Revision als obligatorische Maßregel kennt das Gesetz nicht.

8. Als Handelsgesellschaft untersteht die Genossenschaft den speziellen Bestimmungen der §§ 241 ff. des Konkursgesetzes (Ges. Art. 17 von 1881) über den kaufmännischen Konkurs. Konkursgrund ist die Zahlungs-

einstellung (§ 244 KG.), und zwar findet der Konkurs statt, solange unverteiltes Vermögen der Genossenschaft vorhanden ist (§ 255 HGB.). Die Konkurseröffnung wird von Amts wegen in das Handelsfirmenregister eingetragen (§ 23 HGB.). Sobald der Schlußverteilungsentwurf aufgestellt werden kann, stellt der Vorstand der Genossenschaft (eventuell die Liquidatoren) eine Berechnung darüber auf, wieviel die Mitglieder auf Grund der Haftpflicht zur Befriedigung der Gläubiger beizutragen haben (§ 257 KG.). Weigern die Mitglieder die freiwillige Leistung der hier ausgewiesenen Beiträge, so ist die Berechnung dem Konkursgericht zur Genehmigung vorzulegen. Die Berechnung wird dann nach mündlicher Verhandlung durch das Gericht bestätigt (das Verfahren ist ähnlich wie in Österreich). 14 Tage nach Kundmachung und Rechtskraft des Beschlusses ist er in Exekution zu nehmen. Eine Anfechtungsklage findet nicht statt.

Etwa uneinbringliche Beiträge sind in einem neuen Umlageverfahren aufzubringen; eine fernere Wiederholung ist unzulässig (§§ 257 bis 261 KG.).

Diejenigen Gläubiger, die weder im Konkurs noch im Umlageverfahren zum Zuge gelangt sind (§ 261 Abs. 2 KG.), können die Mitglieder der Genossenschaft auf Grund der Haftpflicht und in deren Umfang ohne Einleitung eines neuen gerichtlichen Verfahrens unmittelbar in Anspruch nehmen (§ 232 HGB.). Die Geltendmachung dieses Anspruchs verjährt binnen Jahresfrist von der Eintragung der Auflösung der Genossenschaft in das Handelsfirmenregister ab [1] (§ 254 HGB.).

II. Seit 25 Jahren wird eine Änderung dieses Gesetzes von 1875 beabsichtigt; eine Teilreform brachte der Gesetzartikel 23 von 1898

[1] Demnach kann es sehr leicht kommen, daß der Gläubiger das Nachsehen hat, wenn er das Mitglied persönlich angreifen will: der direkte Zugriff auf die Mitglieder ist erst nach Beendigung des Konkurses und voraufgegangenem Nachschußverfahren zulässig, worüber lange Zeit vergehen kann; andererseits verjährt „die Klage gegen die Genossenschafter aus Ansprüchen gegen die Genossenschaft" binnen Jahresfrist nach Auflösung, d. h. Konkurseröffnung. Eine Unterbrechung der Verjährung durch Rechtshandlungen gegen die Genossenschaft bzw. die Konkursmasse findet (im Gegensatz zu Österreich) nur gegenüber ausgeschiedenen Mitgliedern statt (§ 256). Man wird auch kaum sagen können, der Gläubiger sei dadurch geschützt, daß seine Forderung gegen das Mitglied jetzt erst „fällig" wird, so daß nach § 254 Abs. 2 die Verjährung vor der Beendigung des Konkurses ab liefe. „Fällig" im Sinne dieser Bestimmung ist die Forderung, wenn sie gegen die Genossenschaft geltend gemacht werden kann.

über die landwirtschaftlichen und gewerblichen Kreditgenossenschaften. Das Gesetz zerfällt in zwei Teile, nämlich einmal die Errichtung einer öffentlichrechtlichen Landeszentralkreditgenossenschaft, die nicht nur als zentrales Kreditorgan der ihr angeschlossenen Genossenschaften fungiert, sondern zugleich als deren geistiger Zusammenhalt. Zu diesem Behufe tritt sie als zweckentsprechend ausgestaltete Genossenschaft im Sinne der §§ 223—257 HGB. auf, der die Genossenschaften beizutreten haben, die von ihren Vorteilen Gebrauch machen wollen. Zur Durchführung ihrer Aufgaben sind ihr eine Reihe wichtiger Privilegien (unter anderem steuerrechtlicher Natur) verliehen, als deren wichtigstes hier die weitgehenden Einwirkungen auf die Verhältnisse der ihr eingegliederten Genossenschaften erscheint: diese müssen sich den im zweiten Teil des Gesetzes entwickelten Bedingungen unterwerfen, die aber derart einschneidend sind, daß hier ein förmliches zweites Genossenschaftsgesetz für spezielle Genossenschaften gegeben erscheint. Man geht also weiter als dies in anderen Ländern bei der staatlichen Förderung geschehen ist; dort beschränkte man sich darauf, an die Genossenschaften gewisse Mindestanforderungen zu stellen, die im Statut — aber innerhalb der allgemeinen Genossenschaftsgesetzgebung — erfüllt sein mußten, wenn die Genossenschaft der Vorteile der staatlichen Förderung teilhaftig werden wollte. In Ungarn erließ man für die zu fördernden Genossenschaften ein förmliches Gesetz, vermöge dessen die allgemeine Genossenschaftsgesetzgebung keine Anwendung findet, das also diese Genossenschaften unter ein spezielles Recht stellt. Dessen Grundzüge gehen dahin[1] (§§ 1—47, 52—65, 81 Ges. Art. 23 von 1898):

Bei der Konstitution der Genossenschaft[2] muß entweder die Verwaltungsbehörde oder eine öffentliche (landwirtschaftliche oder gewerbliche) Korporation, eine Handels- oder Gewerbekammer oder die Landeszentralkreditkasse mitwirken (letzteres ist die Regel), indem ein von ihr delegiertes Organ die konstituierende Generalversammlung leitet, sowie die Statuten, das Protokoll und die Anmeldung zum

[1] Unter Benutzung und teilweise wörtlicher Wiedergabe der Darstellung in „Das Handels-, Wechsel- und Konkursrecht Ungarns" (Handelsgesetze des Erdballs), Berlin 1906, S. 70 ff.

[2] In Frage kommen nur Kreditgenossenschaften und nicht auch Konsumvereine, wie Corréard, Les soc. coop. de consommation, p. 178, anzunehmen scheint. Diese müssen sich der Form zu I bedienen, können aber natürlich — soweit angängig — ihr Statut der Form zu II annähern.

Handelsfirmenregister mit unterschreibt. Erforderlich sind 14 Gründer. Die Genossenschaft ist an einen engen Bezirk gebunden; die Errichtung von Zweigniederlassungen ist unzulässig. Ein Geschäftsverkehr mit Nichtmitgliedern ist unstatthaft, außer hinsichtlich der Aufnahme von Krediten und der Anlage von Spargeldern.

Mitglied der Genossenschaft können nur mündige Personen sein, die über ihr Vermögen frei verfügen können und ihren Wohnsitz innerhalb des Genossenschaftsbezirks haben; unter der letzteren Voraussetzung auch juristische Personen. Der Eintritt erfolgt durch schriftliche Erklärung, auf die binnen 30 Tagen zustimmender oder ablehnender Bescheid zu erteilen ist. Der Austritt ist an die Einhaltung einer Kündigungsfrist von mindestens vier Wochen und längstens sechs Monaten geknüpft; der Ausschluß erfordert eine Zweidrittelmehrheit der Vorstands- und Aufsichtsratsmitglieder. Dem Ausscheidenden ist der Geschäftsanteil binnen sechs Monaten nach Schluß des Geschäftsjahrs auszuzahlen, in dem das Ausscheiden erfolgte. Wird vorher der Konkurs gegen die Genossenschaft eröffnet, so haftet der Ausgeschiedene wie die anderen Mitglieder.

Das vermögensrechtliche Fundament der Genossenschaft ist ganz anders konstruiert, als bei den nur dem Handelsgesetzbuch unterstehenden Vereinen. Das Handelsgesetzbuch neigt hier stark der französischen société anonyme à capitale variable par actions zu, namentlich bei der Genossenschaft mit beschränkter Haftung. Das Gesetz von 1898 nähert sich dem System Raiffeisen an (enge lokale Basis!), und zwar scheint hier die italienische Richtung Wollemborg eingewirkt zu haben: die Genossenschaft baut weniger auf Kapitaleinlagen auf, die danach eine beliebige Höhe erreichen könnten, denn auf der Haftpflicht der Genossen. Demgemäß beträgt hier der Geschäftsanteil wie in Italien höchstens 100 Kronen. Aber abweichend von dem Vorbild bekennt sich das Gesetz unbedingt zur beschränkten Haftung, und zwar regelmäßig bis zum fünf-, maximal dem zehnfachen des Geschäftsanteils. Die Geltendmachung der Haftpflicht vollzieht sich in den Formen zu oben I. 8, mit der Maßgabe, daß ie Beitragsberechnung sofort nach Aufstellung der Konkursbilanz aufzumachen ist. Die Bestätigung der Berechnung ist den Genossen durch eingeschriebenen Brief zuzustellen; der Bestätigungsbeschluß ist als solcher nicht anfechtbar, doch kann die Berechnung selbst binnen vier Wochen durch Klage gegen den Konkursverwalter angefochten werden. Das Umlageverfahren ist so lange durchzuführen, bis die Schulden vollkommen gedeckt oder die Haftung der Mitglieder erschöpft erscheinen.

Eine wesentliche Rolle spielt, dem Vorbild entsprechend, die Bildung eines Reservefonds aus den Gewinnen. Doch ist auch hier das Vorbild nicht rein durchgeführt: vom Reingewinn sind vorerst 10 % für den Reservefonds zu kürzen, bis dieser die Hälfte sämtlicher Geschäftsanteile erreicht. Von dem Rest kann eine Dividende von maximal 5 % verteilt werden; solange die Geschäftsanteile noch nicht völlig eingezahlt oder durch Verlust gemindert sind, erfolgt deren Gutschrift. Als Ausgleich finden wir die Möglichkeit einer weiteren Einstands- oder einer reellen Verlustdeckungspflicht der Mitglieder: das Statut kann bestimmen, daß die Mitglieder der Genossenschaft gegenüber für den Fall eines in den Geschäftsanteilen und dem Reservefonds nicht gedeckten Verlusts zur Leistung eines Nachschusses bis zur Höhe der Geschäftsanteile verpflichtet werden, die bei Bemessung der Haftung nicht eingerechnet werden.

Der Vorstand besteht aus mindestens drei auf drei Jahre gewählten Mitgliedern, die ungarische Staatsbürger und verfügungsfähig sein, auch lesen und schreiben können (!) müssen; mindestens ein Drittel muß Mitglied der Genossenschaft sein. Die dem Vorstand zu gewährende Gesamtvergütung darf 10 % des Reingewinns nicht übersteigen. Zur Zeichnung für die Genossenschaft sind mindestens zwei Unterschriften erforderlich. Prokuristen dürfen nicht bestellt werden. Für Bevollmächtigte haftet der Vorstand unmittelbar. Die Klagen aus der Haftung des Vorstands verjähren in drei Jahren.

Bezüglich der Wahl, Mandatsdauer und Vergütung des Aufsichtsrats gilt das Gleiche wie bei dem Vorstand; nahe Verwandtschaft mit Vorstandsmitgliedern ist hier Ausschließungsgrund. Aufsichtsratsmitglieder können hier in den Sitzungen des Vorstands stets anwesend sein und Aufklärungen verlangen. Sie haben die Verpflichtung, die Bücher und die Kassen vierteljährlich mindestens einmal zu revidieren. Zu einer Kreditgewährung an Mitglieder des Vorstands und Aufsichtsrats sowie zur Annahme einer Bürgschaft seitens dieser Personen ist die Zustimmung des Aufsichtsrats erforderlich.

Die Generalversammlung ist im Zweifel nur beschlußfähig, wenn mindestens ein Viertel der Mitglieder anwesend ist. Jedes Mitglied hat eine Stimme ohne Rücksicht auf die Anzahl seiner Geschäftsanteile. Steht ein Beschluß mit dem Gesetz oder Statut in Widerspruch, so kann er durch das Registergericht auf Grund der Überprüfung des Protokolls von Amts wegen für nichtig erklärt werden. Unabhängig hiervon kann jedes Mitglied den Beschluß innerhalb 15 Tagen bei dem Registergericht im Wege der Klage anfechten, und wenn der Beschluß Rechte des Mitglieds verletzt, so kann die Anfechtung mit Klage oder Einrede unter fünfjähriger Verjährung geltend gemacht werden.

Die Bilanz steht unter den Vorschriften des Aktienrechts; Reservefonds und Einzahlungen auf Geschäftsanteile sind als Passiva auszuweisen, rückständige Einlagen dagegen als Aktiva nur dann, wenn sie fällig geworden sind.

Im Falle der Liquidation kann das Registergericht aus wichtigen Gründen, ferner auf Antrag von einem Zehntel der Mitglieder Liquidatoren bestellen, deren Mandat jederzeit ohne Entschädigung zurückgezogen werden kann. Erforderlich sind mindestens zwei Liquidatoren. Von dem Reservefonds der Genossenschaft und dem nach Tilgung der Schulden etwa vorhandenen Vermögen sind mindestens 50 % für den Armenfonds der Gemeinden des Genossenschaftsbezirks zu verwenden, nur der Rest kann unter die Mitglieder verteilt werden.

Die Landeszentralkreditgenossenschaft besetzt je eine Stelle im Vorstand und Aufsichtsrat; sie bestimmt die allgemeinen Geschäftsbedingungen; Statutenänderungen, Fusion sowie die Aufnahme der Darlehen seitens Dritter bedürfen ihrer Einwilligung. Sie kontrolliert ständig den Geschäftsbetrieb und kann deshalb im Falle von Mißbräuchen den Vorstand bis zur nächsten Generalversammlung suspendieren. Sie kann bei Verlust der Hälfte der Geschäftsanteile die Liquidation anordnen, bei Insolvenz Konkurseröffnung beantragen und einen Konkursverwalter vorschlagen, mit dem sie auch das Honorar vereinbart. Zur Sicherung ihrer Forderungen hat die Zentrale bezüglich des beweglichen Vermögens der Genossenschaft ein gesetzliches Vorrecht, das allen, nicht auf Gesetz beruhenden Pfandrechten vorgeht, ferner kann sie sich aus allen, gleichwie in ihren Besitz gelangten Geldern, Wechseln und Wertpapieren ihres Schuldners ohne gerichtliche Intervention befriedigen.

Dafür genießt die Genossenschaft aber eine Reihe wichtiger Vorzüge: zunächst auf Inanspruchnahme des von der Zentrale gewährten Kredits. Sodann ist sie befreit von der Steuer der Aktiengesellschaften und

Genossenschaften, der Wegesteuer, dem Handels- und Gewerbekammerbeitrag sowie von dem Stempel auf Eingaben an das Registergericht und die Verwaltungsbehörden, Geschäftsbücher, Quittungen und Schuldverschreibungen ihrer Mitglieder. Sie hat ein gesetzliches Vorrecht wegen ihrer Forderungen, das aber nicht gegen den Gläubiger wirkt, dessen Forderung bereits bei Eintritt des Schuldners in die Genossenschaft entstanden war.

Mit Rücksicht auf diese Bedeutung der Zugehörigkeit zum Verband der Landeszentralkreditgenossenschaft ist diese Zugehörigkeit in der Firma der Genossenschaft sowie im Handelsfirmenregister zum Ausdruck zu bringen, auch kann jedermann das Mitgliederverzeichnis in dem Geschäftslokal der Genossenschaft einsehen und die Mitteilung seines Schuldbetrags fordern.

Frankreich.

Literatur: Vavasseur, Traité des sociétés civiles et commerciales, 5. éd., Paris 1897—1904, §§ 959 ff. — Lyon-Caen et Renault, Manuel de droit commercial, 7. éd., Paris 1904, §§ 313 ff. — Thaller, Traité élémentaire de droit commercial, 2. éd., Paris 1900, §§ 220 ff., 803 ff. — Rousseau, Des sociétés commerciales françaises et étrangères, Paris 1902, §§ 2942 ff. — Corréard, Les sociétés coopératives en consommation, Paris 1907. — Hubert-Valleroux, Les associations coopératives en France et à l'étranger, 1884. — Derselbe, La coopération, 2. éd., Paris 1904. — Lecaisne, Etude juridique des Coopératives de Consommation (Pariser Diss.), Paris 1898. — Duseigneur, Droit français des sociétés coopératives (Lyoner Diss.), Lyon 1886. — Gariel, Les sociétés coopératives (Grenobler Diss.), Paris 1896. — Sirey, Code de commerce annotée, 4. éd., Paris 1910. — Cohendy et Darras, Code de commerce annotée, Paris 1901.

Für den Franzosen ist die Kooperativgesellschaft nicht eine Frage der Rechtsform; er weist dem Recht nur die Aufgabe zu, eine geeignete Form für dieses rein wirtschaftliche Gebilde zu suchen und zu finden. Aber im Gegensatz zu Deutschland ist man dort bis heute noch nicht zu einer selbständigen, in sich geschlossenen Rechtsform gelangt. Man hat sich vielmehr auf eine Gelegenheitsgesetzmacherei in des Wortes schlimmster Bedeutung beschränkt, die ausschließlich von politischen Gesichtspunkten beeinflußt war. Ja noch mehr: man verhinderte oft eine Entwicklung der Art, wie sie im Ausland vorlag, und glaubte durch das Vorzeichnen juristischer Typen, die man zum Teil mehr oder weniger geschickt dem Ausland entlehnte, die Entwicklung in die rechten Bahnen gedrängt und damit übergenug getan zu haben — einerlei, ob die geschaffenen Bestimmungen dem Inland gemäß oder dem einheimischen Rechtssystem angepaßt waren (Vavasseur § 976).

Es fehlt infolgedessen nicht nur ein eigentliches Genossenschaftsgesetz, sondern es besteht noch nicht einmal Einheitlichkeit in der Behandlung der einzelnen Genossenschaftsarten [1]. Ja, noch mehr: man weiß

[1] Vgl. über den letzten Spezialgesetzentwurf (Bürgschaftsgenossenschaften und Volksbanken) Mitt. des Internat. Verbandes zum Studium der Verhältnisse des Mittelstandes, März 1913, S. 51; über den wichtigen Entwurf von 1890 . Gariel a. a. O.

heute noch nicht sicher, wo man die Genossenschaft im Rechtssystem unterbringen soll; die Frage ist nicht ganz unwesentlich im Falle die Bestimmungen des Gelegenheitsgesetzes nicht ausreichen, oder die Genossenschaft es vorzieht, sich nicht unter dieses Gesetz zu stellen. So ist in Frankreich das Genossenschaftsrecht fast unübersehbar; wenig durchdacht, ohne systematischen Aufbau — hier ein bischen, dort ein wenig, kurz, eine unerfreuliche Erscheinung. Man hat mehrfach versucht, ein einheitliches Gesetz zu schaffen; bis heute ist es nicht gelungen. Eine grundlegende Untersuchung des französischen Genossenschaftsrechts wäre danach eine dankbare Aufgabe; im Rahmen einer Übersicht, wie sie hier nur gegeben werden kann und soll, ist sie nicht zu lösen. Es können hier nur die Hauptgesichtspunkte hervorgehoben werden.

I. Übersicht.

Die Entwicklung des Genossenschaftswesens stand in Frankreich unter wesentlich ungünstigeren Auspizien, als in Deutschland. Was zunächst die öffentlichrechtliche Seite anlangt, so kannte das französische Recht bis zum Gesetz vom 1. Juli 1901 keine eigentliche Vereinsfreiheit. Vereine, die nichtvermögensrechtliche Zwecke verfolgen, bedurften der behördlichen Genehmigung, falls sie mehr als 20 Mitglieder haben, anderenfalls findet C. pén. Art. 291, 292 Anwendung [1]. Das Fehlen der Genehmigung hat öffentlich- oder strafrechtliche Bedeutung. Zivilrechtlich ist die Assoziation als selbständige Rechtsform unbekannt. Sie ist als Vertragsverhältnis aufzufassen (Art. 1107 C. civ.), wobei die Absprachen über die Anteile (Art. 1134 C. civ.) und über den Zweck der Vereinigung zu beachten sein dürften. Sie handelt nur durch und auf Rechnung der Geschäftsführer, die reine Mandatare der Mitglieder sind. Wird sie aufgelöst, so gehen die etwaigen vermögensrechtlichen Beziehungen auf den Staat über. Juristische Persönlichkeit erlangt sie nur durch staatliche Konzession, durch die Anerkennung als gemeinnützige öffentliche Anstalt. Soweit eine Vereinigung erlaubte vermögensrechtliche Zwecke verfolgt, ist sie auch für das öffentliche Recht collegium licitum, sobald sie sich der Form der Sozietät in ihren verschiedenen Schattierungen bedient, nämlich der zivilrechtlichen Gesellschaft (Art. 1832 bis 1873 C. civ.), oder einer der Gesellschaften des Handelsgesetzbuchs

[1] Arbeiterassoziationen (= Koalitionen) sind durch Art. 416 C. pen. schlechthin verboten. Erst das Gesetz vom 21. März 1884 ließ sie als syndicats professionels zu (vgl. dazu oben im weiteren Text).

(en nom collectif = offene Handelsgesellschaft, Kommanditgesellschaft, Aktiengesellschaft, Kommanditaktiengesellschaft, schließlich stille Gesellschaft). Die Sozietät besitzt im Sinne der französischen Auffassung juristische Persönlichkeit [1], nach deutscher Auffassung allerdings nicht immer, sondern mitunter nur eine gewisse Rechts- und Handlungsfähigkeit.

Die Genossenschaften waren unter diesen Umständen genötigt, sich einer der Formen der Sozietät anzuschließen; eine Entwicklung wie in Deutschland auf dem Boden des Vereinsrechts war ausgeschlossen. Aber hier entstand sofort eine neue Schwierigkeit. Nach Art. 1832 C. civ. ist jeder Sozietät der Zweck der Erzielung und Verteilung vermögensrechtlichen Gewinns begriffswesentlich. Die Genossenschaft will aber doch gerade keine Erwerbsgesellschaft sein, der Erwerb ist ihr begrifflich nur Mittel zum Zweck [2]. Man hat daher bald schlechthin, bald nur für einzelne Typen bestritten (Thaller § 804 ff., Lecaisne S. 19), daß die Genossenschaft als Sozietät angesprochen werden könne. Der Streit ist noch heute unentschieden (vgl. auch unten S. 87 bei a). Praktisch hat man die Möglichkeit als solche bejaht, indem sich zahlreiche Genossenschaften als solche Sozietät konstituierten. Damit entstanden wieder Schwierigkeiten hinsichtlich der Einreihung der Genossenschaften unter die Zivil- oder die Handelsgesellschaften [3]; so sind z. B. zweifellos Handelsgesellschaft nur die Produktivgenossenschaften, weil nur diese eigentlich „Handelsgeschäfte" betreiben, was bei Konsum- und Kreditvereinen im Grunde nicht der Fall ist, die zunächst nur in eigenen

[1] Die Frage ist zweifelhaft eigentlich nur für die bürgerliche Gesellschaft; der Kassationsgerichtshof hat die juristische Persönlichkeit auch hier angenommen; vgl. Lyon-Caen und Renault, § 126.

[2] Eine Parallele im deutschen Recht bietet die Frage nach der Begriffsbestimmung des wirtschaftlichen Vereins oder des Vereins, dessen Zweck auf einen wirtschaftlichen Geschäftsbetrieb gerichtet ist im Sinne der §§ 21, 22 BGB. Die von RGZ. 83 S. 231 gegebene Lösung, entscheidend sei, ob die wirtschaftliche Beteiligung des Vereins nach außen auf den Erwerb wirtschaftlicher Vorteile für den Verein selbst gerichtet sei, wird sich auch für die französische Scheidung von association und société verwenden lassen. Über die Bedeutung der Frage für das deutsche Genossenschaftsrecht vgl. meine Eing. Genossenschaft (1916), S. 51, 60, 85, 120.

[3] Da der Unterschied zunächst und ursprünglich in der Art der getätigten Geschäfte liegt, kann eine Zivilgesellschaft sich möglicherweise der Form der Handelsgesellschaft bedienen, ohne Handelsgesellschaft zu werden; vgl. auch unten II 1.

Kreisen umsetzen, ohne daran verdienen zu wollen [1]. Zu dieser letzteren Kategorie würden auch die Baugenossenschaften gehören. Verkehren die Genossenschaften mit Dritten, so fällt diese Beschränkung, und zwar auch dann, wenn diese Personen einen kleinen Beitrag zahlen müssen (Entsch. des Staatsrats vom 14. März 1891 bei Cohendy und Darras N. 15 zu Art. 48 Ges. von 1867). So erklärt sich die eigentümliche Erscheinung des adhérent, worunter ein Dritter verstanden wird, der gegen Zahlung einer Gebühr an den Vorteilen der Genossenschaft teilnimmt, ohne Mitglied zu sein. Der Vorteil, Handelsgesellschaft zu sein, ist so groß, daß vielfach sogar lieber steuerliche Nachteile in Kauf genommen werden, als daß das Institut des adhérent aufgegeben würde.

Jedenfalls ging unter dieser Gesetzgebung die Entwicklung der Genossenschaft nach der Richtung der Vermögensgesellschaft; das Zivilrecht ordnet nun einmal das Assoziationsrecht unter dem Gesichtspunkt der individualrechtlichen Kapitalvereinigung. Die Genossenschaft mochte sehen, wie sie durch entsprechende Ausgestaltung des Statuts jeweils ihrer Grundidee gerecht wurde. Die weitgehende Freiheit der Gestaltgebung des französischen Rechts war ihr hierbei behilflich. Aber es liegt auf der Hand, daß bei diesen Grundlagen der erste Versuch der gesetzlichen Regelung des Rechts dieser neuen Assoziationsform von der durch die seitherige Gesetzgebung bedingten Richtlinie des Kapitals ausging. Man gab sich gar nicht erst die Mühe der Untersuchung, ob und inwieweit etwa die Besonderheiten der Genossenschaft eine Durchbrechung der allgemeinen rechtlichen Grundsätze nötig mache. Man begnügte sich damit, ihr zwei wichtige Konzessionen zu machen: hinsichtlich des Wechsels der Mitglieder und der Schwankungen im eigenen Vermögen.

Es geschah dies — nach einem voraufgegangenen Versuch in dem Gesetz vom 23. Mai 1863 betr. Gesellschaften mit beschränkter Haftpflicht —

[1] Nach Art. 632 C. comm. sind Handelsgeschäfte nicht Kauf und Verkauf schlechthin, sondern der Kauf muß zum Zwecke des Verkaufes erfolgen. Der Konsumverein will aber nicht eigentlich „verkaufen". Kreditgeschäfte sind Handelsgeschäfte; aber auch hier findet Gegenseitigkeit statt. Die Produktivgenossenschaft dagegen will an Nichtmitglieder absetzen. Näheres bei Thaller, §§ 812 und 813; Lecaisne, S. 36 ff.; Entscheidungen bei Sirey, Note 84 zu Art. 18 und 19, sowie bei Cohendy und Darras, Note 9 zu Art. 48 Ges. v. 1867. — Der Streit war früher auch in Deutschland nicht fremd, um hier in die oben S. 10 unten erw. Frage überzugehen.

im Gesetz vom 24. Juli 1867 über die Gesellschaften, dessen dritter Titel in sechs Artikeln die allgemeinen Grundsätze über die „Gesellschaften mit veränderlichem Kapital" enthält. Diese Bestimmungen waren als Genossenschaftsgesetz nach englischem und deutschem Muster gedacht; aber, wie gesagt, sie gehen nicht vom Personenverein, sondern von den verbundenen Vermögensmassen aus. Entsprechend dem Brauch der französischen Gesetzgebung werden nur einige wenige allgemeine Sätze gegeben, die den Typus dieser neuen Gesellschaftsform umschreiben. Im übrigen ist die spezielle Ausgestaltung wieder der Freiheit der Beteiligten, dem Gesellschaftsvertrag anheimgestellt. Das Gesetz schafft zwei Möglichkeiten: die Gesellschafter können an sich jede beliebige Sozietätsform nach Zivil- oder Handelsrecht wählen, die société à capitale variable kann sich, soweit die Notwendigkeit des Vorhandenseins eines Gesellschaftskapitals und der Verteilung von bénéfices dies zulassen [1], in jede Form kleiden [2]. Aber wird die der Aktiengesellschaft gewählt, so gelten besondere Vorschriften; und diese société à capital variable par actions ist als die eigentliche Rechtsform der Genossenschaft gedacht. Sie ist eine Aktiengesellschaft, aber ihr Kapital ist nicht

---

[1] Cohendy & Darras verneinen N. 4 und 5 zu Art. 48 mit dieser Begründung die Anwendbarkeit auf eine syndikalistische Molkerei- und Käsereigenossenschaft, die soc. a cap. var. sei hier ausgeschlossen.

[2] Die Frage ist indessen nicht ganz unbestritten oder unzweifelhaft. Wie im Text: Lecaisne, S. 29 ff.; Lyon-Caen und Renault, §§ 315—318; Thaller, § 817; Vavasseur, § 985; Cohendy und Darras, Note 8 zu Art. 48; Sirey, Note 1 zu Art. 48; Rousseau, § 2950 und der hier § 2944 zit. Kammerbericht; zweifelhaft Hubert-Valleroux, Rev. de soc. 1897, p. 549 und Corréard, S. 228 („si elles ne veulent risquer une experience dangereuse"). Nach Vavasseur sind die Zweifel dadurch entstanden, daß entgegen der Vorlage im Gesetz die für die soc. à cap. var. par actions gegebenen Spezialvorschriften nicht ganz klar und scharf herausgehoben sind. Lecaisne macht darauf aufmerksam, daß Titel III ursprünglich überschrieben war „des sociétés de coopération" und daß man durch die anderweite Überschrift einmal einen Pleonasmus habe vermeiden, zum anderen diese Rechtsform der soc. à cap. var. nicht nur den Kooporativgesellschaften habe vorbehalten wollen. Ihm ist die Genossenschaft, die sich dieser Rechtsform bedient, an und für sich (wie stets) nicht société; wohl aber werde sie durch diese Unterstellung unter Titel III der Vorteile des Gesetzes teilhaft, wofür sie andererseits die Nachteile eintausche. Praktisch scheint sich die Frage dadurch außerordentlich zu vereinfachen, daß die Form par actions überwiegt. — Verboten ist die soc. à cap. var. für Versicherungsgesellschaften durch Dekret vom 22. Januar 1868 Art. 1 [2].

feststehend; die Gründung ist erleichtert, die Anteile brauchen nur zu einem geringen Betrag eingezahlt zu werden.

Die Entwicklung ging in der Folge von der bisher öfter beliebten Kollektiv- und einfachen Kommanditgesellschaft (Gariel S. 30) ab und dahin, daß die Aktiengesellschaft mit beweglichem Kapital, sowie — trotz der im einzelnen gegen ihre Anwendbarkeit bestehenden Zweifel [1] — die Zivilgesellschaft [2] vorwiegend als Rechtsform gewählt wurden. Daneben kamen aber auch alle anderen Formen vor. Erst durch das Gesetz vom 21. März 1884 über die syndicats professionels — Gewerkvereine, wie man schlecht übersetzt — war den Genossenschaften die Möglichkeit der Entwicklung in einer ihrer Natur gemäßeren Richtung gegeben. Dieses Gesetz bedeutet gegenüber dem öffentlichrechtlichen Verbot der associations eine Ausnahme; es gestattet vorbehaltlich der polizeilichen Anmeldung der Statuten und der Geschäftsführer den Zusammentritt von Berufsgenossen gleicher oder verwandter Berufe zur Wahrnehmung ihrer wirtschaftlichen, gewerblichen, landwirtschaftlichen oder Handelsinteressen [3]. Und zwar sind sie jetzt auch zivilrechtlich als Assoziationsform mit beschränkter Rechtsfähigkeit innerhalb des gesetzlichen oder statutarischen Aufgabenkreises anerkannt. Wird diese Grenze überschritten, so kann der Generalstaatsanwalt (scil. im öffentlichen Interesse) und jeder Beteiligte die Nichtigkeit des Geschäftes rügen. Die Mitglieder haben ein statutarisch nicht beschränkbares, jederzeit ausübbares Rücktrittsrecht.

Wenn es nun auch wohl nicht die Absicht des Gesetzes von 1884 war, eine neue Rechtsform für Kooperativgesellschaften zu schaffen.(Lecaisne S. 22), und das Gesetz beinahe nur zufällig überhaupt auf die Land-

---

[1] Vgl. über diese Duseigneur S. 105 ff.

[2] Ich leugne nicht, daß für diese in meinen Ausführungen Gruchots Beitr. 59, S. 983 N. 50 das Gegenteil steht. Doch beruht das auf einem Satzfehler, der dort bei der Korrektur auszumerzen unterlassen wurde, wofür ich die Verantwortung ablehnen muß, weil mir keine Kontrolle über die Ausführung meiner Korrekturanweisung zustand. Der richtige Satz jener Notiz sollte zum Ausdruck bringen, daß gerade anders als bei uns in Frankreich diese Form der einfachen Zivilgesellschaft in ihrer Eignung erkannt worden sei und sich demgemäß auch eingebürgert habe. — Ergänzend ist zu bemerken, daß es namentlich Konsumvereine sind, die in Frankreich als Zivilgesellschaft auftreten (Gariel, S. 38); Konsumvereine sind auch bei uns die Hauptvertreter dieses Typs.

[3] Also zunächst nicht für die freien Berufe; Art. 13 des Ges. v. 30. November 1892 gab die gleichen Rechte den Medizinalpersonen.

wirtschaft für anwendbar erklärt wurde, so entstanden doch auf diesem Boden zahlreiche landwirtschaftliche Syndikate der verschiedensten Art mit kooperativen Haupt- oder Nebenzwecken, insbesondere Absatz- und Bezugsgenossenschaften, aber neben diesen landwirtschaftlichen auch sonstige Konsumvereine, ebenso Kreditkassen. Dabei ergaben sich mitunter Schwierigkeiten, insofern die Gerichte solche Einrichtungen als über den Aufgabenkreis der Syndikate hinausgehend betrachteten (Vavasseur § 964 [2]), und demgemäß nicht das Syndikat, sondern den Präsident als Mandatar der Mitglieder für haftbar und beteiligt erklärten. Um dieser Schwierigkeit zu begegnen, griff man wieder zu dem alten Rezept der Sozietät, die man dem Syndikat angliederte. Für landwirtschaftliche [1] Kreditvereine wurde deshalb unter der neuen fördernden Ära als eine der von Méline inaugurierten Maßregeln gegen die landwirtschaftliche Krisis ein Spezialgesetz unter dem 5. November 1894 erlassen, das zum ersten und einzigen Mal ein wirkliches Genossenschaftsrecht schafft, aber im Grunde auch nicht über die Kapitalgesellschaft hinwegkommt; es gilt heute in der ihm durch die Gesetze vom 20. Juli 1901 und 14. Januar 1908 gegebenen Fassung. Die staatliche Förderung der ländlichen Genossenschaften kam in der Folge noch wiederholt zum Ausdruck, so in den Gesetzen [2] vom 17. November 1897, 31. März 1899 und 29. Dezember 1906, die die sogenannten Regionalkassen anerkannten und ihnen öffentliche Mittel zur Verfügung stellten. Diese Regionalkassen wirken als Geldausgleichstellen. Sie sind Genossenschaften höherer Ordnung in der Rechtsform des Gesetzes von 1894 und haben zwar auch Einzelpersonen zu Mitgliedern, dürfen aber geschäftliche Beziehungen mit Einzelpersonen nicht unterhalten, sondern nur mit Vereinen. Dabei ist ihr Geschäftskreis gesetzlich fixiert.

Der fördernden Richtung verdankt weiterhin seine Entstehung das Gesetz vom 1. Juli 1901 [3], das mit der Vereinsfreiheit der Assoziation endlich die zivilrechtliche Anerkennung als selbständige Rechtsform anbahnt: sofern sie sich bei der Präfektur ihres Sitzes anmeldet, das Statut in doppelter Ausfertigung einreicht und die Leiter bzw. Ge-

[1] Nach dem Entwurf hatte man das Gesetz nicht nur auf den crédit agricole, sondern auch auf den crédit populaire erstrecken wollen.

[2] Näheres über diese Gesetze in Internat. Agrarökonomische Rundschau 28 (April 1913), S. 31 ff., sowie bei Jacobsohn, Die landw. Kreditgenossenschaften in Frankreich (1914).

[3] Das Gesetz ist zugleich Kampfgesetz gegen den Klerikalismus; sein Titel 3 richtet sich gegen die geistlichen Kongregationen.

schäftsführer anmeldet, ebenso jeweils binnen drei Monaten Statutenänderungen und einen etwaigen Wechsel in der Leitung, womit die Änderung Dritten gegenüber Wirksamkeit erlangt, hat sie als association declarée Gerichtsstandschaft und besitzt eine beschränkte Rechts- und Geschäftsfähigkeit. Im Falle der Auflösung fällt das Vermögen nicht mehr an den Staat, sondern wird nach den Beschlüssen der Generalversammlung verwendet. Die Mitglieder können jederzeit austreten, außer wenn die Assoziation von zeitlich beschränkter Dauer ist. Doch ist auch mit dieser Erleichterung wenig gewonnen. Zwar bedient sich manche Genossenschaft dieser neuen, scheinbar bequemen Rechtsform. Sie muß hierbei aber in Kauf nehmen (Corréard S. 226), daß die Assoziation keinen Gewinn erzielen darf, da sie sonst zur Sozietät wird; das Gesetz erklärt ausdrücklich, daß die Assoziation einen andern Zweck haben muß, als de partager des bénéfices. Die Bildung eines Reservefonds ist also ausgeschlossen. Sie kann zwar die Grundstücke erwerben, deren sie unbedingt bedarf, aber kein Mobiliar und Werkzeug, ebensowenig Vorräte und Waren. Jedenfalls handelt es sich hier um eine noch durchaus unentwickelte Rechtsform, die zunächst weniger für Genossenschaften, als für bürgerliche Vereine in Frage kommt, die sich nicht der Form der Handelsgesellschaft bedienen wollen. Hierauf deutet insbesondere Titel 2 des Gesetzes vom 1. Juli 1901, auf Grund dessen die Assoziation als gemeinnützig anerkannt wird und hierdurch volle juristische Persönlichkeit erlangen kann.

Als Rechtsformen der Genossenschaft kommen demnach in Frage:

1. die bürgerliche Sozietät der Art. 1832 ff. C. civ.; diese wird tatsächlich bei fast allen Genossenschaftsarten verwendet;
2. die spezielle Rechtsform der ländlichen Kreditgenossenschaft;
3. die société à capitale variable, und zwar vorzugsweise in der Spielart par actions;
4. die Form des syndicat kommt ebenfalls zahlreich vor; seltener die der association declarée. Beide Rechtsformen sind mit den bereits gegebenen Daten hinlänglich gekennzeichnet; innerhalb dieser Grenzen besteht die Möglichkeit der statutarischen beliebigen Ausgestaltung. Im folgenden braucht also auf diese beiden Formen nicht weiter eingegangen zu werden [1];

[1] Näheres über die Organisation von landwirtschaftlichen Syndikaten bei Kudelka, Das landwirtschaftliche Genossenschaftswesen in Frankreich, Berlin 1899, S. 39 ff. Ausführliches Material, auch nach der rechtlichen Seite, bei Rocquigny, Les syndicats agricoles et leur œuvre, Paris 1906.

5. daneben kommen vereinzelt die Formen des Handelsgesetzbuchs vor, von denen die société commerciale en participation ausscheidet, da sie begrifflich auf die Genossenschaft nicht paßt;
6. zu erwähnen sind schließlich die alten fruitières, Käsereigenossenschaften, die in ihren Ursprüngen bis ins Mittelalter nachweisbar sind. Sie leben regelmäßig nach Gewohnheitsrecht, da sie vor der ersten gesetzlichen Regelung entstanden sind (Bull. cred. pop. 1908 S. 392). Nach dem Plan dieser Arbeit soll auf sie nicht weiter eingegangen werden.

Es bleiben also ausführlicher zu erörtern die Formen zu 1—3; dies wird Aufgabe des nächsten Abschnitts sein. Hier ist nur vorweg zusammenfassend zu bemerken, daß infolge der Abstellung in der Gesetzgebung auf die Vereinigung von Kapital die uns ganz selbstverständlich im Vordergrund stehende Betonung der genossenschaftlichen Gleichheit in Frankreich praktisch in weitgehendem Maße nicht verwirklicht ist; es finden sich zahlreiche Ungleichheiten, wodurch der Charakter der Kooperativgesellschaft als Vereinigung von Personen stark verwischt erscheint. Aber gerade auf dieser Qualität als Personalgesellschaft beruht es, daß irgend welche Aufsicht über die Genossenschaften, ebenso eine gesetzliche Revisionspflicht dem französischen Recht unbekannt sind. Eine Aufsicht besteht nur für die Regionalkassen sowie für die Genossenschaften, die von den ihnen durch das Gesetz vom 29. Dezember 1906 gebotenen Vorteilen Gebrauch machen wollen. In beiden Fällen war diese Forderung durch die Gewährung staatlicher Kredite, also in letzter Linie das Budgetrecht und das Recht der Finanzkontrolle der gesetzgebenden Körperschaften bedingt. Nähere Grundsätze über diese Aufsicht enthält das Dekret vom 30. Mai 1907 in Verbindung mit dem Reglement vom 26. August 1907 (inhaltlich mitgeteilt in Bull. cred. pop. 1908 S. 406 ff.).

Das Recht der Versicherungsvereine auf Gegenseitigkeit, auf das hier nicht weiter eingegangen werden soll, beruht auf dem Dekret vom 22. Januar 1868, ferner den Gesetzen vom 1. April 1898 und 4. Juli 1900. Auch hier hat die staatliche Förderung durch Bereitstellung von Mitteln gewirkt.

II. Verhältnis der verschiedenen Rechtsformen zu einander.

1. Wie schon im vorigen Abschnitt gesagt wurde, zieht sich durch das französische Gesellschaftsrecht der Unterschied zwischen association

und société. Er liegt im Zweck der Vereinigung; société ist die auf die Erzielung und Verteilung von Gewinn gerichtete, die Erwerbsgesellschaft. Je nach den Mitteln, die dem Erwerb dienen, ist sie Zivil- oder Handelsgesellschaft; letzteres, wenn der zu teilende Gewinn durch Handelsgeschäfte angestrebt wird. Stets sind Handelsgesellschaften die seit Inkrafttreten des Gesetzes vom 1. August 1893 gegründeten Kommandit- und Aktiengesellschaften, einerlei, welches ihr Gegenstand ist, ebenso die ländlichen Kreditgenossenschaften des Gesetzes vom 5. November 1894. Abgesehen hiervon bleibt eine, keine Handelsgeschäfte betreibende, aber trotzdem in den Formen des Handelsrechts errichtete Gesellschaft „bürgerlich". Aber ihre Stellung verändert sich doch in einigen Punkten (vgl. Cohendy und Darras, Nr. 50—55 zu Art. 68 Ges. von 1867):

a) bei der Gründung sind eine Reihe erschwerender Bedingungen zu beachten;

b) sie sind verpflichtet, nach Maßgabe der Bestimmungen der Art. 8 ff. C. comm. Handelsbücher zu führen;

c) im Falle der Zahlungseinstellung unterstehen sie den Bestimmungen über faillite und liquidation judiciaire [1] nach Maßgabe der Art. 437—583 C. comm. und des Gesetzes vom 4. März 1889 (bei Nichtkaufleuten findet déconfiture, d. h. kein eigentliches Konkursverfahren statt [2], sondern es sind nur einzelne Bestimmungen für diesen Zustand gegeben, C. civ. Art. 1188, 1276, 1446, 1613, 1865, 1913, 2003, 2032. Eine Sozietät wird durch Eintritt der déconfiture eines Mitglieds aufgelöst).

d) das Verhältnis der Gesellschafter zu Dritten steht unter den Bestimmungen des Handelsgesetzbuchs; daher unterliegt insbesondere

e) die Klage des Gläubigers gegen einen Gesellschafter der Verjährung innerhalb fünf Jahren im Falle des Art. 64 C. comm.;

[1] Faillite ist die konkursmäßige Abwicklung; zu dieser kommt es nicht, wenn der Schuldner binnen 14 Tagen von der Zahlungseinstellung ab die gerichtliche Vermögensauseinandersetzung (liquidation iudiciaire) im Sinne des Gesetzes vom 4. März 1889 beantragt, die auf den Abschluß eines Zwangsvergleichs (concordat) abzielt und daher zum Konkurs führt, wenn ein solcher nicht zustande kommt.

[2] Näheres über den Unterschied siehe bei Lyon-Caen und Renault § 1031, sowie Zachariä-Crome, Handbuch des französischen Zivilrechts 8. Aufl. 1894 Bd. 2 S. 292 ff.

f) Streitigkeiten zwischen den Gesellschaftern gehören zur Zuständigkeit des Handelsgerichts, wie die Gesellschaft selbst hier ihr Recht nimmt.

Gemeinsam ist allen Gesellschaftsformen die weitgehende Vertragsfreiheit bei Aufstellung des Gesellschaftsvertrags; das Gesetz beschränkt sich auf einige allgemeine Grundsätze. Es können daher durch entsprechende Ausgestaltung des Statuts die einzelnen Gesellschaftsformen einander angenähert werden.

2. Die als Gesellschaft des bürgerlichen Rechts (Art. 1832 ff. C. civ.) errichtete Genossenschaft entsteht schon durch den Vertrag zwischen den Gesellschaftern (1843), der der schriftlichen Form bedarf, wenn der Gegenstand 150 Fr. übersteigt (1834). Der Vertrag wird zweckmäßig notariell protokolliert, da andernfalls (1325) soviel Ausfertigungen erforderlich sind, als Gesellschafter; man behilft sich hier vielfach so, daß der von allen Gesellschaftern privatschriftlich vollzogene Vertrag einem Treuhänder behändigt wird (Bull. du cred. pop. 1908 S. 393). Mitunter wird auch der Vertrag gerichtlich registriert, womit der gleiche Erfolg erzielt wird (Lecaisne S. 50). Irgend eine Publikation ist nicht erforderlich.

Die bürgerliche Sozietät vereinigt in sich eine Reihe von Vorteilen, die sie besonders geeignet für die Genossenschaften erscheinen lassen, so vor allem den der absoluten Gestaltungsfreiheit hinsichtlich Organisation und Geschäftsführung. Das Gesetz beschränkt sich auf die Aufstellung einiger dispositiver Sätze (1843 ff.), so daß die Genossenschaft in der Lage ist, jede ihr zweckmäßig erscheinende Form anzunehmen, und zwar wird sie als société particulière des Art. 1841 auftreten, als Gesellschaft für ein ganz bestimmtes Unternehmen (Art. 1842). Sie kann hier eine bestimmte Qualifikation der Genossen vorschreiben (z. B. Angehörigkeit zu einem Syndikat einer Berufsklasse, bestimmter Wohnort usw.), sie kann die Zahl der Mitglieder nach oben unbeschränkt, nach unten beschränkt festsetzen, die Aufnahme neuer und das Ausscheiden alter Mitglieder an gewisse Voraussetzungen knüpfen (z. B. Eintrittsgeld, Zustimmung der Genossenschaft, schriftliche Beitritts- oder Austrittserklärung, Einhaltung einer Kündigungsfrist, Ausschließung). Sie kann einen Vorstand haben, einen Aufsichtsrat und eine Generalversammlung. Letztere ist das ausschlaggebende Organ, das kraft Mandats den Conseil d'administration bestellt, dem vielfach wieder die Bestellung des bureau obliegt, bestehend aus Präsident, Vize-

Präsident, Schatzmeister und Schriftführer. Daneben findet sich vielfach eine Rechnungsprüfungskommission. Die Mitglieder dieser Organe sind Mitglieder der Genossenschaft und führen ihr Amt entgeltlich oder unentgeltlich. Aber es ist hierbei zu beachten, daß sie lediglich Mandatare der Genossen sind, Geschäftsführer im Sinne der Art. 1857, 1858. Sie können daher die anderen Genossen nicht weiter verpflichten, als ihre Vollmacht reicht, die regelmäßig im Statut genau umschrieben ist. Nach den Grundsätzen des Mandats richtet sich auch die Verantwortlichkeit der Geschäftsleiter. Buchführung ist ihnen regelmäßig vorgeschrieben.

Von großem Vorteil erweist sich die Vertragsfreiheit bei der Beschaffung des erforderlichen Betriebskapitals. Auf statutarischem Wege ist es daher möglich, es ähnlich wie nach unserem Genossenschaftsgesetz an einem eigentlichen Sozietäts- oder Zweckvermögen nach Art des Grundkapitals einer Aktiengesellschaft fehlen zu lassen, an dem die Mitglieder mit bestimmten Quoten partizipierten, so daß wie bei uns die Beschaffung des Kapitals durch die ratenweise Leistung von Einzahlungen auf Geschäftsanteile erfolgt. Aber diese französischen Geschäftsanteile dieser Art von Genossenschaften sehen rechtlich ganz anders aus als in Deutschland. Unsere Geschäftsanteile sind reine Rechnungsposten, sie bezeichnen nur den Höchstbetrag der mitgliedschaftlichen Beteiligung oder deren Einheit, die derzeitige Beteiligung selbst ist das Geschäftsguthaben, das bei bestehender Mitgliedschaft nur rechnungsmäßige Bedeutung hat (meine Eing. Genossenschaft S. 149); dabei ist die Beteiligung notwendig durch die Mitgliedschaft bedingt. Der französische part (d'interêt) hat dagegen den Charakter einer verzinslichen Obligation der Genossenschaft, die — ähnlich wie mitunter bei uns Hausanteilscheine oder Schuldverschreibungen bei Baugenossenschaften — kraft mitgliedschaftlicher Pflicht erworben werden müssen, auf den Namen ausgestellt und auslosbar zu sein pflegen. Aber die Entstehung dieser Art von Beteiligung braucht nicht durch mitgliedschaftliche Verpflichtung bedingt zu sein; man kann eine solche Obligation auch als Nichtmitglied erwerben, z. B. als adhérent. Der part selbst ist also ein von der Mitgliedschaft unabhängiges Forderungsrecht an die Genossenschaft, ja es ist noch nicht einmal notwendig, daß nach Erfüllung der mitgliedschaftlichen Pflicht, ihn zu erwerben, die Beteiligung bei bestehender Mitgliedschaft bestehen bleibt; so im Falle der Auslosung. Umgekehrt braucht sie — im Falle das Statut nicht ein anderes vorsieht — nicht mit der Mitgliedschaft als solcher beendet zu werden, sondern kann auch dem ausgeschiedenen Mitglied zustehen. Diese Loslösung vom mitgliedschaftlichen Verhältnis wird praktisch vielfach dadurch zum Ausdruck gebracht, daß der Besitz eines solchen Anteils allein noch nicht zur Teilnahme am genossenschaftlichen Leben berechtigt, d. h. insbesondere zur Teilnahme an der Generalversammlung und den gemeinschaftlichen Einrichtungen. Die Mitgliedschaft ist dann das rein individualrechtliche Verhältnis, vermöge dessen mehrere Personen sich zu gemeinschaftlichem Handeln in der Absicht zusammenschließen, dadurch Gewinn zu erzielen und diesen unter sich zu verteilen. Der einzelne übernimmt damit gewisse vermögensrechtliche Verpflichtungen, unter anderem zum Erwerb einer solchen Obligation; sie gibt ihm ein echtes Forderungsrecht gegen die Vereinigung, d. h. der, sofern man der Sozietät juristische Persönlichkeit zubilligt, zur Einheit zusammengefaßten und unter einheitlicher Bezeichnung auftretenden Summe der Beteiligten.

Selbstverständlich steht nichts im Wege, die Genossenschaft auch auf anderer Grundlage zu errichten. Kraft der Vertragsfreiheit sind z. B. Sacheinlagen und Sacheinbringen in weitgehendem Maße üblich: die Mitglieder bewirken also statt Geldeinlagen geschäftliche Leistungen (Lieferung von Wein, Getreide, Tabak) oder körperliche Arbeit [1]. Üblich ist weiter die Bildung von Reservefonds; wo ein Gesellschaftskapital fehlt oder zu gering ist, wird man dabei andere Bemessungsgrundlagen als nach deutschem Recht suchen: man läßt die Mitglieder einen Teil ihres Gewinnes zwangsweise „einbringen" und setzt dabei einen bestimmten Betrag, also einen Reservefonds, für jedes einzelne Mitglied fest (Lecaisne S. 59 f.).

Dieses mitgliedschaftliche Verhältnis steht hier unter dem Grundsatz der Gegenseitigkeit. Damit ist dem Erfordernis des Gesetzes hinsichtlich des Verhältnisses der Mitglieder gegeneinander (Art. 1859) Genüge geleistet. Im Statut kommt zum Ausdruck, inwieweit sie sich gegenseitig Konzessionen hinsichtlich der Geschäftsführung machen. Ihr mitgliedschaftliches Verhältnis steht ja unter dem Zeichen des Vertrags, dem sie sich in Gestalt des Statuts unterwerfen, kraft dessen sie gleiches

[1] Über das Einbringen von Haftungen vgl. unten S. 80 ff. — Sämtliche Einlagen sind im Falle des Ausscheidens einzelner Genossen zurückzugewähren, daher sich die im Text noch zu erwähnenden, dahin zielenden Sonderbestimmungen in den Statuten zu finden pflegen.

Recht hinsichtlich der Benutzung der gemeinschaftlichen Einrichtungen und hinsichtlich der Bestimmung des gemeinschaftlichen Willens besitzen. Aber ersteres braucht und letzteres kann nicht eingehalten werden; wäre Einstimmigkeit in der Generalversammlung erforderlich, so wäre der Bestand der Genossenschaft bald gefährdet. Deshalb ist überall das Majoritätsprinzip vertraglich eingeführt, vermöge dessen die Minorität ihres Bestimmungsrechts beraubt wird. Und hinsichtlich der Benutzung der gemeinschaftlichen Einrichtungen stellt sich bald die Notwendigkeit einer Abstufung heraus [1], der gegenüber man die Gleichheit wenigstens durch ein gleiches Maß zu wahren sucht, nämlich dessen, in dem ein jeder zur Erreichung des gemeinschaftlichen Zwecks und damit der Bildung des gemeinschaftlichen Vermögens beigetragen hat (also etwa das Quantum der eingelieferten oder entnommenen Waren, die Höhe des Umsatzes usw.). Danach pflegt sich auch die Beteiligung am Gewinn zu richten. Verboten ist einzig die societas leonina, die Bestimmung, daß der ganze Gewinn einer einzigen Person zufallen soll (Art. 1855). Entsprechend kann die Verlustverteilung durch das Statut bestimmt werden, doch ist auch hier Abwälzung auf einen oder mehrere Gesellschafter verboten, es müssen also alle am Verlust teilnehmen. Durchbrochen ist auch regelmäßig die Gleichheit hinsichtlich des Rechtes am gemeinschaftlichen Vermögen: soll der Bestand der Genossenschaft nicht gefährdet werden, so ist erforderlich, daß den ausscheidenden Mitgliedern ihr ideeller Anteil am Genossenschaftsvermögen nicht herausgezahlt wird; doch kommt die Gewährung einer Abfindung vor. Ebenso pflegt im Falle der Auflösung das vorhandene Vermögen nicht nach Köpfen, sondern nach dem Maße verteilt zu werden, in dem jeder zur Bildung beigetragen, d. h. an den gemeinschaftlichen Geschäften teilgenommen hat.

Aber die bürgerliche Sozietät birgt auch eine Reihe von Nachteilen in sich. So zunächst eben hinsichtlich der Vertragsfreiheit; das Statut muß gut durchgearbeitet sein [2], soll es nicht nach der einen oder der

---

[1] Sehr beliebt ist die Einteilung in membres fondateurs und membres ordinaires nach der Höhe des Eintrittsgeldes und der übernommenen Einzahlungspflicht.

[2] Als Beleg dienen, daß das Musterstatut der französischen Regierung (Bull. cred. pop. 1908, S. 409 ff.) zwar eine solidarische Haftung der Mitglieder für die vom Staat gewährten Kredite, aber keinerlei Bestimmung über die Verteilung etwaiger Verluste enthält.

anderen Richtung bedenklich wirken. Der Hauptnachteil liegt — auch wenn man juristische Persönlichkeit der Sozietät annimmt — in den Bestimmungen über die Haftung der Mitglieder. Zwar kann kein Gesellschafter den anderen weitergehend verpflichten, als seine Vollmacht reicht (Art. 1862). Damit ist aber nur gesagt, inwieweit jeder Gesellschafter die Rechtshandlungen der Geschäftsleitung gegen sich gelten lassen muß, und zwar besteht insoweit solidarische Haftung. Aber diese beschränkt sich Dritten gegenüber — einerlei, wie hoch die Beteiligung ist — auf eine Haftung nach Kopfanteilen [1], soweit nicht etwa im Einzelfall die Haftung des einen oder anderen Gesellschafters durch Vertrag mit dem Gläubiger beschränkt oder ausgeschlossen ist. Man ist hier also, wie seinerzeit in Deutschland, gezwungen, die Mitglieder durch ein sorgsam durchdachtes System von Klauseln zu schützen. Soweit die Haftung reicht, findet sie unbeschränkt, d. h. mit dem ganzen Vermögen (Art. 2092 C. civ.) statt, und erlischt erst nach 30 Jahren. Die zweifelhafte Frage, ob ein ausgeschiedenes Mitglied für die bis zu seinem Ausscheiden entstandenen Verbindlichkeiten weiterhaftet, pflegt durch das Statut in bejahendem Sinne entschieden zu werden. Ein weiterer Nachteil liegt darin, daß diese Genossenschaft keine Handelsgeschäfte machen kann; sie ist eben Zivilgesellschaft und genießt infolgedessen nicht die Vorteile der Handelsgesellschaften. Weiterhin sind ohne statutarische Ermächtigung ausgeschlossen Bewilligung, Verzicht oder Übertragung einer Hypothek oder sonstigen Garantie, Beseitigung einer Eintragung vor Löschung der Schuld, Verzicht auf Forderungsrechte, Aufnahme von Anleihen und Bestellung einer Hypothek an den Grundstücken des Genossenschaft. Die statutarische Bevollmächtigung bedarf in Hinblick auf Art. 2127 C. civ. entweder der notariellen Beurkundung oder doch mindestens der Deposition bei einem Notar, der dann zugleich als Treuhänder fungiert.

Als Auflösungsgründe nennt Art. 1865 C. civ. Zeitablauf, Wegfall des Gegenstandes, Kündigung, Tod, Entmündigung oder Insolvenz eines Mitgliedes. Letztere vier Gründe können durch das Statut ausgeschlossen werden. Es genügt hierfür die Bestimmung, daß die Ge-

[1] Der Aufsatz der französischen Regierung in der Internat. Agrarökonom. Rundschau, Bd. 28 (April 1913), S. 33 bringt das im Gegensatz zu ihrem in französischer Sprache geschriebenen Aufsatz über das gleiche Thema in Bull. cred. pop. 1908, S. 395 nicht scharf genug zum Ausdruck.

nossenschaft nur durch Ablauf der vorgesehenen Zeit ihr Ende findet. Ein Konkurs der Genossenschaft ist ausgeschlossen [1].

An die Auflösung schließt sich die Liquidation nach Maßgabe der Bestimmungen des Statuts [2] (Art. 1872). —

Im einzelnen ergeben sich natürlich unzählige Möglichkeiten und Schwierigkeiten, auf die im Rahmen dieses Überblicks nicht eingegangen werden kann [3].

3. Wir fanden also bei der in der Form der einfachen bürgerlichen Gesellschaft auftretenden Genossenschaft, daß trotz juristischer Persönlichkeit der Verbandsperson eine unmittelbare Gläubigerhaft der Mitglieder stattfinden soll. Dies begegnet uns wieder, und zwar in verstärktem Maße, da hier die juristische Persönlichkeit noch weit unbedenklicher angenommen wird, bei solchen Kooperativgesellschaften, die sich in die Form der Kollektiv- oder offenen Handelsgesellschaft kleiden, bei welcher gleiche Haftung aller Genossen für die Gesellschaftsschulden stattfindet (Art. 22 C. comm.), und dann bei denjenigen, die die Beschränkung der Haftung eines Teils der Mitglieder auf die Einlagen als Kommanditgesellschaft (Art. 23 C. comm.) oder Kommanditaktiengesellschaft (Ges. vom 29. Juli 1867/1. August 1893) vorziehen. Das Wesen der Persönlichkeit knüpft demnach nicht an das Haftungsmoment an, sondern an das Auftreten unter einheitlichem Namen oder Firma, und die persönliche Haftung der Gesellschafter oder deren Fehlen ist ein Akzedens, das der Persönlichkeit oder der Anonymität der Verbindung

[1] Die Gläubiger müssen auch im Fall der Überschuldung in der Reihenfolge, wie sie sich melden, nach Maßgabe der vorhandenen Mittel, ev. der Reihenfolge der Pfändungen, befriedigt werden. Äußerstenfalls müssen sie sich an die Genossen halten.

[2] Hier können schwierige Fragen durch das Vorhandensein von Reservefonds entstehen, die aus apports gebildet sind, namentlich im Falle der Überschuldung, Lecaisne S. 82 ff. Man wird dabei etwas an die alte deutsche Streitfrage erinnert, ob die Genossen für ihre Einlagen als Gläubiger anzusehen sind.

[3] Um so weniger, als zahlreiche Bestimmungen, die für das Recht der bürgerlichen Gesellschaft maßgebend sind, über das ganze Gesetz verstreut sind, bzw. als viele sonstige Bestimmungen das Gesellschaftsrecht berühren. Da die Aufgabe dieser Abhandlung keineswegs darin besteht, das französische Gesellschaftsrecht in extenso zur Darstellung zu bringen, sondern nur das Genossenschaftsrecht zu skizzieren, habe ich geglaubt, hinsichtlich der Rechtsform der bürgerlichen Gesellschaft mich auf die Heraushebung der gerade wesentlichsten Gesichtspunkte beschränken zu können.

entspricht. Demgemäß begegnet uns bei der, unzweifelhaft juristische Persönlichkeit beanspruchenden dritten Art von Genossenschaften in Form einer Handelsgesellschaft, der keine persönliche Firma führenden anonymen Gesellschaft (Art. 33 C. comm.), eine Haftung nur noch mit der Einlage bzw. dem Höchstbetrag der Aktie.

Damit wäre also die Möglichkeit geschaffen, Genossenschaften mit beschränkter und unbeschränkter Haftung der Genossen für die gemeinsamen Verbindlichkeiten ins Leben zu rufen: unbeschränkte Haftung hätten wir bei Anwendung der einfachen und der Kollektivgesellschaft, beschränkte Haftung bei der anonymen Gesellschaft, während die beiden Formen der Kommandite einen vermittelnden Typ darstellen. Indem man dann noch die Möglichkeit schuf, als société à capitale variable den Wechsel der Mitglieder durchzuführen, glaubte man alle Schwierigkeiten behoben zu haben. Die Kooperativgesellschaft unterscheidet sich also nicht qualitativ, sondern nur quantitativ von den sonstigen Rechtsformen, in deren Gewand sie auftritt. Sie ist nur eine besondere Abwandlung, ein Spezialfall der regelmäßigen Rechtsformen (Rousseau § 2886: une sorte de soc. en nom collectif).

Für unser Denken entstehen hier Schwierigkeiten. Gewiß drückt auch unser Handelsgesetzbuch die Merkmale der großen Gesellschaftstypen ähnlich aus wie der C. comm. Aber wir sind uns heute doch darüber im klaren, daß eine „Haftung" mit der Einlage ganz etwas anderes ist, als eine persönliche Haftung gegenüber einem Gläubiger der Gesellschaft. Der Franzose will indessen noch über diese — übrigens auch bei uns früher recht beliebte — Gleichstellung hinaus persönliche Haftungen der Genossen förmlich „einbringen" lassen. Es sei ja letzten Endes gleichgültig, ob der Genosse bares Geld einbringe oder kraft der Übernahme von Haftungen die Aufnahme von Geld bei Dritten ermögliche. Man könne also ähnlich wie nach deutschem Recht statutarisch in doppeltem, drei- oder vierfachem Betrag des eigentlichen (baren) Einbringens eine „Haftung" einführen (vgl. z. B. Lecaisne S. 31). Ja, es wird sogar die Möglichkeit von Gesellschaften behauptet, die ganz ohne eigentliches Gesellschaftskapital und lediglich auf solche Haftungsapports aufgebaut seien, was speziell für unsere Kooperativgesellschaft bedeutsam sei [1]. Nirgends aber fand ich eine Antwort auf

[1] Dieses Problem ist seit 1893 aktuell geworden, seitdem man eine „caisse rurale Raiffeisen" einzubürgern versucht hat, die nach deutschem Muster auf

die doch immerhin nicht ganz unwichtige und vom Gesetz über die ländlichen Kreditgenossenschaften (unten 5) ausdrücklich entschiedene Frage, welchen Einfluß diese Vereinbarung auf das Verhältnis zum Gläubiger der Vereinigung hat: kann der Gläubiger kraft dieser „vertraglichen Garantie" die Mitglieder unmittelbar belangen, oder muß er nach wie vor im Rahmen der gesetzlichen Einstandsverpflichtung vorgehen, d. h. sich im Zweifel an die Genossenschaft selbst halten, die ihrerseits einen Anspruch an die Mitglieder hat, sei es in Gestalt der Einforderung von Nachschüssen, sei es in Gestalt eines Schuldbefreiungsanspruchs? Dieses Schweigen deutet darauf, daß dem Franzosen die Lösung selbstverständlich scheint. Man wird sie nach der Richtung zu suchen haben, daß das Einbringen zum Gesellschaftsvermögen gehört, und daß dieses in allen Bestandteilen dem Zugriff des Gläubigers offen steht. Mittels action indirecte ist er in der Lage, die noch außenstehenden Teile jenes Einbringens einzuziehen (Art. 1166 C. civ.), also die „Haftung" ähnlich geltend zu machen, wie bei geschuldeter Einzahlung auf Geschäftsanteil.

Zu welchen Ergebnissen diese Vorstellungsreihe führt, zeigt die Erwägung, daß man bei der Form der Kollektivgesellschaft zu der kraft des Gesetzes „unbeschränkten" Haftung eine „beschränkte" Haftung mit einem Vielfachen des Geschäftsanteils hinzufügen könnte, und umgekehrt bei der Form der soc. anonyme zu der „beschränkten" Haftung mit der Einlage eine „unbeschränkte" kraft statutarischer Anordnung. Macht man sich klar, daß es sich bei einem solchen Nebeneinanderbestehen bald um direkte, bald um indirekte Gläubigerhaft handelt, so hätte diese Argumentation nichts ganz so für uns undenkbares mehr an sich, wie es auf den ersten Blick scheint, wenn man uns eine Genossenschaft mit beschränkter gesetzlicher und gleichzeitig unbeschränkter statutarischer Haftung der Genossen vorstellt.

Ein Vergleich mit dem offenbar Frankreich entlehnten italienischen Recht zeigt den entscheidenden Gedankengang deutlich an, und läßt gleichzeitig erkennen, inwieweit der Gedanke fruchtbar ist. Wie in Italien spricht man auch in Frankreich unbedenklich davon, daß man

---

engster lokaler Basis und der unbeschränkten Solidarhaft der Mitglieder beruhen soll. Die „caisses rurales", die sich dabei des Statuts von Louis Durand bedienen, sind soc. en nom collectif à cap. variable, das Statut von Charles Rayneri bedient sich für die „caisses agricoles coopératives" derselben Gestalt, aber gleichzeitig des ad hoc geschaffenen Gesetzes vom 5. November 1894 (unten 5).

Genossenschaften je nach Wunsch mit beschränkter oder mit unbeschränkter Haftung ausstatten könne. Nun müssen wir uns erinnern, daß die Rechtsform in Frankreich ein sekundäres Moment ist. Jene Wahlfreiheit ist also wirtschaftlicher Natur. Die einmal vollzogene Wahl bedingt dann die entsprechende rechtliche Ausgestaltung des Statuts; es heißt also jetzt: eine Rechtsform suchen, bei der die gewählte beschränkte oder die unbeschränkte Haftung verwirklicht werden kann. Soweit sich die Rechtsform nach der Art des Auftretens der Gesellschaft bestimmt, liegt die Sache einfach [1], wenn eine Handelsgesellschaft vorliegt: je nach der gewählten Haftung ist der Typ der Kollektiv- oder der anonymen Gesellschaft gegeben, ganz ebenso, wenn nur die handelsrechtliche Form gewählt ist. Die danach in Betracht kommende jeweils „beschränkte" oder „unbeschränkte" Haftung ist dann diejenige kraft Gesetzes, neben der es nicht nochmals eine umgekehrte statutarische Haftung gibt; einzig wäre es denkbar, daß die anonyme Gesellschaft den Genossen statutarisch eine indirekte Gläubigerhaftung mit einem Vielfachen des Nominalbetrags der Aktie auferlegte. Schwierigkeit macht danach nur die Form der echten Zivilgesellschaft; weshalb aber hier nicht neben die (wenn auch dem Betrage nach unbeschränkte) direkte Haftung nach Köpfen nicht noch eine die vollen Schulden umfassende indirekte (beschränkte oder unbeschränkte) Gläubigerhaft oder Deckungspflicht soll treten können, ist nicht recht einzusehen.

Im Zusammenhang hiermit steht eine weitere Frage, die für solche Kooperativgesellschaften wichtig ist, welche sich der Form der soc. anonyme bedienen und darüber zur beschränkten Haftung der Genossen gelangen wollen. Art. 33 C. comm. spricht nämlich nicht von action, sondern von interêt, und erst Art. 34 bestimmt, daß das Kapital der soc. anonyme in gleiche Aktien zerfalle. Man hat daraus gefolgert, daß die soc. anonyme durchaus nicht ihr Kapital zu zerlegen brauche, es gebe nicht nur eine soc. anonyme par actions, sondern auch eine soc. anonyme par interêts; nur wenn man die Form par actions

---

[1] Am deutlichsten kommt das zum Ausdruck bei Gariel, S. 35: Vous voulez fonder une soc. civile ou commerciale, vous voulez adopter la résponsabilité par part virile des art. 1832 ff. C. civ., la résponsabilité de la soc. en nom collectif, la résponsabilité limitée de l'anonymaat, la résponsabilité mixte de la commandite; libre à vous de choisir; regardez seulement quels articles vous intéressent dans le titre III de la loi de 1867 et sachez en profiter et vous y soumettre. Tel est le language que le législateur tient dans l'article 48.

wähle, müßten die Aktien gleich sein (Vavasseur §§ 776 ff.). Aktien müßten folgerichtig gleich, parts d'interêt (Geschäftsanteile) könnten ungleich sein. Die Frage ist gerade für die Kooperativgesellschaft nicht unwichtig; wenn sie sich der Form der soc. anonyme bedienen will, ändert sich an ihrem ethischen Wesen an und für sich nichts, sie wird aber bemüht sein müssen, eine Form zu suchen, die diesem Wesen am meisten gerecht wird. Und da ist denn wesentlich, daß für den französischen Juristen die Einteilung des Kapitals in parts d'interêt das Kennzeichen der Personal-, die Einteilung in Aktien das der Kapitalgesellschaft ist; praktische Bedeutung hat das für die Frage der Besteuerung[1] (unten S. 88 A. 1). Nun kennt das französische Recht an sich unsere deutsche Gesellschaft mit beschränkter Haftung ebensowenig wie unsere eingetragene Genossenschaft mit beschränkter Haftpflicht (vgl. aber unten 5). Andrerseits zeigt gerade der Fall der Kooperativgesellschaft mit ihrem, dem Wechsel im Bestande der Aktionäre hier ja gleichstehenden, Mitgliederwechsel, daß man praktisch doch zu dieser Gesellschaft mit beschränkter Haftung kommen könnte, wenn man den gleich der Aktie an und für sich zunächst frei übertragbaren part d'interêt als selbständigen Typ zuließe, der sich dann von der Aktie nicht nur durch die Möglichkeit einer Ungleichheit der Anteile unterschiede. Man hat mitunter diesen gesuchten weiteren Unterschied in der freien Übertragbarkeit[2] gesucht: der angebliche part d'interêt soll action sein und bleiben, solange nicht die einstimmige Zustimmung der Gesellschafter zur Übertragung erforderlich sei (Thaller § 608, Cohendy und Darras N. 10 zu Art. 38 C. comm.). Die Bezeichnung als part d'interêt nähme der Aktie also noch nicht ihren Charakter, auch wenn sich sonstige Beschränkungen der Übertragbarkeit finden (vgl. das reiche Entscheidungsmaterial bei Sirey N. 1 ff. zu Art. 38). Thaller nennt nicht mit Unrecht die Aktie mit solcher beschränkter Übertragbarkeit einen type hybride. Nun ist aber

[1] Die Schaffung von parts d'interêt bei der soc. coop. hat aber auch andere praktische Gründe, z. B. will man den Eintritt kraft Zession des Anteils verhindern können, falls der Zessionar eine unbequeme Persönlichkeit ist; näheres Lecaisne, S. 68 ff.

[2] Daß die Aktie frei übertragbar sein muß, folgt für den Franzosen notwendig aus der vermögensrechtlichen Struktur der Mitgliedschaft bei der Aktiengesellschaft; die Aktie ist ihm droit de créance. Bindet man die freie Übertragbarkeit der Aktie an die Zustimmung aller Genossen, d. h. der Genossenschaft, so rückt die Person des Genossen in den Vordergrund, eine Aktie als reines Gläubiger- oder Vermögensrecht liegt nicht mehr vor.

doch zweifellos eine noch stärkere „Verwässerung" dadurch denkbar, daß das Kapital in ungleiche Anteile zerlegt wird. Da das Gesetz vom 9. Juli 1902 Aktien von ungleichem Gehalt kennt, wird man wohl kaum ohne weiteres hier einen Verstoß gegen Art. 34 C. comm. annehmen dürfen. Ist es hier nicht möglich, über echte parts d'interêt zur Personalgesellschaft zu gelangen, was doch gerade für Kooperativgesellschaften wichtig ist? Ich habe in dem mir zugänglichen Material keine Lösung dieser Frage gefunden; alle vorhandenen Entscheidungen gingen von einem in gleiche Anteile zerlegten Kapital aus. Daß die Frage aber nicht ganz unwichtig sein kann, ergibt sich daraus, daß wiederum das Gesetz von 1894 für landwirtschaftliche Kreditgenossenschaften eine Lösung bietet: die Zerlegung des Kapitals in „ungleiche Anteile" ist ausdrücklich vorgesehen, ebenso die Möglichkeit, die beschränkte Haftung einzuführen, wohingegen die Aufbringung des Kapitals durch die Zeichnung von „Aktien" untersagt ist (unten 5).

4. Die Gesellschaften mit veränderlichem Kapital — nach dem Willen des Gesetzgebers die eigentliche Rechtsform für Genossenschaften — definiert das Gesetz vom 24. Juli 1867: le capital social sera susceptible d'augmentation par des versements successifs faits par les associés ou l'admission d'associés nouveaux, et de deminuation par la reprise totale ou partielle des apports effectués. Also charakteristisch ist ihr zunächst, daß infolge des jederzeit zulässigen Ab- und Zugangs von Mitgliedern, sowie von Einzahlungen auf die Einlage und schließlich deren gänzliche Rücknahme eine Verschiebung im Bestand des Gesellschaftskapitals stattfindet, weiter, daß die Rücknahme der Einlage — im Gegensatz zu der für die anderen Handelsgesellschaften geltenden Bestimmung des Art. 61 Abs. 2 desselben Gesetzes — keiner Publikation bedarf.

Von dieser Möglichkeit kann, wie bereits gesagt, für jede Gesellschaftsart Gebrauch gemacht werden; sie wird dadurch nicht in eine andere Rechtsform gedrängt, sie bleibt, was sie ist, sie ändert dadurch ihre Stellung im Rechtssystem nicht, Art. 48 Abs. 2. Handelt es sich um eine Handelsgesellschaft, so unterliegt sie nach wie vor dem für diese jeweils maßgebenden Publizitätsprinzip, mit der einzigen Ausnahme, die sich aus der hier gewährten Freiheit der (ganzen oder teilweisen) Rücknahme der Einlagen ergibt. Diese findet jederzeit statt. Die Mitglieder können also, wenn Verluste drohen, ausscheiden und ihr Kapital durch Rücknahme desselben retten. Umgekehrt hat die Gesellschaft ein Ausschließungsrecht (Art. 52 Abs. 2), das indessen nur von der Generalversammlung ausgeübt werden darf. Den sich hieraus für die Gesellschaft ergebenden Gefahren begegnet das Gesetz außer durch die Möglichkeit entsprechender statutarischer Bestimmungen in der Weise, daß der ausscheidende Gesellschafter fünf Jahre gegenüber den Gesellschaftern und den Gläubigern für die bis zu seinem Ausscheiden entstandenen Verbindlichkeiten haften bleibt (Art. 52 Abs. 3). Außerdem muß das Statut einen Höchstbetrag angeben, unter den das Gesellschaftskapital durch die Rücknahme von Einlagen nicht gemindert werden darf. Diese Grenze beträgt mindestens ein Zehntel des Kapitals[1]; deshalb gilt die Gesellschaft auch nicht errichtet, bevor dieses Zehntel eingezahlt ist (Art. 51). Infolge dieser Bestimmung kann also kein Mitglied mehr — freiwillig oder unfreiwillig — ausscheiden, wenn die Mindestgrenze des Kapitals erreicht ist. Hierher gehört auch die Bestimmung des Art. 64 [2], wonach anonyme und Kommanditaktiengesellschaften, die in dieser Rechtsform auftreten, in allen Veröffentlichungen ihrer Firma den Zusatz „a capitale variable" geben müssen; der Gläubiger weiß so von vornherein, mit wem er es zu tun hat. Als wichtigste Möglichkeit der Sicherung für die Genossenschaft bleibt jedoch die Möglichkeit des statutarischen Verbots des Austritts und der Rücknahme der Einlage, mit der Art. 52 ausdrücklich rechnet[2].

Die Gesellschaft a capitale variable ist stets juristische Person[3]

[1] Des ursprünglichen und nicht des jeweiligen Kapitals; dies ist auch die Auffassung des von der französischen Regierung empfohlenen Musterstatuts (Bull. cred. pop. 1908, S. 418 ff.) Art. 5 Abs. 4, ebenso dem Sinne nach Cohendy-Darras, Note 3 zu Art. 3 Ges. vom 5. November 1894.

[2] Ein solches Verbot oder Erschwerung wird auch nachträglich eingeführt werden können, sofern die Voraussetzungen der Statutenänderung gewahrt sind, so daß also der Gefahr der Abwanderung im Krisenfall begegnet werden kann. Doch ist zweifelhaft, ob durch das Statut die Freiheit des Austrittes vollkommen unterbunden werden kann (Vavasseur § 991).

[3] Eigentlich steht das nicht in Art. 53, sondern nur, daß die soc. a cap. var. vor Gericht durch ihre Geschäftsführer vertreten werde. Erinnert man sich, daß erst verhältnismäßig spät allgemein die Gerichtsstandschaft der soc. civile anerkannt worden ist, woran sich dann weiter ihre Charakteristik als juristische Person schloß, während für Handelsgesellschaften diese Frage von jeher unzweifelhaft zu bejahen war, so darf man wohl annehmen, daß tatsächlich Art. 53 lediglich der soc. civ. eine Vergünstigung einräumen wollte, wenn sie als soc. a cap. var. auftritt. Dann hätte hier also mehr das englische Vorbild von 1852 (vgl. auch den deutschen Entwurf von 1860) eingewirkt, als das des preußischen Gesetzes von 1867. Duseigneur ist daher vielleicht nicht im Unrecht, wenn er S. 129 meint: „Art. 53 räumt nicht, wie man gemeint hat, die juristische Persönlichkeit allen Gesellschaften a cap. var. ein."

(Art. 53), weiterhin wird sie durch Tod, Kündigung, Entmündigung und Konkurs eines Mitglieds nicht aufgelöst (Art. 54) — was, wie wir sahen, bei der bürgerlichen Gesellschaft nur unter entsprechender Ausgestaltung des Statuts möglich war. Gemäß dem Grundsatz der Vertragsfreiheit können aber diese Auflösungsgründe durch das Statut wieder eingeführt werden (Lyon-Caen und Renault § 318).

Will eine Aktiengesellschaft die Form der soc. a cap. variable annehmen, so gelten folgende Sonderbestimmungen: das Kapital darf zunächst nicht mehr als 200 000 Fr. betragen und darf nur alljährlich um höchstens den gleichen Betrag erhöht werden (Art. 49). Die Aktien dürfen nicht niedriger als auf 25 Fr. gestellt werden [1] [2] (Art. 71, bedingt durch das Gesetz vom 1. August 1893; früher 50 Fr. gemäß Art. 50), müssen — auch nach völliger Einzahlung — auf den Namen lauten und sind nicht übertragbar vor endgültiger Konstitution der Gesellschaft. Die Übertragung ist in den Büchern der Gesellschaft zu vermerken und das Statut kann der Generalversammlung wie dem Aufsichtsrat ein Einspruchsrecht gewähren (Art. 50). Durch diese Bestimmungen wollte man verhindern, daß diese „Aktien" Spekulationsobjekte würden. In Ermangelung besonderer Bestimmungen bewendet es bei den allgemeinen Vorschriften über die Einzahlungspflicht, d. h. es hat an sich Vollzahlung oder doch mindestens Einzahlung von 25 % des Nominalbetrags der Aktien zu erfolgen. Aber es braucht die Erfüllung der Einzahlungspflicht an die Gesellschaft nicht abgewartet zu werden; wie jede andere soc. a cap. variable gilt sie errichtet, wenn der zehnte Teil des Kapitals eingezahlt ist. Danach kann eine solche Gesellschaft von der Mindestzahl von sieben Genossen (Art. 23 Ges. vom 24. Juli 1867) errichtet werden mit einem Kapital von 175 Fr. (7 Aktien à 25 Fr.), worauf 17,50 Fr. eingezahlt sind, so daß also jedes Mitglied nicht mehr als 2,50 Fr. eingezahlt zu haben braucht [3].

---

[1] Wird das Kapital auf mehr als 200 000 Fr. erhöht, so soll nach Sirey, Note 3 zu Art. 50, der Mindestbetrag der Aktie gemäß Art. 24 mindestens 100 Fr. betragen. Ob das der Wille des Gesetzes ist, erscheint zweifelhaft.

[2] Diese Änderung des Gesetzes von 1893 scheint Crüger (Handwörterbuch der Staatswissensch., 3. Aufl., 3, 1114) entgangen zu sein, wenn er den Minimalbetrag der Aktie auf 50 Fr. beziffert.

[3] Wie schon aus dem Text hervorgeht, ist das Gesetz wenig klar und durchgearbeitet. Vavasseur weist in § 989 darauf hin, daß le versement du dixième sich nur auf das Gesellschaftskapital, nicht auf die einzelne Aktie beziehe. Will man das, so würde dem Gesetz ein gut Teil seiner Wirkung genommen, wenn

Da die soc. a cap. variable par actions im übrigen echte Aktiengesellschaft ist [1], ergeben sich für sie folgende Sätze:

a) Sie ist Sozietät, muß also die Verteilung von Gewinn anstreben; fehlt es an diesem Zweck, so ist die als société a cap. var. p. a. gegründete Genossenschaft nur association (Entsch. des Kassationshofes vom 29. April 1894 bei Cohendy und Darras, Note 4 zu Art. 48 Ges. von 1867). Wenn und soweit also bereits begrifflich der Genossenschaft der Sozietätscharakter bestritten wird, kann sie auch nicht als a cap. variable p. a. auftreten; nach dieser Entscheidung jedenfalls dann nicht, wenn eine Gewinnverteilung nicht stattfindet.

b) Fehlt es an einem Gesellschaftskapital, so ist diese Assoziationsform ausgeschlossen, die die Zerlegung eines Kapitals in Aktien voraussetzt. Allenfalls liegt ein syndicat professionel vor (vgl. die Entscheidungen bei Cohendy und Darras, Note 5 zu Art. 48). Die zahlreichen ländlichen Genossenschaften, die ohne eigentliches Gesellschaftskapital auf gemeinschaftlichem Tätigwerden beruhen, können sich also nicht als soc. (anonyme oder commandite) a cap. var. p. a. konstituieren.

c) Die soc. a cap. var. p. a. ist als echte Aktiengesellschaft stets Handelsgesellschaft, Art. 6 Ges. vom 1. August 1893, sofern sie nach dem Inkrafttreten dieses Gesetzes konstituiert wurde (vgl. oben II 1; Sirey, N. 5 zu Art. 68).

d) Die Errichtung erfordert ebensowenig wie die der Zivilgesellschaft einen öffentlichen Akt; aber wenn sie privatschriftlich vollzogen wird, so sind zwei Ausfertigungen erforderlich, deren eine am Sitz der Gesellschaft verbleibt, während die andere — im Falle der notariellen Errichtung, eine zweite Ausfertigung des Akts — „im Monat der Errichtung" dem Gerichtsschreiber des Friedens- und des Handelsgerichts

auch heute die sich dann ergebende Mindesteinlage von 6,25 Fr. noch immer klein genug bliebe. Die Praxis legt denn auch das Gesetz durchaus in dem Sinn aus, daß die Einzahlung eines Zehntels auf den Gesamtbetrag der Aktien genügt; vgl. Bull. du cred. pop. 1908, S. 398; Cohendy und Darras, Note 1 zu Art. 51; Sirey Note 1 zu Art. 51. Daraus ergibt sich aber wieder eine Schwierigkeit für die Anwendung des Art. 55 Abs. 2, wonach die Bescheinigung über die Einzahlung du quart einzureichen ist. Von dieser Bestimmung ist nirgends eine Ausnahme für die soc. a cap. variable par a. gemacht.

[1] Lecaisne und Duseigneur scheinen auch die soc. coop. in dieser Gestalt als eine association oder bestenfalls als einfache société anzusprechen. Aus dieser Grundauffassung ergibt sich dann natürlich eine wesentlich vereinfachte Gestalt.

des Sitzes der Gesellschaft einzureichen ist. Beizufügen sind (Art. 55): 1. die notarielle Bescheinigung über die Vollzeichnung des Kapitals und die Einzahlung der Mindesteinlage; 2. eine beglaubigte Ausfertigung der Beschlüsse über Sacheinlagen (diese müssen vollständig bewirkt sein, Art. 4 und 24) und Gründerlohn; 3. eine beglaubigte Zeichnerliste nebst der Bescheinigung über die Einzahlung eines Viertels der gezeichneten Aktien. Da hier die Errichtung erst mit der Einzahlung von einem Zehntel des Kapitals vollzogen ist (Art. 51 ³), genügt es, wenn die Mindestzahl von sieben Mitgliedern (Art. 23) erst dann vorhanden ist; bei der Unterzeichnung des Statuts braucht sie nicht vorhanden zu sein. Weiterhin ist ein Auszug aus der Gründungsverhandlung und deren Anlagen in einem amtlichen Publikationsorgan zu veröffentlichen, und zwar ebenfalls binnen Monatsfrist (Art. 56). In der Folge ist im Geschäftslokal ein Anschlag zu unterhalten, aus dem Näheres über die Deposition dieser Akte hervorgeht. Jeder Interessent hat das Recht der Einsicht in diese Akte (Art. 63). Schließlich muß auf alle Schriftstücke außer der vollen Bezeichnung société anonyme à capitale variable par actions das Gesellschaftskapital angegeben sein (Art. 64). — Sind die Formalien bei der Errichtung verletzt, so ist die Gesellschaft nichtig (Art. 41).

e) Die Mitglieder sind Aktionäre einer Aktiengesellschaft; Erwerb und Verlust der Mitgliedschaft wird durch den Besitz einer Aktie vermittelt. Die Gesellschaft ist einzig in der Lage, durch entsprechende Ausgestaltung des Statuts (Art. 50 Abs. 3) sich einen Einfluß auf den Bestand der Mitglieder zu sichern; tatsächlich ist fast überall die Übertragung der Aktien statutarisch beschränkt. Deshalb glaubt man, indem man so den Charakter der Genossenschaft als Personalgesellschaft zum Ausdruck bringen will, das Wort „Aktie" durch „Geschäftsanteil" (part statt action) ersetzen zu können [1]. Dies ändert aber nichts an der juristischen Seite der Angelegenheit; ohne Aktienzeichnung und Einzahlung eines Zehntels deren Nominalbetrags ist eine Mitgliedschaft ausgeschlossen. Neue Mitglieder können nur dadurch gewonnen werden,

[1] Bull. créd. pop. 1908, S. 402. — Hier wird also die oben S. 82 ff. behandelte Frage aktuell. Die Steuerbehörden ziehen jedenfalls die Nutzanwendung daraus, daß die Gesetzgebung vom Kapital und nicht von den verbundenen Personen ausgeht; sie haben daher kein Verständnis für den Versuch der Kooperativgesellschaften, sich auf dem Umweg der Einteilung des Kapitals in parts d'interêt statt in Aktien als Personalgesellschaft zu charakterisieren.

daß eine Übertragung von Aktien aus dem Portefeuille der Gesellschaft selbst oder einzelner Mitglieder stattfindet, sonst nur gelegentlich einer Kapitalvermehrung durch Zeichnung neuer Aktien. Die Mitgliedschaft muß gemäß Art. 50 durch die Gesellschaft registriert werden.

Die Haftpflicht der Mitglieder findet ihre Grenze in der Beteiligung.

Neben der Beteiligung auf das eigentliche Gesellschaftskapital ist aber auch hier denkbar und möglich eine sonstige Einlagepflicht, insbesondere die Beteiligung auf solche parts d'interêt, die sich wie bei der Zivilgesellschaft als Obligationen darstellen. Juristisch erscheint ein associé, der nur à parts d'interêt solcher Art beteiligt ist, aber als adhérent [1], er nimmt zwar an den gemeinschaftlichen Einrichtungen, nicht dagegen an der Bildung des gemeinschaftlichen Willens teil.

Es ist hier wie bei der Zivilgesellschaft zulässig, statutarisch ein Eintrittsgeld vorzuschreiben.

Rechte und Pflichten der Mitglieder sind die der Mitglieder einer Aktiengesellschaft und werden verkörpert durch die Aktie. Das Individualrecht steht also im Vordergrund und äußert sich bei bestehender Genossenschaft in dem Anspruch auf den Bezug etwa zugesicherter Zinsen (Vavasseur §§ 658, 659; Lyon-Caen und Renault § 181) und auf Teilnahme an dem Jahresgewinn in Form der Dividende, nach erfolgter Auflösung in dem Anspruch auf Teilnahme bei der Verteilung der vorhandenen Werte (Art. 815 C. civ.). Als Individualrecht ist auch das Recht der Übertragung der Aktien zu bezeichnen, das hier allerdings, wie gesagt, durch das Statut beschränkt sein kann (Art. 50 Ges. von 1867), andrerseits aber bis zur Möglichkeit des völligen Austritts und der Rücknahme der Einlage gesteigert ist [2]. Eine besondere Publizität

---

[1] Die französische Regierung ist laut Bull. de cred. pop. 1908, S. 402 der Ansicht, bei der Geringfügigkeit der Einzahlung auf die Aktien sollte eine „bonne administration" darauf halten, daß alle Genossen wirkliche Genossen, nicht bloß adhérents seien. Da durch die Teilung des Kapitals in Aktien die Genossenschaft stets Handelsgesellschaft wird, wenigstens wenn die Teilung nach dem 1. Aug. 1893 geschah, so liegt für die Beibehaltung des Instituts kein innerer Grund mehr vor. Höchstens für ältere Vereine ließe sich die Einrichtung noch rechtfertigen.

[2] Nach unserem Gefühl wäre es nur korrekt, diese Rückgewähr der Einlage ohne jeden weiteren Gegenwert eintreten zu lassen, so daß sich das Recht der Rücknahme maximal auf den Nominalbetrag der Aktie erstreckte. Wir würden, wie das ja auch in unserem Genossenschaftsgesetz zum Ausdruck gelangt ist, dem Ausscheidenden keinen Anteil am Gesellschaftsvermögen zubilligen, also etwa sagen

des Ausscheidens ist nicht vorgeschrieben; es findet lediglich Streichung in den Registern der Gesellschaft statt.

Ebenso gewinnt individualrechtlichen Charakter das Recht der Einsicht in gewisse Akte (unten S. 92), ja selbst das Recht der Teilnahme an der Generalversammlung, das nicht an die Person, sondern an den Besitz einer oder mehrerer Aktien geknüpft ist. Weiter gehört hierher das Recht, die responsabilité der Vorstands- usw. -Mitglieder geltend zu machen (unten S. 91). Als rein körperschaftliches Recht erscheint somit in der Hauptsache die Befugnis der Teilnahme an den gemeinschaftlichen Einrichtungen — und dieses Recht teilt der Genosse vielfach mit dem adhérent. Entsprechend sind die Pflichten der Mitglieder individualrechtlich aufgebaut, als deren wichtigste, neben der Unterwerfung unter die Autonomie der Genossenschaft, die Einzahlungspflicht erscheint; soweit sie verletzt ist, haben die Gläubiger der Genossenschaft gemäß Art. 1166 C. civ. ein Klagerecht gegen die Genossen (Lyon-Caen und Renault § 188). Auf die Einzahlungen kann nicht verzichtet werden; statutarisch kann nur gemäß Art. 1184 C. civ. ein Kaduzierungsverfahren festgesetzt werden.

Minoritätsrechte kennt das französische Gesetz nur für den Fall, daß sie statutarisch vorgesehen sind. Es können sogar (unten S. 92), Minoritäten ganz von der Teilnahme an der Generalversammlung ausgeschlossen werden. Seit dem Gesetz vom 9. Juli 1902 erscheint es weiterhin zulässig, den Grundsatz der Gleichheit des Rechts aller Aktien zu durchbrechen; es können Vorzugsaktien geschaffen werden, und damit ist zugleich die Möglichkeit gegeben, ganze Kategorien von Aktionären zu vergewaltigen. Soweit es sich um Statutenänderungen, Fortsetzung

---

sein Recht erschöpfe sich bei bestehender Genossenschaft in der Aktie. Das Rücknahmerecht gestaltete sich dabei zu einem einfachen Forderungsrecht, nämlich auf Herauszahlung des also beschränkten Auseinandersetzungsguthabens. Der Franzose kommt indessen nicht von der Vorstellung los, daß das Aktienrecht hier nur die Form für etwas grundsätzlich anderes liefert; ihm ist die Wurzel die einfache Zivilgesellschaft, das Vertragsverhältnis, das demgemäß hier nur eine spezielle Abwandlung erfährt. Deshalb erstreckt er die Auseinandersetzung auch darauf, inwieweit der Ausgeschiedene zur Bildung des Gesellschaftsvermögens, insbesondere des Reservefonds beigetragen habe, Lecaisne S. 88 ff., Dufeigneur S. 125. Wie für das ganze Beteiligungsverhältnis schwebt ihm — wie früher auch für Deutschland behauptet wurde — ein Gläubigerverhältnis des Genossen vor. Aber er läßt andererseits der Vertragsfreiheit soweit Raum, daß statutarisch der gewünschte Erfolg erreicht werden kann.

und Auflösung der Gesellschaft handelt, sind die Rechte dieser Minderheiten dadurch gewahrt, daß sich in einer Sondergeneralversammlung der Aktionärgruppe, deren Rechte gemindert werden sollen, eine Majorität von mindestens der Hälfte dieses Teils des Aktienkapitals (eventuell die statutarisch vorgesehene Majorität) mit den Beschlüssen einverstanden erklären muß.

f) Die Organisation ist die der Aktiengesellschaft.

α) In der konstituierenden Generalversammlung ist ein Vorstand zu bestellen (Art. 25). Er besteht aus einer oder mehreren Personen, die Aktionäre sein müssen [1]. Ihre Amtszeit beträgt höchstens sechs Jahre. Es ist aber zulässig, daß der Vorstand auch unmittelbar durch das Statut — ohne förmliche Bestellung durch die Generalversammlung — berufen wird, jedoch auf nicht mehr als jeweils drei Jahre. Der Vorstand ist für seine Geschäftsführung nach den Vorschriften des gemeinen Rechts verantwortlich (Art. 44), und zwar sowohl gegenüber der Genossenschaft nach den Grundsätzen des Mandats, als gegenüber den Gläubigern [2], insbesondere im Falle der Verletzung der Vorschriften hinsichtlich der Gründung (Art. 42), ferner im Falle der widerspruchslosen Zulassung einer unrechtmäßigen (fictive) Dividendenausschüttung. Die Haftung trifft alle verantwortlichen Personen solidarisch. Als Sicherheit haften in erster Linie die sämtlichen Aktien der Vorstandsmitglieder, auch wenn sie einem persönlich von der Haftung befreiten Mitglied gehören; diese Aktien sind deshalb zu vinkulieren und bei der Genossenschaft zu deponieren (Art. 26 Abs. 2 und 3). Die Vorstandsmitglieder haben in eigener Angelegenheit kein Stimmrecht in der Generalversammlung (zweifelhaft, vgl. Vavasseur § 903). Eine direkte Beteiligung an dem genossenschaftlichen Unternehmen ist nur mit statutarischer Genehmigung zulässig (Art. 40); letzterenfalls ist der Generalversammlung alljährlich über diese Geschäfte Bericht zu erstatten.

β) Die Genossenschaft muß [3] einen Aufsichtsrat haben, der aus einem oder mehreren, von der Generalversammlung alljährlich

[1] Also in diesem Punkte anders als im deutschen Aktienrecht, aber übereinstimmend mit dem deutschen Genossenschaftsrecht.

[2] Thaller § 672, sowie Lyon-Caen und Renault § 297 verweisen speziell auf Art. 1382, 1383 C. civ.; die Gläubiger können nicht die Tätigkeit als solche rügen, sondern nur die Verletzung des Gesetzes oder des Statuts.

[3] Faßt man die soc. coop. auch in dieser Gestalt nicht als echte Aktiengesellschaft auf, so wird man mit Lecaisne den Aufsichtsrat nicht für notwendig halten.

neu zu wählenden Mitgliedern (commissaire) besteht, die aber nicht Mitglied der Genossenschaft zu sein brauchen (Art. 32). Erforderlichenfalls bestellt ihn der Präsident des Handelsgerichts. Seine Aufgabe besteht nicht in einer fortdauernden Überwachung der Geschäftsführung des Vorstands, sondern erinnert an die der deutschen Rechnungsrevisoren: sie besteht in der Prüfung von Bilanz und Rechnung, sowie der Berichterstattung in der Generalversammlung über den Befund und die Lage der Genossenschaft; eine etwa dem Vorstand ohne diesen vorher erstatteten Bericht erteilte Entlastung ist nichtig. Zum Zwecke der Vornahme der Prüfung hat der Aufsichtsrat das Recht, während des Vierteljahrs, das dem Zeitabschnitt voraufgeht, in der statutarisch die Generalversammlung abzuhalten ist, nach Belieben diese Prüfung vorzunehmen (Art. 33); Bilanz und Inventar sind ihm vorzulegen. Selbstverständlich ist es zulässig, daß das Statut über diese gesetzlichen Mindesterfordernisse hinaus wie bei der Kommanditaktiengesellschaft einen Aufsichtsrat nach deutschem Muster vorsieht, was insbesondere deshalb wesentlich ist, als die commissaires vom Gesetz nicht als Kollegium gedacht sind. Es bleibt vielmehr jeder selbständig, insbesondere auch hinsichtlich der Verantwortlichkeit (Art. 43).

γ) Die Generalversammlung muß jährlich mindestens einmal zusammentreten. Das Teilnahmerecht erstreckt sich aber nur in der konstituierenden Generalversammlung auf alle Aktionäre; für die Zeit nachher kann das Statut das Teilnahmerecht von dem Besitz einer Mindestanzahl von Aktien abhängig machen [1]. Ebenso setzt das Statut die Anzahl der Stimmen fest, die ein mehrfacher Aktionär führen darf. Es findet eine Stellvertretung sowohl hinsichtlich der Teilnahme statt, als auch hinsichtlich der Möglichkeit, daß mehrere Aktionäre gemeinschaftlich auftreten, um das Teilnahme- und Stimmrecht zu erlangen (Art. 27). Die Berufung erfolgt durch den Vorstand innerhalb eines vom Statut festgesetzten Zeitabschnittes. Zwei Wochen vor der Generalversammlung hat jedes Mitglied das Recht, im Geschäftslokal der Genossenschaft die Mitgliederliste und das Inventar einzusehen (nicht auch den Geschäftsbericht des Vorstands, Vavasseur § 897) sowie sich Abschriften von der Bilanz, dem Inventar und dem Bericht

[1] Die hiernach ausgeschlossenen Mitglieder behalten aber das Recht der Einsicht in die Aktionär- und die Prüfungsliste usw.; Vavasseur § 897. — Mitunter werden auch Neubeigetretene zeitweilig zurückgesetzt; Lecaisne S. 75.

des Aufsichtsrats zu fertigen (Art. 35); außerdem ist spätestens vier Tage vorher Bilanz und Rechnung dem Aufsichtsrat vorzulegen, beide müssen in der Generalversammlung vorliegen (Art. 34 Abs. 4). Die Beschlüsse werden nach einfacher Stimmehrheit gefaßt (Art. 28). An der Beschlußfassung über Sacheinlagen (Art. 30) und etwaige Statutenänderungen, wozu auch die Verlängerung der vorgesehenen Zeitdauer gehört, sowie die vorzeitige Auflösung (Art. 31), muß mindestens die Hälfte der Mitglieder teilnehmen. Erforderlichenfalls ist eine zweite Generalversammlung einzuberufen, die ohne diese Begrenzung beschlußfähig ist. In der Generalversammlung wird ein Protokoll [1] geführt, dessen notwendiger Inhalt aber nur die Feststellung der Präsenz ist (Art. 28).

Außerordentliche Generalversammlungen sind zu berufen, sobald drei Viertel des Gesellschaftskapitals verloren sind. In dieser sind alle Mitglieder stimmberechtigt. Abgestimmt wird darüber, ob die Genossenschaft bestehen bleiben oder aufgelöst werden soll. Der Beschluß ist zu veröffentlichen. Unterbleibt die Einberufung dieser Generalversammlung, oder kann sie sich nicht ordnungsmäßig konstituieren, so kann jeder Interessent auf Auflösung der Genossenschaft klagen (Art. 37).

Eine Anfechtung der Beschlüsse der Generalversammlung wie nach deutschem Recht ist ausgeschlossen. Das Gesetz begnügt sich damit, gewisse Handlungen und Unterlassungen des Vorstands für strafbar zu erklären, und beläßt es im übrigen bei der responsabilité (Art. 42 ff.), d. h. die Nichtigkeit von Beschlüssen der Generalversammlung kann im Wege der Schadensklage, und sogar einredeweise geltend gemacht werden, und wird infolgedessen nur durch Ablauf der jeweiligen Verjährungsfrist ausgeschlossen. Auf Einzelheiten dieser sehr zweifelhaften Fragen kann hier nicht weiter eingegangen werden; hervorgehoben sei nur noch der weitere Unterschied gegenüber dem deutschen Recht, daß die Klage auch von Gläubigern der Gesellschaft erhoben werden kann. Die Rechtslage ist also ähnlich wie hinsichtlich der absolut nichtigen Beschlüsse nach deutschem Recht.

Eine Publikation der Beschlüsse ist erforderlich im Falle der Statutenänderung, der Fortsetzung der Gesellschaft über die vor-

---

[1] Näheres über diese Frage bei Vavasseur § 907 a. — Die Präsenzliste ist aufzubewahren und jedermann vorzulegen. Sie ist notwendige Formalität, deren Fehlen „die Generalversammlung nichtig macht“, d. h. ihre Beschlüsse.

gesehene Zeit hinaus, der vorzeitigen Auflösung, bei Änderung der Art der Liquidation, sowie allen Änderungen à la raison[1] sociale (Art. 61), nicht aber Vermehrung und Verminderung des Kapitals sowie Ein- und Austritt von Mitgliedern innerhalb der Grenzen der Art. 48 und 52 (Art. 62). Die Publikation folgt den Vorschriften über die Errichtung (Deposition und Kundmachung). Die Verletzung dieser Bestimmungen hat die Nichtigkeit der Änderung und responsabilité des Vorstands zur Folge.

δ) Neben diesen notwendigen Organen können statutarisch noch weitere Organe eingeschoben werden. Erwähnt wurde bereits, daß die Funktionen der commissaires de surveillance auf einen kollegialen Aufsichtsrat übertragen werden können. Neben diesem können dann Rechnungsrevisoren stehen. Eine Einkaufskommission kann vorhanden sein, eine Baukommission usw.

ε) Das Gesetz enthält eine Reihe wesentlicher Bestimmungen, die von der Leitung der Genossenschaft zu beachten sind: Es ist halbjährlich eine Zwischenbilanz aufzumachen, die dem Aufsichtsrat vorzulegen ist (Art. 34). Alljährlich ist Inventar und Bilanz zu errichten gemäß Art. 9 C. comm. Vom Reingewinn sind jährlich mindestens 5 % an einen Reservefonds abzuführen, bis dieser 10 % des Gesellschaftskapitals erreicht (Art. 36). Nun liegt es auf der Hand, daß bei dem geringen Kapital dieser Reservefonds ziemlich unbedeutend ausfallen muß. Man zieht deshalb die Bildung von Reserven in der Art vor, wie wir das bei der Zivilgesellschaft kennen lernten, wofür man allerdings die gleichen Schwierigkeiten im Falle der Auflösung eintauscht (Lecaisne S. 82 ff.). Der ausscheidende Genosse nimmt dagegen, wie bereits erwähnt wurde, am Reservefonds nicht teil, einerlei, wie er gebildet wurde.

g) Nichtigkeit und Auflösung.

α) Im Falle der Verletzung der wesentlichen Formvorschriften bei der Errichtung ist die Genossenschaft nichtig. Aber das Gesetz läßt diese Nichtigkeit nur gelten zwischen den „Beteiligten", nicht gegen Dritte (Art. 56 Abs. 3); sie kann also im Verhältnis zwischen

[1] Heißt raison hier Firma oder Verhältnis (einschließlich Unternehmen)? Beides hätte einen Sinn. Horn und Coermann (Handelsgesetze des Erdballs) übersetzen „Firma", was am meisten für sich hat.

der Genossenschaft und den Mitgliedern, sowie zwischen den Mitgliedern geltend gemacht werden, ferner von einem Dritten [1] gegen die Genossenschaft und deren Mitglieder, nicht aber von dieser gegen Dritte. Die Nichtigkeit kann geltend gemacht werden im Wege der Klage (Art. 42 Abs. 3), aber auch im Wege der Replik und der Duplik, wie aus Art. 43 hervorgeht und weiterhin schon dadurch bedingt ist, daß sie zwischen den Mitgliedern geltend gemacht werden kann, in welchem Falle eine Klage gegen die Genossenschaft nicht möglich ist. Erfolgt die Nichtigkeitserklärung, so können Vorstand, Aufsichtsrat und Mitglieder, die Sacheinlagen eingebracht haben, für den Schaden haftbar gemacht werden, der sich aus der Nichtigkeit für die Genossenschaft und für Dritte ergibt. Die Nichtigkeit wird geheilt durch Zeitablauf (zehn Jahre), ferner Beseitigung des Mangels (Nachholung der betreffenden Akte in richtiger Form). Ist zum Zwecke der Behebung des Mangels etwa eine Generalversammlung öffentlich einberufen, so kann die Nichtigkeit von dem Zeitpunkt der Einberufung ab nicht mehr geltend gemacht werden (Art. 43 und 8).

Dies gilt entsprechend hinsichtlich der Nichtigkeit späterer Akte, soweit es sich um die Formalien handelt, die im öffentlichen Interesse eine gewisse Publizität garantieren sollen, z. B. wenn eine Statutenänderung nicht gehörig publiziert wird.

β) Aufgelöst wird die Genossenschaft entweder durch Zeitablauf (§ 1865 C. civ.) oder durch Beschluß der Generalversammlung [2], ferner durch gerichtliches Urteil auf Klage jedes Interessenten in den Fällen der Art. 37 Abs. 3 (oben f γ) und 38 (wenn die Genossenschaft länger als ein Jahr weniger als sieben Mitglieder hat) und Fusion (Ges. vom 9. Juli 1902), nicht dagegen durch den Konkurs der Genossenschaft [3] (Thaller § 2195, Vavasseur § 231).

---

[1] Bestritten; vgl. Vavasseur § 1030 Note 7.

[2] Diese nach deutscher Auffassung selbstverständliche Möglichkeit ist dem Franzosen durchaus nicht selbstverständlich, wie er überhaupt die **pouvoirs de l'assemblée des actionaires en matière de modifications des statuts** sehr eingehend prüft. Lyon-Caen und Renault bezweifeln § 357 unter Berufung auf ein Erkenntnis des Kassationshofes vom 29. April 1897 ernstlich, daß eine vorzeitige Auflösung außer im Fall des Art. 37 (Verlust von $^3/_4$ des Aktienkapitals) zulässig sei. Dabei ist in Art. 61 ausdrücklich die vorzeitige Auflösung vorgesehen!

[3] Die Folge der Konkurseröffnung (Konkursgrund ist die Zahlungseinstellung) ist lediglich der Übergang der Vermögensverwaltung auf den Konkursverwalter; doch hört damit die Kaufmannsqualität der Mitglieder als solcher auf (Thaller

Die Folge der Auflösung [1] ist die Liquidation mit anschließender Verteilung des Restvermögens unter die Mitglieder. Das Gesetz enthält keine besonderen Bestimmungen über die Liquidation von Gesellschaften. Die einzige Handhabe bietet Art. 1872 C. civ., wonach bei allen Gesellschaften (Art. 18 C. comm.) im Falle der Auflösung eine Verteilung des Vermögens unter die Gesellschafter nach Maßgabe der Bestimmungen des Gesellschaftsvertrags stattfindet. Man faßt die Liquidation demgemäß als ein diese Verteilung vorbereitendes Stadium auf, während dessen die juristische Persönlichkeit der Gesellschaft weiter besteht [2]. Im einzelnen ergeben sich aber verschiedene Modifikationen, insofern, als sich der Zweck der Gesellschaft verschiebt: nicht mehr Gewinnverteilung, sondern Vermögensverteilung ist jetzt der entscheidende Gesichtspunkt. Hieraus leiten Theorie und Praxis eine Reihe von Grundsätzen ab, als deren wichtigste hier zu nennen sind: Die Bestellung der Liquidatoren erfolgt durch die Genossenschaft, d. h. die (letzte, entscheidende) Generalversammlung, sofern nicht das Statut eine andere Art der Bestellung vorsieht, eventuell durch das Gericht (Lyon-Caen und Renault § 361). Sie brauchen nicht Mitglied zu sein. Ihre Aufgabe besteht in der Abwicklung der schwebenden Geschäfte und der Vorbereitung der Verteilung; ihre Rechte und Pflichten sind hierdurch, sowie durch den „Akt der Bestellung" bestimmt, so daß es also zweckmäßig ist, die Befugnisse der Liquidatoren genau zu regle-

---

§ 2194). Haben die Mitglieder ihre Einlagen bereits bewirkt, so ist der Fall für sie erledigt, der Konkurs wird ohne ihre weitere Mitwirkung beendet; etwa rückständige Einlagen zieht der Konkursverwalter ein. Einem Zwangsvergleich muß die Generalversammlung zustimmen (Thaller § 2205).

[1] Zu beachten ist Art. 61, wonach die gleiche Publizität wie bei der Errichtung gilt.

[2] Man verschließt sich aber auch in Frankreich nicht der Erkenntnis, daß im Grunde die Gesellschaft im Liquidationsstadium eben eine aufgelöste Gesellschaft ist, eine reine Interessengemeinschaft zwischen den ehemaligen Genossen, die Miteigentümer geworden sind, vgl. Lyon-Caen und Renault § 365. Aus Zweckmäßigkeitsgründen wird aber wie mitunter in Deutschland von dieser meines Erachtens einzig richtigen Ansicht abgegangen und die Fortdauer der „aufgelösten" Genossenschaft als Genossenschaft „im Zersetzungsstadium" behauptet, so daß die eigentliche und endgültige Auflösung erst mit der Beendigung der Liquidation, d. h. der Vermögensverteilung stattfindet. Indessen ist der Franzose bei Durchführung dieser Theorie nicht so konsequent wie der Deutsche: ihm bedarf es keiner Generalversammlung und keines Aufsichtsrates für dieses Stadium; Thaller § 704. Nach dem jeweiligen Standpunkt richtet sich die Beantwortung der Frage, ob die aufgelöste Gesellschaft noch in Konkurs geraten kann.

mentieren, sei es im Statut oder bei der Bestellung. Anerkannt ist, daß sie alles zu tun haben, was zum Zwecke der Durchführung ihrer Aufgaben erforderlich ist, wie Forderungen einziehen, Schulden bezahlen, und daß sie erforderlichenfalls auch neue Schulden kontrahieren dürfen. Zweifelhaft ist aber, ob sie ohne besondere Vollmacht berechtigt sind, Grundstücke zu verkaufen und zu belasten (C. civ. § 1988), ebenso, ob und inwieweit sie Rechte gegen Mitglieder geltend machen können, die den Gläubigern zustehen (etwa gegen ausgeschiedene Mitglieder während der fünfjährigen Verjährungsfrist[1], Art. 52 Abs. 3 Ges. vom 1867). — Zu beachten ist bei der Liquidation, daß nach Art. 64 C. comm. gegen die Genossen nicht mehr die dreißigjährige, sondern nur noch eine fünfjährige Verjährung läuft, sobald die Beendigung bekannt gemacht ist[2].

Bei der Vermögensverteilung sind in erster Linie die Bestimmungen des Statuts[3] maßgebend. Zu beachten sind hierbei die Bestimmungen der Art. 882 ff. C. civ.; hier ist zu erwähnen, daß sich die früheren Genossen gegenseitig Gewähr für Mängel im Recht leisten (Art. 884), und daß die Zuteilung auf den Tag der Auflösung der Genossenschaft zurückbezogen wird[4] (Art. 883). Die Verteilung kann wegen Benachteiligung um mehr als ein Viertel angefochten werden (Art. 887). Da die Verteilung nur möglich ist, wenn sich reine Aktiven ergaben, ist ein nachträglicher Gläubigerangriff ausgeschlossen.

[1] Zu beachten ist aber, daß es sich um ausgeschiedene Aktionäre handelt, deren Haftung durch den Betrag der Aktie beschränkt ist.

[2] Sehr bestritten ist die Frage, ob diese kurze Verjährung auch von den Mitgliedern hinsichtlich ihrer mitgliedschaftlichen Pflichten geltend gemacht werden kann, vgl. Lyon-Caen und Renault §§ 367 ff.

[3] Finden sich keine solche Bestimmungen, so werden zunächst die Einlagen erstattet, der etwaige Überschuß, entsprechend dem ihn zugrunde liegenden Sozietätsprinzip, nach Köpfen. Ist etwa eine Reserve dadurch geschaffen, daß den Mitgliedern Teile der alljährlichen Erübrigung vorenthalten wurden, so ist auch dieser Fonds als durch Einlagen gebildet anzusehen, weshalb die genauen Beteiligungen an der Bildung festzustellen sind (es ist das der Grund, weshalb man die Reserven pro Kopf der Genossen bildet, vgl. oben S. 76, 89 A. 2, 94); solche „Einlagen" will Lecaisne S. 88 ff. auch im Falle des Ausscheidens einzelner Genossen bei bestehender Genossenschaft (wie bei der Zivilgesellschaft) erstatten lassen. Daß bei dieser Struktur der Personalcharakter der Vereinigung noch mehr zurück-, dagegen der Charakter der Beteiligung als eines reinen Gläubigerrechts noch mehr hervortritt, liegt auf der Hand.

[4] Lyon-Caen und Renault § 366. Diese Bestimmung spricht doch eigentlich sehr gegen die Auffassung, daß die aufgelöste Gesellschaft in Liquidationsstadium „fortbesteht" (oben S. 96 A. 2).

5. Die landwirtschaftliche Kreditgenossenschaft des Gesetzes vom 5. November 1894 knüpft an die ländlichen Syndikate an, die früher ihre Aufgabe zum Teil wahrgenommen haben, soweit man es nicht vorzog, das Kreditinstitut in sonstiger Rechtsform dem Syndikat anzugliedern. Dieser Ausgangspunkt kommt wiederholt zum Ausdruck, so vor allem darin, daß diese Form nur zulässig ist, wenn die Wirtschaft eines ländlichen Syndikats oder seiner Mitglieder gefördert werden soll [1]: der Zweck der Genossenschaft muß in der Erleichterung oder Sicherung der mit der landwirtschaftlichen Produktion zusammenhängenden Geschäfte der zugehörigen Syndikate oder ihrer Mitglieder bestehen. Deshalb können Mitglieder nur sein (ländliche) Syndikate oder deren Mitglieder, oder (seit 1908) Mitglieder von ländlichen Versicherungsvereinen auf Gegenseitigkeit des Gesetzes vom 4. Juli 1900.

Diese spezielle Genossenschaftsart hat man nun einerseits in das bestehende gesellschaftsrechtliche System eingefügt, das von dem Gegensatz zwischen association und société ausgeht. Andrerseits hat man der Eigenart und dem Sonderbedürfnis gerade der genossenschaftlichen Verbindung mehrfach durch ausdrückliche Bestimmung Rechnung getragen. Die Folge ist, daß uns die grundsätzlichen Zweifelsfragen, die sich auf die Möglichkeit der Anwendung der société und ihrer Spezialformen gerade auf die Kooperativgesellschaft beziehen, hier in verstärktem Maße entgegentreten, soweit nicht das Gesetz selbst eine ausdrückliche Lösung gegeben hat. Das Gesetz ist überdies, wie alle hierher gehörenden Gesetze, in sich wenig schlüssig, die Zahl der Streitfragen ist daher nicht gering.

Entschieden ist jedenfalls die grundsätzliche Frage, ob die ländliche Kreditgenossenschaft Sozietät ist. Sie ist notwendig Handelsgesellschaft, und damit ist sie in das System der Sozietäten eingereiht. Die sonst für die Einreihung maßgebende Frage, ob Gewinnerzielung und -verteilung angestrebt wird, schaltet das Gesetz aus: es spricht nicht von bénéfices, sondern von Erübrigung (prélèvements), über deren Verteilung das Statut Bestimmung treffen muß (Art. 3).

Da es sich um einen ganz speziellen Gesellschaftstyp handelt, ist dagegen die Frage zweifelhaft, ob sich eine ländliche Kreditgenossenschaft unter das Gesetz von 1867 stellen [2] oder sich der Formen des Handels-

[1] Die schon äußerliche Trennung der Kreditgenossenschaft vom syndicat beruht auf der Erwägung, daß letztere bestenfalls eine Zivilgesellschaft sei, während erstere eine kommerzielle Tätigkeit entfaltete, woraus die Notwendigkeit der rechtlichen Trennung folge.

[2] Sirey verneint mit dieser Begründung die Frage.

gesetzbuchs bedienen kann, speziell der Form der soc. anonyme. Letztere Frage hängt mit der weiteren zusammen, ob die ländliche Kreditgenossenschaft ein eigentliches Gesellschaftskapital haben muß, und ob es bejahendenfalls in actions oder parts d'interêt zerlegt werden kann [1]. Man sagt, die Bestimmungen des Gesetzes von 1894 bezögen sich nur auf den Fall, daß ein Kapital vorhanden sei; werde die Gesellschaft nur auf die Haftung der Mitglieder basiert (oben 3), und das Gesetz gebe die Möglichkeit dafür, so sei für jene ein Kapital verlangenden Vorschriften und Rechtsformen kein Raum. Es liege eine ausgesprochene Personalgesellschaft vor [2].

Sehen wir von dem ab, was oben über diese Frage der Fundierung nur auf die Haftung der Mitglieder gesagt wurde [3], so müssen wir bei der Wertung der jeweils vorgebrachten Argumente schon um deswillen vorsichtig sein, weil jedenfalls die Väter des Gesetzes von 1894 sich über eine nach unseren Begriffen für eine „reine Personalgesellschaft" hochbedeutsame Frage nicht schlüssig gemacht haben: wir finden keine Mindestanzahl von Genossen vorgesehen. Die Folge ist, daß, die Notwendigkeit eines Gesellschaftskapitals vorausgesetzt, die Vereinigung aller Anteile in einer Hand die Auflösung der Gesellschaft nicht bedingt. Und wenn man das Vorliegen einer „Personalgesellschaft", mit der Folge der Ablehnung der soc. anonyme, damit beweisen will, daß keine Aktienzeichnung stattfindet, so beweist man doch wohl die Ursache mit der Wirkung.

Wie mir scheint, liegt die Situation ganz ähnlich wie bei unserer eingetragenen Genossenschaft: wie diese keine reine Personal- und keine reine Kapitalassoziation, sondern eine Mischform ist (vgl. meine Eing. Genossenschaft S. 38, 40), hat man in Frankreich eine Mischform geschaffen [4], wie ja dort überhaupt die Rechtsform der Kooperativgesellschaft geradezu bestenfalls nur eine Mischform sein kann. Man

[1] Die Anwendbarkeit der soc. an. bestreiten Sirey Note 2 und Rousseau § 2880, weil es sich um Personalgesellschaften sans actions handle. Vgl. auch Cohendy-Darras Note 1—3 zu Art. 4.

[2] Sirey Note 6, Rousseau § 2904, Cohendy und Darras Note 10 zu Art. 1.

[3] Hier ist wesentlich, daß gegen die Verwendung der Kollektiv- und Kommanditgesellschaft kein Einwand erhoben zu werden scheint; hier wären dann also auch parts d'interêt möglich. Weshalb wehrt man sich dann aber gegen die Soc. an. à parts d'interêt?

[4] Das Vorliegen einer vermittelnden Form erkennt übrigens auch Rousseau § 2887 an.

hat 1894 unter Fortentwicklung der Tendenzen des Gesetzes von 1867 einfach den Bedürfnissen des landwirtschaftlichen Kredits Rechnung getragen und dabei durch spezielle Vorschriften die sich aus der Unterscheidung zwischen part und action ergebenden Folgerungen (oben 3) vermieden. Ganz ohne Kapital geht es auch hier nicht; das Kapital ist der notwendige Ausgangspunkt. Gewiß soll, wie sich aus den Materialien ergibt, das eigentliche Gesellschaftskapital ersetzt werden können durch jährliche Umlagen, Unterstützungen und selbst die „unbeschränkte und solidarische Haftung der Genossen" (Cohendy-Darras N. 10 zu Art. 4). Aber das ist doch nur ein Sonderfall; nach dem, was oben 3 gesagt wurde, kann es sich hier nur um die Klarstellung handeln, daß eine solche Annäherung an die reine Personalgesellschaft möglich sein soll, genau wie man ja auch bei uns in Deutschland dieser Annäherung, etwa der Raiffeisenkassen, durch entsprechende Möglichkeiten Rechnung getragen hat. Wie bei uns wird diese Möglichkeit für die Rechtsform selbst und im ganzen damit noch nicht die Regel, so daß man aus solchen Ausnahmen das Prinzip folgern und demgemäß die vom Gesetz ausgesprochene Regel interpretieren könnte.

Darüber aber kann nach dem Gesetz selbst ein Zweifel nicht sein, daß für die vom Gesetz geschaffene Rechtsform, die ja eine Sonderart der société sein soll, das Vorhandensein eines Gesellschaftskapitals die Regel ist: das Statut muß seine Höhe bestimmen und das Verhältnis angeben, in dem jedes Mitglied zu seiner Bildung beizutragen hat (Art. 2 Abs. 1). Unzulässig ist nur die Aufbringung durch Aktienzeichnung. Das Kapital zerfällt in parts — wieder eine Konzession an die Eigenart der genossenschaftlichen Verbindung —, die beliebig hoch und ungleich sein, aber nur auf den Namen lauten und nur mit Zustimmung der Genossenschaft durch Zession auf Mitglieder der beteiligten Syndikate übertragen werden können. Die Genossenschaft gilt erst nach Vollzeichnung und Einzahlung von einem Viertel des vorgesehenen Kapitals errichtet (wobei die Einzahlungspflicht sich nicht auf die Anteile, sondern das Gesellschaftskapital im ganzen bezieht, Sirey N. 8). Wir finden also offensichtlich eine Anlehnung an die soc. anonyme, womit deren juristische Persönlichkeit übernommen ist, und zwar haben wir hier eine echte und unzweifelhafte soc. anonyme à parts d'interêt vor uns (oben 3). Will man eine soc. a capitale variable daraus machen, so gelten eine Reihe von Sonderbestimmungen, insbesondere darf das Kapital infolge der Rückzahlungen der Einlagen nicht unter den

Betrag des ursprünglichen Gründungskapitals gemindert werden[1] (Art. 1 Abs. 5).

Ist aber die ländliche Kreditgenossenschaft an die soc. anonyme angelehnt, so kennt sie an sich keine persönliche Haftung der Mitglieder außer mit der Einlage. Das Statut muß deshalb Bestimmung darüber treffen, ob und inwieweit eine persönliche und solidarische (unmittelbare) Haftung der Mitglieder stattfinden soll (Art. 2 Abs. 3), so daß also bei Fehlen einer solchen Vorschrift die Regel (Lyon-Caen und Renault § 340 d), d. h. keine persönliche Haftung Platz greift. Zu dieser Annäherung an die reine Personalgenossenschaft tritt die weitere, daß ausscheidende Mitglieder von ihren Verpflichtungen erst mit Abwicklung der bei ihrem Austritt schwebenden Geschäfte frei werden (Art. 2 Abs. 4): da ein Ausscheiden ohne Übertragung des Anteils nur bei der Form der soc. a cap. variable denkbar ist und hier eine fünfjährige Haftung des Ausscheidenden vorgesehen ist, kann sich diese Vorschrift nur auf den Fall der Übertragung des Anteils beziehen[2]. Wir hätten also etwas ähnliches, wie die subsidiäre Haftung im Falle des Ausscheidens durch Übertragung des Geschäftsanteils nach dem deutschen Gesetz.

Außer wenn ein eigentliches Gesellschaftskapital fehlt (Sirey N. 2 zu Art. 3), muß ein Reservefonds[3] gebildet werden, in den, und zwar auch bei Vorliegen einer soc. a cap. variable (Cohendy-Darras N. 3

[1] Im Gesetz selbst findet sich keine Bestimmung, vermöge deren unmittelbar ein Wechsel der Mitglieder, also der Eintritt neuer Mitglieder und das Ausscheiden vorgesehen wäre. Man wird daher (vgl. auch Cohendy und Darras Note 14 zu Art. 1) annehmen müssen, daß ein solcher Mitgliederwechsel mit Rücksicht auf die durch ihn bedingte Vermögensverschiebung die Konstitution als soc. a cap. var. nötig macht. Dabei ist zu beachten, daß im Falle des Ausscheidens von Genossen sich das Kapital nicht unter das Gründungskapital mindern darf (Art. 1 letzter Absatz), so daß also vom Gleichgewichtszustand ab ein Ausscheiden von Mitgliedern nicht mehr zulässig sein dürfte (sonst im Zweifel 10 % des Gründungskapitals, oben 4).

[2] So (ohne die hier gegebene Begründung) Lyon-Caen und Renault § 340 d. Man wird allerdings fragen können, ob nicht möglicherweise hier eine Spezialvorschrift vorliegt, vermöge deren auch bei der soc. a cap. var. der Ausscheidende über die fünfjährige Verjährungsfrist hinaus bis zur Abwicklung der schwebenden Geschäfte verhaftet bleibt. Soll die nicht als soc. a cap. var. konstituierte Genossenschaft gegen einen zu starken Wechsel der Mitglieder gesichert werden, so werden die beteiligten Syndikate auf eine größere Anzahl von parts die Hand legen.

[3] Im Falle der Auflösung fällt er entweder nach Maßgabe der Satzung einer Einrichtung von landwirtschaftlichem Interesse zu, oder er wird unter die Mitglieder nach Maßgabe ihrer Kapitalzeichnung verteilt.

zu Art. 3), bis zur Erreichung der Hälfte des Gründungskapitals 75 % des jährlichen Reingewinns abzuführen sind. Der Rest des Gewinns wird ebenfalls nicht als Dividende unter die Genossen verteilt, sondern fließt den beteiligten Syndikaten und deren Mitgliedern nach Verhältnis der Benutzung der geschäftlichen Einrichtungen zu. Diese Behandlung des Gewinns als Erübrigung soll zum Ausdruck bringen, daß nicht eine Erwerbs-, sondern eben eine Gegenseitigkeitsgesellschaft vorliegt, bei der das Kapital nur Mittel zum Zweck ist. Deshalb werden ausdrücklich die etwa auf die Geschäftsanteile zugesicherten Zinsen den Anleihezinsen gleichgestellt und als Generalunkosten behandelt (Art. 3 Abs. 2), und damit die parts ihrer rechtlichen Natur nach stark den Obligationscharakter tragenden parts angenähert, die wir bei der Zivilgesellschaft kennen lernten. Deshalb sind auch die Vorschriften über die Mindesthöhe der Anteile und die Mindesteinzahlungen bei der soc. anonyme unanwendbar (Cohendy und Darras N. 9 zu Art. 1). Einzig ist vorgeschrieben, daß der vierte Teil des gezeichneten Kapitals eingezahlt sein muß, ehe die Errichtung vollzogen ist (Art. 1 Abs. 5).

Der Geschäftsbetrieb der ländlichen Kreditgenossenschaften steht unter ihrer Zweckbestimmung de faciliter et même de garantir les opérations concernant l'industrie[1] agricole et effectuées par ces syndicats ou par des membres de ces syndicats. Sie können insbesondere Bankgeschäfte zu diesem Zweck betreiben (Art. 1). Alles Nähere müssen die Statuten bestimmen, insbesondere den Sitz der Genossenschaft und den Höchstbetrag der Depositen, die in laufender Rechnung angenommen werden dürfen (Art. 2 Abs. 1 und 2). Durch die Zweckbestimmung des Art. 1 ist der Geschäftskreis der Genossenschaften auf die Förderung der Landwirtschaft beschränkt. Andere Akte darf sie nicht vornehmen (Cohendy-Darras N. 23 zu Art. 1). Die Geschäftsführer brauchen in Ermangelung einer anderweiten gesetzlichen Bestimmung nicht Mitglied zu sein. Sie sind persönlich im Falle der Verletzung von Gesetz und Statut haftbar.

Die Genossenschaft wird aufgelöst durch die im Statut zu bezeichnenden Umstände. Daneben müssen die Auflösungsgründe der Art. 1865—71 C. civ. gelten (Lyon-Caen und Renault § 340 f.); der Zweck der Genossenschaft ist demnach nur zu erreichen, wenn sie die in der Person der Mitglieder liegenden Auflösungsgründe durch das Statut beseitigt. Im Falle der Verletzung von Gesetz und Statut

[1] Durch Gesetz vom 10. Februar 1910 ist an die Stelle von l'industrie getreten: la production.

kann die Auflösung der Genossenschaft durch das Gericht auf Antrag des Generalstaatsanwalts der Republik ausgesprochen werden (Art. 6 Abs. 3). Folge der Auflösung ist die Liquidation, für die auch hier keine besonderen Bestimmungen gegeben sind; nur muß der Reservefonds wie das sonstige Vermögen bei der Verteilung nach Verhältnis der Anteilszeichnung den Mitgliedern zufließen, sofern nicht die Statuten die Zuweisung an ein landwirtschaftlichen-Interessen dienendes Unternehmen vorsieht (Art. 3 Abs. 4, oben S. 101 A. 3).

Da die Genossenschaft Handelsgesellschaft (Art. 4) ist, kann über ihr Vermögen das Konkursverfahren stattfinden, ebenso findet die fünfjährige Verjährung des Art. 64 C. comm. Anwendung (Sirey N. 3 zu Art. 4, Rousseau § 2883). Die allgemeinen Vorschriften über die Publizität der Handelsgesellschaften sind durch eine Reihe von erleichternden Spezialbestimmungen ersetzt; so ist der Geschäftsbeginn durch ein Verzeichnis der Genossen und der Geschäftsführer gerichtlich zu deponieren, ebenso alljährlich während der ersten Hälfte des Monats Februar außer der Liste der Genossen eine summarische Übersicht über Vermögensstand und die Geschäfte des letzten Jahres. Beide Einreichungen sind jedem Interessenten zur Einsicht vorzulegen. Im übrigen bleibt es bei den allgemeinen Formalien der Errichtung, die bei der bürgerlichen Gesellschaft (oben II 2) besprochen wurden.

Die ländliche Kreditgenossenschaft ist also fast noch mehr, als die Zivilgesellschaft, auf eine sachgemäße Ausgestaltung des Statuts angewiesen. Doch ist dies zugleich ihr Vorteil: sie kann sich dadurch allen Verhältnissen mit Leichtigkeit anpassen.

III. Die Besteuerung der Genossenschaften.

Frankreich ist das Land der indirekten Steuern; an diesen nehmen die Genossenschaften gleichmäßig teil [1], soweit sie nicht kraft besonderer Bestimmung ausgenommen sind. Eine solche Ausnahme — außer für Arbeits- und Handwerkergenossenschaften — statuiert das Gesetz vom 1. Dezember 1875 hinsichtlich des Stempels von 4 % auf den Ertrag des beweglichen Vermögens nach dem Gesetz vom 29. Juni 1872 (26. Dezember 1895). Infolgedessen ist auch in Frankreich das Bestreben der Genossenschaften dahin gerichtet, durch Einräumung einer Rückgewähr an die Mitglieder und Dotierung der Reserven den Jahresgewinn zu mindern

[1] So also an dem Aktienstempel, der Wein- und Zuckersteuer, der licence, der Grundsteuer, dem enregistrement usw.

(Corréard S. 237). Durch das Finanzgesetz vom 30. Dezember 1903 sind — mit derselben Ausnahme für Arbeiter- und Handwerkergenossenschaften — von dieser Abgabe alle Genossenschaften befreit.

Hinsichtlich der Gewerbesteuer (patente) hing nach dem Gesetz vom 15. Juli 1880 die Steuerpflicht der Genossenschaften davon ab, ob sie ausübten „un commerce, une industrie, une profession non compris dans les exceptions déterminées par la loi". Bei Beantwortung dieser Frage stellte man es darauf ab, ob „Handelsgeschäfte" betrieben würden, d. h. man fragte, ob auch mit Dritten Geschäfte gemacht werden. Man ließ also zum Beispiel einen Konsumverein steuerfrei, der nur an seine Mitglieder bzw. adhérents verkaufte und diesen den Überschuß der Einnahmen über die Ausgaben zurückgewährte (Corréard S. 235). Verkaufte er öffentlich, dann fand Besteuerung statt. Das Gesetz vom 19. April 1905 Art. 9 bestimmt jetzt, daß alle Gesellschaften und Genossenschaften der Gewerbesteuer unterliegen, sofern sie Räume für den Verkauf oder die Lieferung von Waren, Arbeitsprodukten oder Getreide unterhalten, einerlei, ob sie ein Handelsgewerbe betreiben oder nicht. Zwar ist bestimmt, daß die ländlichen Syndikate und die Konsumvereine der Steuer nicht unterliegen, wenn sie sich darauf beschränken, die Aufträge ihrer Mitglieder und adhérents auszuführen und die den Gegenstand des Auftrags bildenden Getreide- oder Warenvorräte zu lagern (Art. 9 Abs. 2), doch bemerkt Corréard S. 236 mit Recht, daß diese Bestimmung den eigentlichen Konsumvereinen nichts nützt, da sie ein größeres Lager unterhalten müssen; sie gebe also höchstens Anlaß, öffentlich zu verkaufen. Soweit sich Genossenschaften der Rechtsform der soc. a cap. variable par actions bedienen, werden sie von der Verwaltung der direkten Steuern auch dann als Kapitalgesellschaften angesehen und demgemäß zur Gewerbesteuer veranlagt, wenn sie die Aktien als parts d'interêt und sich so als Personalgesellschaft bezeichnen (Bull. Cred. pop. 1908 S. 402).

Landwirtschaftliche Kreditgenossenschaften des Gesetzes vom 5. November 1894 sind ohne Rücksicht auf ihre Zusammensetzung von der Gewerbesteuer und der Ertragsabgabe in jedem Fall befreit (Art. 4 Abs. 2). Sonstige landwirtschaftliche Genossenschaften genießen dieselbe Freiheit auf Grund des Gesetzes vom 15. Juli 1880 Art. 17, sowie infolge des Umstands, daß sie regelmäßig keinen Gewinn erstreben (Bull. cred. pop. 1908 S. 394/95). Die ländlichen Kreditgenossenschaften sind außerdem seit 1910 befreit von der Mobiliarsteuer und der Lizenzabgabe.

Schweiz.

Literatur: Burckhardt, Die rechtliche Natur der Personenverbände im schweizerischen Obligationenrecht, Bern 1896. — Hinckoff, Der Unterschied von Aktiengesellschaft und eingetragener Genossenschaft nach der neuesten Gesetzgebung (Diss.), Bern 1903. — Blattner, Die Rechtsverhältnisse der Mitglieder in der Erwerbs- und Wirtschaftsgenossenschaft nach schweizerischem Obligationenrecht und der ausländischen Gesetzgebung, Aarau 1899. — Kirchofer, Beiträge zum schweizerischen Genossenschaftsrecht (jur. Diss.), Winterthur 1888. — Memorial, betreffend Besteuerung der Wirtschaftsgenossenschaften, Bern 1899.

I. Die Schweiz hat zu den Genossenschaften in Titel 27 des Bundesgesetzes über das Obligationenrecht vom 14. Juni 1881, in Kraft seit 1. Januar 1883, Stellung genommen. Damit war ein einheitliches Recht für das ganze Bundesgebiet geschaffen. Vorher bestand wie in Deutschland vor der ersten gesetzlichen Regelung eine außerordentliche Zerrissenheit hinsichtlich des jeweils anzuwendenden kantonalen Rechts. Doch waren auch hier schon vorher gewisse größere Rechtsgebiete entstanden. Der natürliche Gegensatz zwischen der Bevölkerung der Ost- und der Westkantone fand auch im Recht seinen Ausdruck: erstere lehnten ihr Recht mehr an die deutsche, letztere mehr an die französische Gesetzgebung an. So überwog denn im Westen die französische société a capitale variable neben der reinen Aktiengesellschaft, während im Osten teils die Form des Vereins, teils die der Aktiengesellschaft angewandt wurde. Hier und da fand sich jedoch auch hier die französische soc. a cap. variable. Vereinzelt war man in den Kantonen bereits zu einer durchaus ausreichenden Gesetzgebung gelangt, so z. B. in Zürich, dessen „Privatrechtliches Gesetzbuch" vom 31. März 1854 die Bildung von Personenvereinen gestattete, denen allein kraft ihrer Existenz juristische Persönlichkeit zukam, und zwar ohne jede Mitwirkung des Staats, der sich auf ein gewisses Aufsichtsrecht beschränkte.

II. Das Bundesgesetz von 1883, das noch heute die Grundlage des schweizerischen Genossenschaftsrechts bildet, kennt die üblichen Arten der Handelsgesellschaften in der herkömmlichen Unterscheidung, nämlich offene Handels-, Kommandit-, Kommanditaktien- und Aktiengesellschaft. Diesen gegenüber sind Genossenschaften Personenverbände, die ohne eine der genannten Gesellschaften zu sein, gemeinsame Zwecke des wirtschaftlichen Verkehrs verfolgen und sich als Genossenschaften ins Handelsregister (Art. 859 ff.) haben eintragen lassen (Art. 678). Damit ergibt sich dasselbe Bild wie in Deutschland: die Genossenschaft ist zunächst einmal negativ auch bei gleichbleibenden wirtschaftlichen Tendenzen und angenäherter Organisation notwendig selbständige Rechtsform und keine der vier Handelsgesellschaften. Zum anderen muß sie positiv den Bestimmungen des Titels 27 entsprechen, und dadurch unterscheidet sie sich von den „Vereinen" des Titel 28: die „Genossenschaft" besitzt kraft der Eintragung juristische Persönlichkeit. Läßt sie sich nicht eintragen, so ist sie „Verein" [1] im Sinne des Art. 717, die für sie handelnden Personen haften persönlich und solidarisch, vorbehaltlich des Rückgriffs auf die anderen Mitglieder des Vereins [2].

Die Errichtung der Genossenschaft verlangt schriftliche Feststellung des Statuts durch mindestens sieben Personen [3] (Art. 679), deren Unterschrift beglaubigt sein muß (Art. 680). Das Statut muß angeben Zweck, Firma [4] und Sitz der Genossenschaft; die Bedingungen des Ein- und Austritts der Mitglieder sowie Art und Umfang der von ihnen zu leistenden Beiträge; Organisation,

---

[1] Für diese „wirtschaftlichen" Vereine gilt grundsätzlich Bundesrecht; sie können sich entweder eintragen lassen und dadurch die juristische Persönlichkeit als Genossenschaften erlangen, oder sie können es lassen, wobei es allenfalls zweifelhaft ist, ob der Zusatz „als Genossenschaft" zu fordern ist und nicht vielleicht schlechthin Eintragung zulässig ist; vgl. Kirchofer S. 18 ff. Sogenannte „ideale" Vereine zu wirtschaftlichen, religiösen, Wohltätigkeits- usw. Zwecken können durch Eintragung im Handelsregister juristische Persönlichkeit erlangen (Art. 716). Wollen sie das nicht, so stehen sie den nichteingetragenen wirtschaftlichen Vereinen gleich, sofern ihnen das kantonale Recht nicht schlechthin juristische Persönlichkeit gibt, so z. B. in Zürich. In jedem Fall untersteht dem kantonalen Recht die Schaffung öffentlichrechtlicher Korporationen (Art. 719); unberührt bleibt ferner das öffentliche Vereinsrecht (Art. 718).

[2] Unterbleibt die in Aussicht genommene Eintragung, so haftet der Vorstand (als der zur Anmeldung Verpflichtete) für den entstehenden Schaden (Art. 860).

[3] In der Folge kann die Zahl der Genossen unter 7 sinken, solange nur die zur Besetzung der Organe und Ämter erforderliche Anzahl bleibt; unten V.

[4] Die Firma muß sich von den bereits eingetragenen Firmen deutlich unterscheiden und darf keinen Namen einer bestimmten lebenden Person enthalten (Art. 873).

Leitung und Vertretung nach außen (einschließlich der Zeichnung); Berechnung und Verteilung des etwa angestrebten Gewinns (Art. 680). Fehlt es an einer dieser Bestimmungen, so kann die Eintragung nicht erfolgen. Diese geschieht bei der für den Sitz der Genossenschaft zuständigen Registerstelle; alsdann sind die Statuten in ihrem vollen Wortlaut oder in einem Auszug (der den erwähnten Mindestinhalt des Statuts, sowie Namen und Wohnort der Geschäftsführer und die eventuelle Ausschließung der persönlichen Haftung der Mitglieder wiedergeben muß) im Handelsamtsblatt zu veröffentlichen (Art. 681). Sofern das Statut nichts Gegenteiliges bestimmt, kann es nur mit Zustimmung aller Genossen geändert werden. Jede Änderung bedarf der Eintragung im Handelsregister und der Veröffentlichung (Art. 682). Stellt sich später heraus, daß die Eintragung wegen Fehlens wesentlicher Voraussetzungen nicht hätte erfolgen dürfen, so erfolgt nicht Löschung von Amts wegen, sondern die Registerbehörde hat darauf hinzuwirken, daß eine Berichtigung durch Stellung des Antrags auf einen neuen Eintrag erfolgt, eventuell bleibt es den Beteiligten unbenommen, die Nichtigkeit gerichtlich geltend zu machen. Letzterenfalls erfolgt dann Eintragung von Amts wegen (Art. 28—30 Verordn. betr. Handelsregister vom 6. Mai 1890).

Die Genossenschaft hat die Wahl, ob sie sich mit beschränkter oder mit unbeschränkter Haftbarkeit der Mitglieder konstituieren will. Streng genommen unterscheidet das Gesetz die Genossenschaft mit persönlicher, unbeschränkter und subsidiärer Solidarhaft der Mitglieder, die im Zweifel stets eintritt, wenn das Statut nicht das Gegenteil ausdrücklich bestimmt, aber erst im Falle der Konkurseröffnung über das Vermögen der Genossenschaft Wirkung äußert (Art. 689), und die Genossenschaft mit beseitigter Haftung der Mitglieder unter Beschränkung des Einstehens für die Genossenschaftsschulden nur mit dem Genossenschaftsvermögen (Art. 688). Es stehen sich also nach dem Wortlaut des Gesetzes die Genossenschaft mit unbeschränkter Haftpflicht und die Genossenschaft ohne jede persönliche Einstandsverpflichtung oder Haftung der Mitglieder gegenüber. Die Praxis betrachtet aber die gänzliche Wegbedingung der persönlichen Haftung der Mitglieder nur als den äußerst möglichen Fall und läßt daher auch eine einfache Minderung oder Begrenzung der Haftung auf einen bestimmten Betrag anstandslos zu, wenn auch der gänzliche Ausschluß der Haftung die Regel ist. Die Wegbedingung der Haftbarkeit hat die Veröffentlichung im Handelsblatt zur Voraussetzung. Soweit eine persönliche Haftung der Mitglieder besteht, ist ihre Geltendmachung, wie gesagt, durch die Konkurseröffnung über das Genossenschaftsvermögen bedingt und erlischt, wenn der Konkurs nicht binnen zwei Jahren seit Eintragung der Auflösung der Genossenschaft im Handelsregister eröffnet wurde (Art. 692), in jedem Fall aber binnen Jahresfrist nach Beendigung des Konkurses (Art. 693). Die Geltendmachung erfolgt nicht etwa im Wege eines Nachschußverfahrens, sondern unmittelbar und direkt, jedoch nur in Höhe des Ausfalls des Gläubigers im Genossenschaftskonkurs. Eine Haftung gegenüber der Genossenschaft besteht für die Mitglieder nicht, doch hat der Genosse, der einen Gläubiger befriedigt, ein Regreßrecht gegen seine Mitgenossen als Mitschuldner (Art. 168).

III. Die Rechtstellung der Mitglieder wird im wesentlichen durch das Statut bestimmt (Art. 524, 525). So befindet es darüber, ob neue Mitglieder aufgenommen werden können; bejahendenfalls erfolgt der Beitritt durch schriftliche Erklärung (Art. 683). Wenn eine Haftbarkeit der Mitglieder gegenüber den Gläubigern stattfindet, erstreckt sich diese, auch hinsichtlich der seither begründeten Verbindlichkeiten, auf das neue Mitglied; eine gegenteilige Vereinbarung ist nichtig (Art. 690). Das freiwillige Ausscheiden der Mitglieder kann bei bestehender Genossenschaft weder verboten noch beschränkt werden. Sofern nichts anderes bestimmt ist, findet der Austritt nur zum Schluß des Geschäftsjahres und unter Einhaltung einer Kündigungsfrist von mindestens vier Wochen statt (Art. 684). Als Gründe des Ausscheidens kennt das Gesetz außer diesem Austritt, und zwar mit jeweils sofortiger Wirksamkeit, den Ausschluß durch richterliches Urteil auf Klage eines Mitgenossen [1] (Art. 685) und den Tod eines Mitglieds (Art. 686). Beide Fälle können durch das Statut ausgeschlossen sein. Sache des Statutes ist es, das Rechtsverhältnis mit dem Ausgeschiedenen oder dessen Erben zu regeln; im Zweifel besteht der Anspruch auf Auszahlung eines Kopfanteils vom Genossenschaftsvermögen für den Fall, daß sich die Genossenschaft binnen Jahresfrist seit dem Ausscheiden

[1] Die Klage ist auf einen „triftigen Grund" zu stützen; durch diese Bestimmung ist die Vorschrift des Art. 546 und 547 abgeschwächt, wonach bei wichtigem Grund jederzeit, sonst die auf unbestimmte Zeit errichtete Gesellschaft unter Einhaltung einer sechsmonatigen Kündigungsfrist zur Auflösung gebracht werden kann. Diese allgemeinen Vorschriften dürften demnach bei der Genossenschaft nicht anwendbar sein.

auflöst und das Vermögen zur Verteilung gelangt (Art. 687). Doch kommt es zu solcher Gefährdung des Genossenschaftsvermögens nicht leicht, regelmäßig ist Vorsorge getroffen, vielfach erhält der Ausgeschiedene sogar noch nicht einmal seine Einlage zurück. Die persönliche Haftung des Ausgeschiedenen erlischt, wenn der Konkursfall der Genossenschaft binnen zwei Jahren seit der Wahrung des Ausscheidens im Handelsregister nicht eingetreten ist (Art. 691). Eine solche Wahrung findet aber nur statt, wenn eine persönliche Haftung der Mitglieder besteht. In diesem Falle hat der Vorstand ein Verzeichnis der Mitglieder bei dem Handelsgericht einzureichen und jeweils binnen drei Monaten jeden Zu- und Abgang von Mitgliedern anzumelden; das Recht der Meldung steht aber auch dem Ausgeschiedenen und dessen Erben zu. Das Verzeichnis kann von jedermann eingesehen werden (Art. 702). Die Eintragung begründet die Vermutung, daß die Mitgliedschaft besteht bzw. erloschen ist (Art. 861).

Das Statut bestimmt, zu welchen Leistungen die Mitglieder der Genossenschaft verpflichtet sind, etwa welche Einlagen ihnen obliegen und wie diese zu bewerkstelligen sind. Es kann auf diese Weise eine Art Umlageverfahren zur Deckung der Genossenschaftsschulden eingeführt werden. Nach dem Statut bestimmt sich das Recht der Teilnahme an den gemeinschaftlichen Einrichtungen und am genossenschaftlichen Leben, insbesondere der Bildung des gemeinschaftlichen Willens (Art. 707). Ebenso bestimmt es den Anteil am Vermögen, den das Mitglied bei seinem Ausscheiden (Art. 687) oder bei der Auflösung (Art. 713) der Genossenschaft zukommt. Geschäftsanteile im Sinne des deutschen Rechts sind dem schweizerischen Gesetz fremd [1].

Im Zweifel ist die Genossenschaft rein demokratisch aufgebaut, gleiches Recht und gleiche Pflicht halten sich die Wage: im Zweifel hat jeder Genosse gleiches Stimmrecht, gleiche Verpflichtungen und gleichen Anteil am Vermögen. Die Gläubiger der Genossen können nur die etwaigen Zinsen- und Dividendenansprüche sowie den Anspruch auf die Liquidationsraten pfänden (Art. 894).

IV. Auch hinsichtlich der O r g a n i s a t i o n läßt das Gesetz dem Statut weitesten Spielraum. Zwingend ist nur, daß Vorstand und Generalversammlung da sein müssen.

[1] Hier hat offenbar das französische Vorbild eingewirkt (vgl. Frankreich II 3).

1. Der **Vorstand** besteht aus beliebig vielen Personen, die nicht Mitglied zu sein brauchen. Ihm liegt ob die Führung der Geschäfte und die Vertretung der Genossenschaft vor Gericht (Art. 695). Seine Mitglieder sind alsbald zum Handelsregister anzumelden und haben hier, soweit sie zeichnungsberechtigt sind, ihre Unterschrift zu deponieren (Art. 696). Im Zweifel findet Kollektivvertretung statt (Art. 697), und zwar wird die Genossenschaft stets unmittelbar berechtigt oder verpflichtet, auch wenn nicht ausdrücklich in ihrem Namen gehandelt wurde (Art. 698). Dritten gegenüber ist die Vertretungsmacht des Vorstands innerhalb der durch den Zweck der Genossenschaft gezogenen Grenzen, sonst gutgläubigen Dritten gegenüber unbeschränkt (Art. 700); nach innen sind dagegen die etwa gezogenen Schranken zu beachten, jedoch besteht im Zweifel unbeschränkte Vollmacht innerhalb der durch den Zweck der Genossenschaft gezogenen Schranken (Art. 699). Der Vorstand ist insbesondere verpflichtet, die erforderlichen Geschäfts- und Protokollbücher (Art. 877 ff.) zu führen (Art. 701). Strebt die Genossenschaft einen Gewinn an, so hat der Vorstand jeweils binnen sechs Monaten Bilanz und Jahresrechnung für das abgelaufene Geschäftsjahr zu veröffentlichen (Art. 703).

2. Dem Vorstand kann ein Ausschuß beigeordnet sein, sei es allgemein zur Überwachung (Aufsichtsrat) oder zur Mitwirkung bei speziellen Angelegenheiten (Verwaltungsrat), ebenso ein oder mehrere Sachverständige als Kontrolleure (Art. 704 Abs. 1). Gegebenenfalls stellen diese Einrichtungen auch nach außen eine Grenze der Vollmacht des Vorstands dar.

3. Die **Generalversammlung** ist das oberste Organ der Genossenschaft. Sie beruft im Zweifel die anderen Organe, ebenso ist sie im Zweifel berechtigt, dieselben jederzeit — unbeschadet des Anspruchs auf etwaige Entschädigung — abzuberufen. Auch wenn die Abberufung durch die Statuten untersagt ist, kann das Gericht auf Antrag eines Mitglieds unfähige oder pflichtsäumige Vorstandsmitglieder abberufen, eine Neuwahl durch die zuständigen Organe verfügen und für die Zwischenzeit einstweilige Anordnungen treffen (Art. 708).

Die Berufung der Generalversammlung geht von dem im Statut bezeichneten Organe aus; sie muß berufen werden, wenn es vom zehnten Teil der Mitglieder — bei einem Bestand von weniger als 30 von mindestens 3 Mitgliedern — verlangt wird (Art. 706).

In der Generalversammlung haben im Zweifel alle Mitglieder

gleiches Teilnahme- und Stimmrecht nach Köpfen (Art. 707); Vertretung ist in Ermangelung entgegenstehender Bestimmungen zulässig. Die Mitglieder der Organe der Genossenschaft dürfen nicht mitstimmen, wenn die Prüfung der von ihnen getätigten Geschäfte und Kontrollmaßregeln in Frage steht (Art. 705 Abs. 2). Im Zweifel werden die Beschlüsse nach Stimmenmehrheit gefaßt; eine qualifizierte Mehrheit wird im Zweifel bei Änderung des Statuts (Einstimmigkeit, Art. 682) gefordert, sonst nur bei den im Statut bezeichneten Angelegenheiten.

4. Die für die Genossenschaft handelnden Personen sind im Zweifel nach den Bestimmungen über den Auftrag haftbar (Art. 540), haben also für „getreue und sorgfältige Ausführung" einzustehen (Art. 396). Hierzu bestimmt Art. 715, daß auf diese Verantwortlichkeit die allgemeinen Grundsätze der Art. 62, 113 und 115 Anwendung finden, d. h. es besteht Haftung für jede Fahrlässigkeit, auch der Angestellten usw. Die Haftung für Vorsatz kann — abgesehen von der für Angestellte — nicht im voraus erlassen werden. Ergibt sich eine Überschuldung, so hat der Vorstand — eventuell die Liquidatoren — unter persönlicher und solidarischer Verantwortlichkeit für etwaige Schulden die Zahlungen einzustellen und dem Gericht zwecks Konkurseröffnung Anzeige zu machen (Art. 704). Das Gericht kann jedoch auf Antrag der Gläubiger oder eines ihnen bestellten Sachwalters die Eröffnung des Konkurses aufschieben und inzwischen andere, zur Erhaltung des Vermögens dienliche Anordnungen treffen, also etwa den Vorstand anweisen, eine Generalversammlung einzuberufen, die über die Möglichkeit der Sanierung beschließen soll.

5. Eine Revision ist in der Schweiz nur als freiwillige Einrichtung bekannt.

V. Die Genossenschaft wird aufgelöst (Art. 709):

a) durch Beschluß des im Statut hierfür als zuständig bezeichneten Organs (Generalversammlung, Aufsichtsrat usw.);
b) durch Zeitablauf, wenn nicht die Fortsetzung beschlossen oder tatsächlich getätigt wird;
c) durch Eröffnung des Konkurses über die Genossenschaft;
d) durch die eventuell im Statut vorgesehenen Gründe;
e) durch gerichtliches Urteil auf Antrag eines Mitglieds, eines Gläubigers oder einer zuständigen öffentlichen Amtsstelle (Art. 710):

α) wenn sie unerlaubte oder unsittliche Zwecke verfolgt oder wenn sie unerlaubte oder unsittliche Mittel anwendet;

β) wenn die statutenmäßige Besetzung des Vorstands oder anderer im Statut vorgesehener notwendiger Organe aus Mangel an der erforderlichen Mitgliederzahl oder aus anderen Gründen unmöglich geworden ist.

Die Auflösung durch Konkurseröffnung wird der Registerbehörde von Amts wegen mitgeteilt; in den anderen Fällen liegt die Anmeldepflicht dem Vorstand — in Ermangelung eines solchen dem Gericht — ob. Gleichzeitig sind die Liquidatoren zu ernennen, und zwar entweder von der im Statut dafür bezeichneten Stelle, eventuell durch das Gericht (Art. 711). Die Liquidatoren haben die Gläubiger durch das Handelsamtsblatt zur Geltendmachung ihrer Ansprüche aufzufordern, bekannte Gläubiger erhalten außerdem eine besondere Aufforderung (Art. 712). Nach Tilgung der Schulden wird das vorhandene Vermögen unter die zur Zeit der Auflösung vorhandenen und die im letzten Geschäftsjahr ausgeschiedenen Mitglieder verteilt, und zwar nach Köpfen. Doch kann das Statut auch eine andere Verteilung anordnen. Die Verteilung ist erst zulässig, wenn sechs Monate seit der öffentlichen Gläubigeraufforderung verstrichen sind; für bekannte Gläubiger, die sich nicht gemeldet haben, sind entsprechende Beträge auf drei Jahre zu hinterlegen (Art. 713). Ergibt sich eine Überschuldung, so haben die Liquidatoren Konkurseröffnung zu beantragen (Art. 704). Die Liquidatoren sind für die Vornahme der Gläubigeraufforderung, Rechtzeitigkeit der Verteilung und des Konkursantrags persönlich und solidarisch den Gläubigern wie den Genossen verantwortlich (Art. 714). Der etwaige Konkurs spielt sich in den regelmäßigen Formen des Konkursverfahrens ab.

VI. Hinsichtlich der Besteuerung der Genossenschaften finden die kantonalen Gesetze Anwendung.

Belgien.

Literatur: A. Micha, La législation coopérative en Belgique, 1892. — A. Devos, Commentaire pratique et critique de la loi du 19. mai 1873, Bruxelles 1885. — Abendanon, L'organisation du crédit au point de vue industriel et commercial en faveur des classes moyennes dans les différents pays, Bruxelles 1911, p. 68—83. — Internat. Agrarökon. Rundschau, Bd. 37 (Januar 1914), S. 13 ff. — Corréard, Les sociétés coopératives de consommation, Paris 1907, p. 109—130. — Delcourt, Les associations des petits commerçants et petits industriels en Belgique (jur. Diss. Caen), Roubaix 1907. — Nyssens et Corbiau, Traité des sociétés commerciales, Bruxelles et Paris 1895. — Goddyn in Revue pratique des Sociétés, 1892, Nr. 256 und 268.

Ausgangspunkt der Gesetzgebung sind für Belgien seit 1808 die Bestimmungen des französischen Code de commerce von 1807. Es ergaben sich so die gleichen Schwierigkeiten für die Genossenschaften wie in Frankreich. Aber während man dort ein eigentliches und einheitliches Genossenschaftsgesetz bis jetzt nicht zustande gebracht hat, entschloß man sich in Belgien gelegentlich der Regelung des Gesellschaftsrechts auch ein Genossenschaftsgesetz und damit eine besondere Rechtsform der société coopérative neben den Formen der soc. en nom collectif usw. zu schaffen; das Gesetz stellt den sechsten Titel des Gesetzes vom 18. Mai 1873 über die Handelsgesellschaften dar (C. comm. Buch I, Titel 9 Abschn. 6)[1]. Diese Bestimmungen erfuhren in der Folge eine Erweiterung durch das Gesetz vom 16. Mai 1901 über die Kreditvereine (unions du crédit). Bei der Neuordnung des Rechts der belgischen Handelsgesellschaften durch das Gesetz vom 25. Mai 1913 sind die Bestimmungen über die Genossenschaften im wesentlichen unverändert geblieben. Nur sind die Bestimmungen über die Kreditvereine („Vereinigungen, die vorzüglich den Zweck verfolgen, ihren Mitgliedern durch die Diskontierung von Wechseln Kredit zu verschaffen") in das Handelsgesetzbuch herübergenommen. Es gelten für sie im wesentlichen

[1] Das Recht der Versicherungsvereine auf Gegenseitigkeit beruht auf einem Gesetz vom 23. Juni 1894.

die Bestimmungen über die Genossenschaften; doch ist ihrer Firma stets die Bezeichnung union de crédit beizufügen. —

Wie in Frankreich steht auch in Belgien neben der eigentlichen Kooperativbewegung der Zusammenschluß in Syndikaten. Sie kleideten sich anfänglich teils in die bestehenden Rechtsformen, namentlich der soc. anonyme und der soc. coopérative des Gesetzes von 1873, teils zogen sie es vor, als einfache association eine rein vertragliche Existenz, also gewissermaßen außerhalb des Rechts zu führen. Am 31. März 1898 wurde dann in dem Gesetz über die Berufsvereine (unions professionelles) ähnlich wie in dem französischen Gesetz von 1884 eine besondere Rechtsform geschaffen, der sich alle Berufsarten bedienen können, nachdem vorher schon durch ein Gesetz vom 9. August 1889 Erleichterungen geschaffen worden waren. Aber auch diese neue Form ist nicht ausschließlich. Diese Syndikate finden wir auch hier vor allem in der Landwirtschaft: 1910 gehörten 68 % von allen Berufsvereinsmitgliedern der Landwirtschaft an, die Ende 1913 von 3457 bestehenden Berufsvereinen 2357 beanspruchte. Es sind namentlich landwirtschaftliche Einkaufs- und Konsumvereine; die Absatzvermittelung ist gering (1910: 374 000 Fr.). Der gewerbliche Mittel- und der Handwerkerstand, der erst im letzten Jahrzehnt des vorigen Jahrhunderts zu erwachen und die ihm von den in Belgien dominierenden Konsumvereinen drohende Gefahr ernsthaft zu bekämpfen begann, findet in der 1898 geschaffenen Rechtsform die wünschenswerte Assoziationsmöglichkeit.

I. Das Gesetz von 1873 geht bei der Definition der Genossenschaft zunächst nicht vom Kapital, sondern von den verbundenen Personen aus, ohne indessen ganz von einem Kapital abzugehen. Es lehnt sich insoweit also mehr an das deutsche als an das französische Gesetz an: la société coopérative est celle qui se compose d'associés dont le nombre ou les apports sont variables et dont les parts sont incessibles a des tiers (Art. 85). Die Genossenschaft ist also eine Personenvereinigung mit schwankender Mitgliederzahl und schwankendem Kapital, das in nicht übertragbare[1] Anteile zerfällt. Welche Zwecke verfolgt werden und mit welchen Mitteln, ist belanglos; doch ergibt sich daraus, daß die soc. coop. notwendig Handelsgesellschaft ist, die Notwendigkeit, daß sie Handelsgeschäfte bezweckt (Art. 1), andernfalls ist sie bürgerliche Gesellschaft.

[1] Die Anteile sind nicht übertragbar à des tiers, an Dritte. Gehören dazu auch die Mitglieder, wie Crüger, Die Genossenschaft in den verschiedenen Ländern, 1892, S. 302, ohne Angabe von Gründen, meint?

Bezeichnet sie sich aber als soc. coop., so ist sie ohne Rücksicht auf die Art ihrer Geschäfte allein durch diese Unterstellung unter diesen Abschnitt des C. comm. juristische Person und genießt die fiskalischen Vorrechte [1] des Gesetzes vom 2. Juli 1875. Das unterscheidende Charakteristikum gegenüber den vier anderen, herkömmlich konstruierten Arten der Handelsgesellschaften — offene Handels- und Kommandit-, Aktien- und Kommanditaktiengesellschaft — ist also der Umstand, daß weder eine bestimmte Summe von Personen oder Kapital fest gebunden ist; es liegt eben ein Personenverein vor, der zwar des Kapitals nicht entraten, aber im übrigen sich gestalten kann, wie er will. Ja, er braucht sich noch nicht einmal den wenigen zwingenden Vorschriften des C. comm. über die soc. coop. zu unterwerfen [2], er kann sich in jede andere beliebige Rechtsform kleiden. Will er aber als soc. coop. des C. comm. auftreten, dann müssen mindestens sieben Personen zusammentreten (Art. 86 [2]) und ein Statut schriftlich [3] feststellen, das mindestens ergeben muß (Art. 87):

a) Name und Sitz der Genossenschaft; der Name enthält nicht die Namen der Mitglieder, sondern eine beliebige Bezeichnung;
b) Zweck der Genossenschaft;
c) genaue Bezeichnung der Mitglieder;
d) Zusammensetzung und Mindestbetrag des in Aussicht genommenen Gesellschaftsvermögens.

Das Gesetz nimmt also das Vorhandensein eines solchen als notwendig an. Dagegen enthält es keinerlei Vorschriften über die Auf-

[1] Befreiung von Stempel- und Einschreibegebühren. Außerdem werden die Urkunden kostenlos im Journal officiel veröffentlicht. — Abgesehen hiervon findet eine staatliche Förderung nur durch Beihilfen an Raiffeisen-, Zentral- und Molkereigenossenschaften, sowie durch Verteilung von Musterstatuten und Propagandaschriften statt.

[2] Wozu um so weniger Anlaß vorliegt, als damit nur die Befreiung von gewissen Abgaben bei Errichtung, Auflösung usw. erreicht wird, während eine Befreiung von der alljährlich zu entrichtenden Gewerbesteuer nicht stattfindet. Es finden sich denn auch tatsächlich alle Rechtsformen; Corréard, S. 120/121.

[3] Privatschriftlich genügt, Art. 4; doch ist der Akt doppelt auszufertigen. Er muß binnen 14 Tagen amtlich eingereicht sein und hier binnen weiteren zehn Tagen in seinem vollen Wortlaut im Moniteur veröffentlicht werden. Die Veröffentlichungen sind gerichtlich zu sammeln und können hier kostenlos eingesehen werden. Der gleiche Veröffentlichungszwang besteht für Änderung des Gesellschaftsvertrags. Nichtbeachtung zieht Nichtigkeit des Aktes und Ordnungsstrafe nach sich; Art. 4, 9—12.

bringung dieses Vermögens. Infolgedessen können hier alle nur denkbaren Möglichkeiten Platz greifen. Doch ist zu beachten, daß Anteile da sein müssen, und zwar solche, die auf Dritte nicht übertragen werden können (vgl. oben). Die für Frankreich wichtige Frage, ob das Einbringen von „Haftungen" genügt, entfällt damit; überdies findet hier ja eine gesetzliche Haftung der Genossen statt. Da keine Mindestbeträge und Mindesteinzahlung vorgeschrieben sind, muß ein ganz verschwindendes Kapital genügen, das obendrein ratenweise aufgebracht wird. Auch brauchen die Anteile nicht gleich zu sein.

Fehlt es an diesen Bestimmungen, so ist die Genossenschaft nichtig [1]; hinsichtlich einer Reihe weiterer Erfordernisse (Art. 88) geht das Gesetz nicht so weit, sondern beschränkt sich auf die Feststellung dessen, was gilt, wenn eine solche Bestimmung im Statut fehlt (Art. 89). Der Gesellschaftsvertrag muß nämlich angeben:

a) die Dauer des Genossenschaftsvertrags, der für längstens 30 Jahre abgeschlossen werden darf; fehlt es an einer solchen Bestimmung, so gilt die Genossenschaft als für 10 Jahre errichtet;

b) die Bedingungen des Ein- und Austritts sowie des Ausschlusses von Mitgliedern, und der Zurückzahlung der eingezahlten Anteile. Fehlt es an solchen Bestimmungen, so können die Mitglieder nach Belieben austreten; ein Ausschluß findet nur wegen Nichtbefolgung des Gesellschaftsvertrags statt, und zwar durch die Generalversammlung, die auch die Zurückziehung der Einlagen zu genehmigen hat. Ein Eintritt weiterer Mitglieder findet also nur im Falle der ausdrücklichen Zulassung durch das Statut statt, oder aber die Generalversammlung muß den Beitritt neuer Genossen genehmigen;

c) Bestimmungen über die Verwaltung und Geschäftsführung sowie deren Überwachung. Fehlt es hieran, so liegen Verwaltung und Geschäftsführung bei einem Geschäftsführer, der von einem Aufsichtsrat von drei Mitgliedern überwacht wird. Ihre Er-

[1] Die Nichtigkeit kann von der Genossenschaft Dritten gegenüber nicht geltend gemacht werden (wohl aber umgekehrt), im internen Verhältnis hat sie Wirkung erst vom Augenblick der gerichtlichen Geltendmachung ab (Art. 4). Die nichtige Genossenschaft ist eine rein tatsächliche Gemeinschaft, auf die die Vorschriften der Art. 1832 ff. C. civ. nur ergänzungsweise Anwendung finden. Jeder Teilhaber kann Auseinandersetzung verlangen.

nennung[1] erfolgt durch die Generalversammlung. Der Geschäftsführer braucht nicht Mitglied zu sein:

d) Rechte und Pflichten der Mitglieder, Zusammenberufung der Generalversammlung, Abstimmung und Stimmenverhältnis in derselben; im Zweifel besitzen alle Mitglieder in der Generalversammlung gleiches Stimmrecht. Die Einberufung geschieht durch eingeschriebenen Brief. Die Beschlußfassung geschieht wie bei der Aktiengesellschaft, d. h. in der Regel mit einfacher Majorität, bei Satzungsänderungen, insbesondere der Erhöhung oder Verringerung des Kapitals, muß außerdem die Hälfte des Kapitals mit Ja stimmen;

e) Verteilung von Gewinn und Verlust; im Zweifel erfolgt alljährlich Verteilung bzw. Umlegung der einen Hälfte auf die Mitglieder nach Köpfen, während die andere Hälfte entsprechend der Höhe der Einlage an Gewinn und Verlust teilnimmt;

f) ob beschränkte oder unbeschränkte Haftpflicht der Mitglieder für die Schulden der Genossenschaft eintreten soll. Im Zweifel besteht solidarische, d. h. unbeschränkte Haftung[2].

II. An der Grundauffassung als Personenverein ist also nicht festgehalten. Das Gesetz verlangt die Bildung eines Gesellschaftsvermögens, die Mitglieder müssen sich mit Einlagen beteiligen. Im Zweifel ist sogar die Mitgliederzahl nach der Aktivseite geschlossen, nur Austritte können stattfinden, wobei die Generalversammlung darüber befindet, ob die Einlage zurückgezogen werden kann. Im einzelnen gestaltet sich das Verhältnis zwischen der Genossenschaft und ihren Mitgliedern nach dem Statut. Doch greift das Gesetz in verschiedener Hinsicht in dieses Verhältnis ein.

1. Die Genossenschaft muß ein von der Gemeindeverwaltung oder dem Handelsgericht unentgeltlich paraphiertes und bescheinigtes Register

[1] Das Gesetz beschränkt sich darauf, die Vorschriften der Aktiengesellschaften nur hinsichtlich der Ernennung für anwendbar zu erklären, nicht aber auch diejenige hinsichtlich Amtsdauer und Amtsbefugnisse, ganz speziell hinsichtlich der Verpflichtung zur Hinterlegung von Kautionen. Als letztere gelten dort Aktien, was hier natürlich nicht paßt. Aber wie soll es sonst gehalten werden, wenn der Vertrag schweigt? Die Frage ist ohne praktische Bedeutung, da regelmäßig die Genossenschaften Bestimmung treffen; Corréard, S. 120.

[2] Irreführend die Angabe von Crüger im Handw.-Buch der Staatsw., 3. Aufl., Bd. 3, S. 1129; praktisch mag die beschränkte Haftung überwiegen, nach dem Gesetz ist die unbeschränkte die Regel.

führen (Art. 90), in das alle wichtigen Lebensvorgänge eingetragen werden, so der Gründungsakt, Name, Beruf und Wohnort der Mitglieder, der Tag ihrer Zulassung und ihres Ausscheidens oder Ausschlusses, sowie eine Abrechnung über die von jedem Mitglied eingezahlten oder zurückgezogenen Summen. Infolge dieser Formenstrenge hat das Register ähnliche Funktionen wie das deutsche amtliche Genossenschaftsregister.

2. Die Aufnahme neuer Mitglieder erfolgt durch die Eintragung in dieses Register, und zwar muß das Mitglied hier seine Unterschrift vollziehen, ferner ist erforderlich die Angabe des Datums (Art. 91).

3. Das Recht des Austritts kann nur während der ersten sechs Monate des Geschäftsjahres ausgeübt werden [1] (Art. 92). Weitere Beschränkungen durch das Statut sind zulässig. Die Kündigung erfolgt schriftlich und ist von dem Geschäftsführer der Genossenschaft zu bescheinigen. Auf Grund dieser Bescheinigung ist das Ausscheiden in dem Register der Genossenschaft (oben 1) und auf dem Anteilschein des Mitglieds (unten 7) am Rande neben dem Namen des Ausscheidenden festzustellen. Weigert sich der Geschäftsführer dessen, so tritt an Stelle dieser Bescheinigung eine vom Gericht des Sitzes der Genossenschaft unentgeltlich aufzunehmende Verhandlung als Feststellung des Ausscheidens (Art. 93, 94).

4. Der Ausschluß eines Mitglieds erfordert außer den statutenmäßigen Akten (Beschluß der Generalversammlung) und Eintragung in das Register der Genossenschaft, Aufnahme eines gerichtlichen Protokolls und dessen Zustellung durch eingeschriebenen Brief seitens des Geschäftsführers (Art. 95).

5. Das ausgeschiedene Mitglied erhält lediglich seinen Anteil nach Maßgabe der Bilanz des Geschäftsjahres, im Laufe dessen das Ausscheiden erfolgte. Im Falle des Todes, der Zahlungseinstellung oder Entmündigung eines Mitglieds haben dessen Erben oder Gläubiger den gleichen Anspruch. Weder das Mitglied noch diese Personen haben das Recht, Liquidation der Genossenschaft zu verlangen. Ausscheidende

[1] Damit ist aber nicht das deutsche Prinzip eingeführt, so daß in Ermangelung einer statutarischen Bestimmung der Austritt nur zum Schluß des Geschäftsjahres mit sechsmonatiger Kündigung stattfände, wie Crüger, Die Genossenschaft in den einzelnen Ländern, S. 302, meint. Die fünfjährige Verjährungsfrist insbesondere rechnet nicht vom Schluß des Geschäftsjahres, sondern vom Tag der démission oder exclusion, des Austritts oder des Ausschlusses.

Mitglieder haften noch fünf Jahre von dem Ausscheiden ab persönlich (unbeschadet der etwa kürzeren Verjährung hinsichtlich solcher Ansprüche, die vor dem Schluß des Geschäftsjahres entstanden sind, in dem das Ausscheiden veröffentlicht wurde, Art. 96—98).

6. Die Gläubiger eines Mitglieds können nur die dem Mitglied zukommenden Zinsen und Dividenden, sowie den Anteil pfänden, der ihm im Falle der Auflösung der Genossenschaft zufallen wird (Art. 100).

7. Jedes Mitglied erhält einen von dem Mitglied und dem Geschäftsführer der Genossenschaft unterzeichneten Anteilschein (titre), in dem der Inhaber nach Vor- und Zunamen, Stand und Wohnort bezeichnet ist, und der den Tag der Zulassung, die Ein- und Rückzahlungen sowie die Statuten der Genossenschaft enthält und frei von Stempel und Gebühren ist. Außerdem ist das Ausscheiden auf ihm festzustellen. Für Ein- und Rückzahlungen vertritt der Eintrag auf dem titre die Quittung, und ist daher je nach Sachlage von dem Geschäftsführer oder dem Mitglied zu zeichnen (Art. 99). Abhebungen sind außerdem schriftlich anzumelden; sie sind nicht durch das Ausscheiden bedingt, ebensowenig ist — also wie in Frankreich — die Rückzahlung nur hinsichtlich der ganzen Einlage statthaft (Art. 90 [4]).

III. Im Interesse der Gläubiger bestimmt das Gesetz:

1. Es ist ein Reservefonds einzurichten, auf den die gleichen Vorschriften wie bei der Aktiengesellschaft Anwendung finden. Danach sind jährlich mindestens 5 % des Reingewinns zurückzustellen, bis der zehnte Teil des Gesellschaftskapitals erreicht ist. Er ist dem Zugriff der Gläubiger der Mitglieder entzogen; ausscheidende Mitglieder haben keinen Anspruch darauf (Art. 101 [2], 96, 100).

2. Es ist statutarisch festzulegen, daß auf allen Briefschaften und Geschäftspapieren die gewählte Firma anzugeben und das Wort Genossenschaft (soc. coop.) zu vermerken ist (Art. 102). Ist diese Vorschrift verletzt, so kann der für die Genossenschaft Handelnde persönlich für haftbar erklärt werden (Art. 103).

3. Alljährlich ist Inventur aufzumachen und Bilanz zu ziehen. Letztere ist binnen 15 Tagen nach der Genehmigung dem Gerichtsschreiber des Handelsgerichts einzureichen (Art. 101, 62, 104).

4. Derselben Stelle ist halbjährlich ein alphabetisches Verzeichnis der Mitglieder nach Namen, Stand und Wohnort einzureichen, für dessen Richtigkeit der Geschäftsführer persönlich verantwortlich ist, ferner

ist jeweils binnen acht Tagen von der Ernennung ab eine den Umfang der Befugnisse des Geschäftsführers umschreibende Ernennungsurkunde zu hinterlegen. Der Geschäftsführer hat seine Unterschrift vor Gericht zu zeichnen oder in beglaubigter Form einzureichen (Art. 105, 106).

5. Hinsichtlich der zu 3 und 4 eingereichten Urkunden hat jedermann das Recht, Einsicht und kostenfreie Abschrift zu verlangen (Art. 107).

IV. Im Gegensatz zum französischen Recht gibt das belgische Gesetz eine Reihe von Vorschriften über die Liquidation der Handelsgesellschaften (Art. 111—121). Die Genossenschaft ist aufgelöst, sie existiert nur noch pour le liquidateur; demgemäß hat sie ihrer Firma den Zusatz zu geben „in Liquidation". Die Art der Liquidation und die Personen der Liquidatoren sind durch das Statut zu bestimmen; schweigt dieses, dann beschließt die Generalversammlung. Liegt eine nichtige Gesellschaft vor, so kann das Handelsgericht das Erforderliche veranlassen. Im Zweifel sind die Geschäftsführer Liquidatoren, deren Befugnisse durch das Statut oder die Generalversammlung, im Zweifelsfalle durch Art. 114—116 bestimmt werden. Nach Abwicklung der Schulden und Engagements der Genossenschaft teilen sie den Mitgliedern das teilbare Vermögen zu, und zwar gleichmäßig.

Die Liquidatoren sind persönlich verantwortlich, und zwar sowohl gegenüber den Genossen wie gegenüber den Gläubigern. Alljährlich haben sie der Generalversammlung über den Stand der Liquidation Bericht zu erstatten, ingleichen nach erfolgter Abwicklung der Liquidation. Die Generalversammlung ernennt nach erfolgter Schlußberichterstattung eine Kommission, der die Prüfung der Belege des Liquidators obliegt, und beschließt dann nach diesem Bericht sur la gestion des liquidateurs, d. h. ob ihm Entlastung zu erteilen ist.

Der Schluß der Liquidation ist wie die Errichtung der Genossenschaft amtlich zu publizieren (vgl. oben S. 115 N. 3).

V. Als Handelsgesellschaft untersteht die Genossenschaft allgemein den für Kaufleute gegebenen Vorschriften (Zuständigkeit des Handelsgerichts, faillite und liquidation judicaire, banqueroute und concordat usw.). Ein Sonderrecht der Genossenschaften findet hierbei nicht statt.

VI. Was die Berufsvereine des Gesetzes von 1898 anlangt, so darf der Verein weder selbst ein Gewerbe noch ein Handwerk betreiben, er darf keine Handelsgeschäfte abschließen, Aktien oder Genossenschaftsanteile besitzen. Die Statuten sind von einer dreigliedrigen Kommission der Chambre des mines zu bestätigen und müssen im Moniteur officiel publiziert werden. Alsdann besitzt der Verein juristische Persönlichkeit, wofür aber gewisse Nachweisungen zu liefern und eine vierprozentige Liegenschaftsertragsabgabe zu entrichten sind. Die Mitgliederzahl muß mindestens sieben betragen; die Mitglieder können jederzeit ausscheiden. Der Vereinigung sind eine Anzahl von Geschäften freigegeben, sofern nur daraus kein Gewinn gezogen wird, so daß sie unter anderem als Rohstoff- und Einkaufsorganisation fungieren kann, auch kann sie die gewerblichen Erzeugnisse der Mitglieder zum Zwecke des Weiterverkaufs erwerben.

Italien.

Literatur: Vivante, Trattato di diritto commerciale, 2. ed., Turin 1903 lib. 2. — Sacerdoti, La società cooperative ed il codice di Commercio, 1898. — Valenti, L'associatione cooperativa, 1902. — Rabenno, La società cooperative di produzione, Mailand 1889. — Preyer, Die Genossenschaften in der italienischen Gesetzgebung (Greifsw. Diss.), Greifswald 1911. — Internat. Agrarökon. Rundschau, Bd. 26 (Januar 1913), S. 13 ff.; Bd. 36 (Dezember 1913), S. 32 ff. — Mougili, La législation italienne des sociétés coopératives, 1883. — Mabilleau, Raynéry et Rocquigny, La prévoyance sociale en Italie, Paris 1898.

I. Die Kooperativgesellschaft erfreut sich in Italien einer starken wirtschaftlichen Bedeutung. Ihre Rechtsgrundlage ist mit Wirkung vom 1. Januar 1883 ab im Handelsgesetzbuch Art. 219—229 geordnet. Diese Rechtsgrundlage ist an sich nur auf die damals fast noch allein bestehenden Kreditgenossenschaften zugeschnitten, hat sich aber elastisch genug gezeigt, auch die später stark gepflegten anderen Arten zu decken. Das ist wohl vor allem dem Umstande zu danken, daß das Handelsgesetzbuch, ähnlich wie das französische Gesetz von 1867, an das man sich oft erinnert fühlt, davon absieht, eine spezielle Rechtsform ins Leben zu rufen, woneben noch die Tatsache von Bedeutung sein dürfte, daß die juristische Theorie stark von Deutschland her beeinflußt wird. So ist dem Italiener die deutsche Scheidung zwischen Personal- und Kapitalgesellschaft mit dem Unterschied der persönlichen Haftung der Mitglieder und der Haftung nur mit der Einlage gegeben (Vivante, § 340). Ebenso erkennt er, anders als der Franzose, der immer wieder auf das „ursprüngliche", d. h. das in Aktien zerlegte aktienrechtliche Stammkapital zurückkommt, daß mit diesem Begriff bei der Genossenschaft nicht gearbeitet werden kann (Vivante, §§ 641 ff.). Allerdings wird sich zeigen, daß auch der Italiener die sich aus diesen Obersätzen ergebenden Folgerungen nicht in vollem Umfange zieht.

Zunächst begegnet uns in Hinblick auf Art. 76 Abs. 1 wie in Frankreich der Unterschied zwischen solchen Genossenschaften, die keine objektiven Handelsgeschäfte treiben und daher als bürgerliche Gesellschaft auftreten, gegenüber den solche Handelsgeschäfte betreibenden und daher Handelsgesellschaften darstellenden Genossenschaften.

Was aber eine Genossenschaft sei, sagt uns das Gesetz nicht. Entscheidend ist also wie in Frankreich das wirtschaftliche Auftreten der Vereinigung, und deshalb sind „Genossenschaften" nicht nur die zahlreichen rein tatsächlichen Arbeits-, Produktions- und Konsumtionsgemeinschaften ohne feste Organisation[1], als auch die zahlreichen Viehzuchtvereine und -syndikate ohne eigentliches Vermögen[2], welche beiden Gruppen als rein bürgerliche Sozietäten konstituiert sind. Nicht minder sind echte Genossenschaften die von Dr. Wollemborg verbreiteten Raiffeisenschen Genossenschaften, die sich ohne eigentliches Gesellschaftskapital konstituieren und das Gesellschaftsvermögen erst durch Ausschluß der Gewinnverteilung bilden, und im übrigen auf dem Grundsatz der unbeschränkten Haftung beruhen; sie sind genau so gut Genossenschaft, wie die Luzzatischen Volksbanken, die auf einem nach deutschem Muster durch Einzahlungen der Mitglieder gebildeten „eigenen" Vermögen und der beschränkten Haftpflicht beruhen. Genossenschaften, società cooperative, sind sie alle, solange sie wirtschaftlich als solche angesprochen werden können. Juristisch ist nur die Frage, in welche Rechtsform sie sich kleiden sollen oder können. Und hier greift denn das Handelsgesetzbuch ein: nach Art. 219 untersteht die Genossenschaft außer den für sie erlassenen Spezialbestimmungen (insbesondere der Art. 220—228) den Bestimmungen, die in Art. 76 die Formen der Gesellschaften angeben, deren Charakter die Genossenschaften annehmen.

In diesem Art. 76 ist aber die Rede von den überall wiederkehrenden ausgesprochenen Handelsgesellschaften, nämlich der Kollektiv-, der Kommandit- und der Aktiengesellschaft. Danach bezieht sich Art. 219 auf

[1] Die Gruppe der Arbeitsgenossenschaften ist später staatlich stark propagiert worden und hat darüber auch eine straffere Organisation erlangt, so daß sie nicht nur im Kleinverkehr (die Genossenschaften der Gepäckträger auf den Bahnhöfen in Mailand und Genua!), sondern auch als Großunternehmer auftreten (z. B. beim Bau von Straßen, Brücken, Eisenbahnen), seitdem der Zusammenschluß zu Konsortien zugelassen wurde. Die Pachtgenossenschaften der Emilia und Siziliens treten dagegen oft noch in der alten, losen Organisation auf; hier handelt es sich um einfache Kollektivpacht als Gegengewicht gegen die kapitalistische Pächterwirtschaft (anders bei der serbischen Zadrouga, die eine ursprüngliche Haus- und Arbeitsgenossenschaft darstellt).

[2] Vgl. die Übersicht über deren Tätigkeit in Internat. Agrarökon. Rundschau, Bd. 26, S. 13 ff.

diejenigen Genossenschaften, die selbst Handelsgesellschaften sind; nach Art. 77 Abs. 3 sind diese in den Formen des Handelsrechts errichteten Vereinigungen juristische Person. Das will sagen: eine Genossenschaft, die Handelsgeschäfte betreibt, kann sich nur konstituieren in einer jener Formen des Art. 76. Hier aber ist dann entscheidend die gewählte Haftung: sehen wir von den Mischformen ab, so ist bei unbeschränkter Haftung die Form der Kollektiv-, bei „beschränkter" Haftung die der Aktiengesellschaft gegeben. Daß die aktienmäßige „Haftung" nur mit der Einlage etwas ganz anderes ist, als die auf einen bestimmten Betrag limitierte Haftung gegenüber dem Gläubiger, stört den Gesetzgeber ebensowenig wie in Frankreich[1]. Einzig ist in Italien die Situation wesentlich klarer als dort.

Nun liegt dem Italiener das Wesen der Kooperativgesellschaft ganz ebenso wie dem Franzosen außer in dem gemeinschaftlichen Tätigwerden zur Erreichung irgend eines Zwecks in der durch die Einzahlungen und den Wechsel der Mitglieder bedingten Veränderlichkeit des Kapitals (Preyer, S. 10 Note 2 und die hier Zit., S. 56 ff.). Damit wird in die nur auf der Haftung beruhende Unterscheidung der Handelsgesellschaften des Art. 76 ein Novum hineingetragen: die Genossenschaft ist keine dieser Gesellschaftsarten, sondern diese geben nur die Form, in die sich die Genossenschaft kleidet; denn die „Einlage" oder „Aktie"

---

[1] Vivante, § 712, geht sogar soweit, die handelsrechtliche Scheidung der Gesellschaften nach der Haftungsart auch auf die bürgerlichen Sozietäten anzuwenden; deshalb ist ihm die mit unbeschränkter Haftung oder per azioni auftretende soc. coop. stets juristische Person. — Nach Vivante, § 639, und Preyer, S. 13, soll im Zweifel stets unbeschränkte Haftung stattfinden, und das ist wohl auch der Grund für die Ansicht von Crüger, Die Genossenschaft in den einzelnen Ländern, S. 289, daß die soc. coop. der Kollektivgesellschaft nahe stehe. Bei Rousseau, Les soc. comm. françaises et étrangères findet sich sogar ein Art. 76 Abs. 4 abgedruckt, in dem der Vivantesche Satz stehen soll. In den von mir eingesehenen italienischen Texten des C. comm. habe ich einen Absatz 4 des Art. 76 aber überhaupt nicht gefunden, geschweige denn einen solchen des fraglichen Inhalts; existierte er, so hätte ihn Vivante vermutlich sicher zitiert. Notwendig ist er jedenfalls nicht; praktisch ist auch die Form der Kollektivgesellschaft lange nicht so verbreitet, wie die der Aktiengesellschaft. Die Unterscheidung des Art. 219 nach der Haftungsart gewinnt ihre volle Bedeutung allerdings erst durch die im Text alsbald zu erwähnende Berücksichtigung der Veränderlichkeit des Kapitals, durch die letzten Endes erst die Sonderbarkeit einer Aktiengesellschaft mit unbeschränkter, oder einer Kollektivgesellschaft mit beschränkter Haftpflicht vollkommen ausgemerzt wird.

ist bei ihr etwas ganz anderes als dort. Die italienische Theorie hat deshalb nicht ganz unrecht, wenn sie [1] eine weitere Einteilung der Handelsgesellschaften nach der Veränderlichkeit des Kapitals postuliert, und zu den Gesellschaften mit veränderlichem Kapital die Versicherungsvereine auf Gegenseitigkeit und Genossenschaften rechnet (Vivante, § 339). Damit gewinnt man aber einen juristisch-technischen Begriff der soc. coop., worunter eben diejenigen Genossenschaften fallen, die dem Art. 219 C. comm. unterstehen [2], also ein nicht dem Betrage nach feststehendes Kapital haben und sich unter sich wieder nach dem Umfang der Haftung unterscheiden. Das Gesetz bringt diesen grundsätzlichen Unterschied der soc. coop. im Sinne des Art. 219 von den Gesellschaften des Art. 76 dadurch zum äußerlichen Ausdruck, daß sich die soc. coop. im Gründungsakt, sowie allen von ihr ausgehenden oder auf sie Bezug habenden Schriftstücken als solche bezeichnen muß [3] (Art. 221 Abs. 4, 103).

Infolge der Unterstellung der Genossenschaften unter die Formen des C. comm. drücken die „Anteile" oder „Aktien" wie bei den Handelsgesellschaften äußerlich und zunächst eine ideelle Quote am Gesellschaftsvermögen aus. Aber dieses Vermögen schwankt ja der Höhe nach, und der Genosse soll auch gar nicht mit einer solchen ideellen Quote am Gesellschaftsvermögen teilnehmen, sondern er soll ähnlich wie nach deutschem Recht für die Dauer der Mitgliedschaft mit Einlagen „beteiligt" sein, handelt es sich doch um eine Personalgesellschaft. Aber während der Franzose hieraus die Folgerung zu ziehen weiß und demgemäß für seine soc. a cap. variable nur ein Mindestkapital im Gesellschaftsvertrag festsetzen läßt, ist dem Italiener die Festsetzung eines Höchst- oder Mindestkapitals fremd; er behilft sich, indem er neben das nominelle, d. h. das im Gesellschaftsvertrag

[1] Es ist indessen anzuerkennen, daß auch die französische Theorie diesen Unterschied zu machen weiß und ihn mitunter sogar für die Gesetzessprache postuliert.

[2] Die erwähnten Wollemborgschen Genossenschaften würden dann nicht unter diesen technischen Begriff fallen, wie man ja auch bei uns in Deutschland den Raiffeisenkassen die Anwendbarkeit der Formen des Genossenschaftsgesetzes bestritten hat; die Folge ist, daß man sich auch in Italien mit kleinsten Anteilen behilft, etwa von 1 Lire mit Einzahlungen von 5 Cent. monatlich oder jährlich.

[3] Praktisch ist das vielfach zwar dasselbe, als wenn diese Bezeichnung in der Firma enthalten sei. Aber mindestens juristisch ist doch ein Unterschied, was Crüger a. a. O. zu übersehen scheint.

bezeichnete Gesellschaftskapital ein tatsächliches Genossenschaftsvermögen treten läßt, das sich aus der Zahl der gezeichneten Anteile mal deren Nominalbetrag berechnet (Vivante § 641). Die Aktie oder der Anteil ist also ein echtes Vermögensrecht und deshalb dem Eingriff der Gläubiger des Genossen ausgesetzt[1]. Tatsächlich indessen kommt die Aktie auf eine Beteiligungspflicht nach deutschem Muster hinaus.

Es ist vielleicht der schwerste Mangel des Gesetzes, daß es hier versagt. Der Unterschied zwischen nominellem und tatsächlichem Vermögen, zwischen juristischer und tatsächlicher Bedeutung des Anteils ist nur überbrückt, nicht überwunden: das Gesetz beschränkt sich darauf, eine Reihe von Vorschriften des Aktienrechts für unanwendbar zu erklären, so hinsichtlich der Verpflichtung des Art. 131 (Vollzeichnung und Einzahlung von drei Zehnteln des Kapitals, Verbot der Ausgabe neuer Aktien vor Volleinzahlung der alten) und des Art. 146, wonach bei Verlust von einem Drittel des Kapitals die Generalversammlung zu berufen ist; das Statut kann Ausnahmen von den Bestimmungen des Art. 140 (Verbot des Erwerbs eigener Aktien durch die Aktiengesellschaften und der Gewährung von Vorschüssen auf die Aktien) und Art. 165 Z. 3 (Formvorschriften für die Ausstellung von Aktien) treffen (Art. 222).

Aber auch mit den keine Handelsgesellschaften darstellenden Genossenschaften beschäftigt sich das Handelsgesetzbuch, trotzdem sie an sich reine bürgerliche Gesellschaften sind: sie unterstehen in demselben Augenblick dem Handelsgesetzbuch[2], in dem sie die Aktienform wählen

---

[1] Daher bedurfte es einer ausdrücklichen dahingehenden Bestimmung, daß die Aktien nicht ohne Zustimmung der Generalversammlung übertragen und damit auch gepfändet und verpfändet werden können (Art. 224), um die Aktien der Genossenschaft als Kreditunterlage zu sichern, wozu allerdings wohl noch das Statut den Erwerb eigener Aktien durch die Genossenschaft wird vorsehen müssen (Art. 222). Praktisch sucht man diese, bei uns als Aufrechnung der Genossenschaft mit ihren Ansprüchen aus der laufenden Geschäftsverbindung gegenüber dem Auseinandersetzungsguthaben übliche Sicherheit durch eine statutarische Haftung der Aktien für die Schulden des Genossen an die Genossenschaft zu schaffen. Es ist aber zweifelhaft, ob damit ein ähnliches Vorzugsrecht wie bei uns möglich ist (Preyer, S. 61).

[2] Mit Ausnahme der Bestimmungen über den Konkurs und die Zuständigkeit. Hierzu ist zu bemerken, daß seit 1883 in Italien wie in Frankreich das Verfahren vor den Handelsgerichten wesentlich vereinfacht ist (seit 1901 ist aber auch das bürgerliche Gerichtsverfahren verbessert, so daß nicht mehr viele Unterschiede bestehen), und daß wie dort ein Konkursverfahren (Art. 683 ff. C. comm.) nur bei

(Art. 229), d. h. Anteile zeichnen lassen. Da nun die Zeichnung von Anteilen die überwältigende Regel ist, unterstehen die meisten Genossenschaften den Art. 219—228. Für das bürgerliche Gesellschaftsrecht bleiben fast nur die zahlreichen Zweckgemeinschaften ad hoc übrig, die im Grunde genommen ja auch nur Gelegenheitsgesellschaften sind, während die Kooperativgesellschaft von einiger Dauer sein muß. Da überdies die Form der Aktiengesellschaft überwiegt, ist im folgenden auf diese fast ausschließlich Rücksicht genommen.

II. Die Errichtung der Genossenschaft steht unter den speziellen Bestimmungen, die für die jeweilig maßgebende Gesellschaftsform gegeben sind. Nach Art. 86 Abs. 2 ist der Errichtungsakt stets öffentlich; der Gründungsakt muß (und zwar auch wenn die Form der offenen Handels- oder Kommanditgesellschaft gewählt ist) stets angeben (Art. 229):

a) die Bedingungen, unter denen neue Mitglieder zugelassen werden, sowie diejenigen, unter denen der Austritt oder der Ausschluß von Mitgliedern stehen;
b) Art und Zeit der Leistung ihrer Einlage seitens neuer Mitglieder;
c) die Form der Berufung der Generalversammlung, sowie die Bezeichnung der Blätter, in denen die Genossenschaft Gesellschaftsakte veröffentlicht werden sollen.

In jedem Falle untersteht die Genossenschaft den Vorschriften des Aktienrechts hinsichtlich der Veröffentlichung des Gründungsakts und dessen späteren Änderungen, sowie hinsichtlich der Verpflichtungen und Verantwortlichkeit des Vorstands; schließlich über Generalversammlung, Bilanz, Aufsichtsamt und Liquidation, zu letzteren Punkten mit den Vorbehalt, daß nicht im Gesetz oder Statut ein anderes bestimmt ist [1] (Art. 220).

Kaufleuten stattfindet. Art. 42 des Ges. vom 24. Mai 1903, das Bestimmungen über den Präventivakkord und das Verfahren bei kleinen Konkursen enthält, nimmt Kaufleute, deren Schulden nicht mehr als 5000 Lire betragen, von den Bestimmungen des Art. 683 ff. C. comm. aus.

[1] Nach Crüger a. a. O. soll die Organisation die gleiche wie in Deutschland sein; für alle Genossenschaftsarten zwingend ist aber nur, daß ein Geschäftsführer da sein oder über die Geschäftsführung Bestimmung getroffen sein muß. Anders bei der Form der Aktiengesellschaft; unten IV.

Danach ist bei der Errichtung einer Genossenschaft zu beachten:

1. Der Gründungsakt ist öffentlich (Art. 87). Sein Mindestinhalt ist (Art. 88):
   a) Name und Sitz der Genossenschaft,
   b) Art und Umfang der Geschäfte, durch die der gemeinsame Zweck erreicht werden soll,
   c) der Betrag des gezeichneten und des eingezahlten, bei der Form der Aktiengesellschaft nach Art. 131 auch des nominellen Gesellschaftskapitals,
   d) Name und Wohnung der Gesellschafter oder Nummer und Nennwert der Aktie, sowie Höhe und Verfallzeit der Einzahlungen,
   e) die Bedingungen für den Ein- und Austritt der Mitglieder, sowie die Einzahlungspflicht neuer Mitglieder,
   f) Bestimmungen über die Aufstellung von Bilanzen, sowie die Berechnung und Verteilung von Gewinn und Verlust,
   g) Zahl und Stellung der Vorstandsmitglieder,
   h) ob ein Aufsichtsrat da sein soll und wie er sich zusammensetzt,
   i) Form der Berufung und Umfang der Befugnisse der Generalversammlung, sowie die Bezeichnung der Blätter für die Bekanntmachungen der Genossenschaft.
2. Der Gründungsakt und das Statut sind durch den protokollierenden Notar und den Vorstand binnen zwei Wochen dem Gerichtsschreiber des Handelsgerichts einzureichen; das Handelsgericht prüft den Akt und ordnet dann die kostenfreie (Art. 221 Abs. 1) Eintragung ins Handelsregister und einen 14 tägigen auszugsweisen Aushang an (Art. 90). Außerdem muß der Auszug durch den Vorstand der Genossenschaft binnen Monatsfrist in dem Amtsblatt des Handelsgerichts und in dem von der Genossenschaft in Aussicht genommenen Blatt veröffentlicht werden (Art. 91—94). Erst nach Erledigung dieser Formalitäten gilt die Genossenschaft als errichtet (Art. 95).

In der Folge bedarf jede Änderung der Firma, des Sitzes und des Gegenstandes des Unternehmens, die vorzeitige Auflösung oder Verlängerung der in Aussicht genommenen Lebensdauer der Genossenschaft ähnlicher Formalitäten (Art. 95—99).

III. Die Rechtsverhältnisse der Mitglieder bestimmen sich zunächst nach Aktienrecht, doch sind eine Reihe erleichternder Bestimmungen gegeben, wodurch man der Natur der Genossenschaft als Personalgesellschaft gerecht zu werden gedenkt. Indessen fällt auf, daß trotzdem eine Mindestanzahl der Mitglieder nicht erforderlich ist, Ausgangspunkt ist das Kapital, das in meist gleiche Aktien zerfällt. Aber wie bereits oben unter I gesagt wurde, ist dieses Kapital nur dem Namen nach das einer Aktiengesellschaft und die Angabe seiner Höhe im Gesellschaftsvertrag (Art. 131) hat nur nominelle Bedeutung. Tatsächlich handelt es sich um das Kapital einer soc. coopérative, das infolge des Wechsels der Mitglieder und der Notwendigkeit des Besitzes von Aktien in ständiger Bewegung ist. Und nur auf dieses tatsächliche „Genossenschaftskapital" kommt es an, das sich, wie gesagt, aus der Anzahl der gezeichneten Anteile mal deren Nominalbetrag berechnet, so daß die Aktie auch nicht eine ideelle Quote am Gesellschaftsvermögen mehr darstellt, sondern das Einheitmaß der Beteiligung. Die Aktien sind auf den Namen ausgestellt und dürfen auf höchstens 100 Lire lauten. Vor der nach Maßgabe der statutarischen Bestimmungen über die Einzahlungspflicht erfolgten Volleinzahlung ist die Abtretung der Aktien nicht zulässig; außerdem muß sie, und zwar je nach Regelung durch das Statut, vom Aufsichtsrat oder der Generalversammlung genehmigt werden (Art. 224). Kein Mitglied darf mit mehr als nominell 5000 Lire beteiligt sein. In der Regel sind die Aktien auf einen ganz kleinen Betrag gestellt; ein größerer Aktienbesitz ist selten. Es fehlt auch jeder Anreiz dazu, da kein Genosse in der Generalversammlung mehr als eine Stimme besitzt, gleichgültig, wieviel Aktien er in seiner Hand vereinigt (Art. 225 Abs. 2), und die Verteilung des Gewinnes in der Regel nach Maßgabe der Benutzung der gemeinschaftlichen Einrichtungen erfolgt.

Der von Register- und Stempelabgaben befreite (Art. 228) Gründungsakt muß die Namen und den Wohnort der ersten Mitglieder angeben; nach Art. 223 hat der Vorstand — wie in Belgien — eine Liste der Genossen zu führen, die Aufschluß gibt über Namen, Wohnort, Datum des Eintritts und des Ausscheidens der einzelnen Mitglieder, sowie ein Konto der von jedem eingezahlten oder zurückgezogenen Geldbeträge. Am Ende eines jeden Vierteljahrs hat der Vorstand ein Verzeichnis der unbeschränkt haftenden Mitglieder bei dem Gerichtsschreiber des Handelsgerichts einzureichen [1], das dort jedermann zur Einsicht aufliegt.

Ob neue Mitglieder zugelassen werden und unter welchen Bedingungen, bestimmt das Statut mit vollkommener Freiheit [2]. Es kann also Zugehörigkeit zu einer bestimmten Berufsklasse verlangt werden usw., andererseits braucht dem Neueintretenden nicht sofort gleiches Recht zugebilligt zu werden, man verlangt Eintrittsgeld, sie müssen sich vielfach — wie in Frankreich — zeitweise eine Beschränkung oder Ausschließung ihres Stimmrechts gefallen lassen usw. Aber wenn diese Bedingungen erfüllt sind, kann die Genossenschaft nicht den Erwerb und die Ausübung der Mitgliedschaft hindern; insbesondere ist sie nicht in der Lage zu erklären, wir haben jetzt genug Mitglieder. Der Italiener leitet diesen — in anderen Ländern kraft Gesetzes geltenden — Satz von der Nichtgeschlossenheit der Mitgliederzahl aus der Natur der Genossenschaft ab (Vivante, § 642), die Vorstellung einer „geschlossenen" Genossenschaft ist ihm unmöglich.

Der Eintritt neuer Mitglieder ist stets an ihre unterschriftliche Eintragung in der Liste der Genossen gebunden; zwei nicht dem Vorstand angehörende Mitglieder müssen die Unterschrift beglaubigen. Ist diese Form nicht eingehalten, so ist die Mitgliedschaft nicht entstanden.

Umgekehrt ist der Austritt nur zulässig, wenn ihn das Statut ausdrücklich vorsieht; im Zweifel soll er unzulässig sein. Er findet nur zu Ende des Geschäftsjahres statt unter Einhaltung einer mindestens dreimonatigen Kündigungsfrist. Die Form des Austritts ist entweder Eintragung in die Liste der Genossen oder gerichtliche Erklärung

[1] Dadurch wird die Veröffentlichung der in dem Wechsel der Gesellschafter liegenden Änderung des Gesellschaftsvertrags unnötig; doch ist bestritten, ob man dieser nur auf unbeschränkt haftende Genossen bezüglichen Bestimmung eine so weitgehende Auslegung geben darf; vgl. Preyer, S. 18 A. 1. Aber anderenfalls enthielte das Gesetz eine gewisse Inkonsequenz.

[2] Diese Bedingungen gelten auch für den Fall des Erwerbs von Aktien von einem Mitglied, so daß dieser Übertragung des Aktienbesitzes damit gleichzeitig Schranken gesetzt sind. Aktionär kann aber nur ein Mitglied der Genossenschaft sein. Der Erbe eines Aktionärs muß daher erst die Mitgliedschaft erwerben. Stehen diesem Erwerb der Mitgliedschaft durch die Erben die Statuten entgegen, so ist dem Erben die Aktie von der Genossenschaft abzukaufen (unten S. 133), wenn nicht etwa das Statut den Tod eines Mitgliedes als Grund für das Erlöschen der Mitgliedschaft vorsieht. Letztenfalls wären dann dem Erben die Einlagen herauszuzahlen.

(Art. 226 Abs. 2). Daneben ist natürlich das Ausscheiden durch Übertragung des Aktienbesitzes möglich; sie ist gemäß Art. 140, 223 in der Liste der Genossen zu wahren, und zwar kommt dieser Wahrung des Ausscheidens konstitutive Bedeutung zu. Schließlich ist jederzeit mit sofortiger Wirksamkeit der Ausschluß von Mitgliedern zulässig (Art. 226 Abs. 3, 187); die Gründe müssen statutarisch festgestellt sein, da das Gesetz solche nur bei offenen Handels- und der Kommandit-, nicht aber bei den Aktiengesellschaften kennt (Art. 186). Aber auch der Ausschluß ist in die Liste der Genossen einzutragen. Der Ausgeschiedene bleibt in jedem Fall für die bis zum Inkrafttreten seines Ausscheidens — d. h. bei Austritt der Schluß des Geschäftsjahrs, bei Übertragung des Aktienbesitzes [1] dem Eintrag in die Liste der Genossen, bei Ausschluß der Tag desselben — abgeschlossenen Geschäften Dritter zwei Jahre haftbar (Art. 227).

Der Ausgetretene oder Ausgeschlossene hat Anspruch auf Auszahlung seines Guthabens. Doch ist es vielfach üblich, diese pekuniären Ansprüche zu beschneiden; im Falle des Ausschlusses erhält der Ausgeschiedene sogar meist gar nichts. Soweit eine Auseinandersetzung stattfindet, muß der freiwillig Ausscheidende hierbei die Genehmigung der Bilanz für den betreffenden Jahresschluß abwarten, da er für alle bis dahin eingegangenen Geschäfte einzustehen hat. Der Ausgeschlossene dagegen muß nur die Abwicklung der am Tage des Ausschlusses schwebenden Geschäfte abwarten, da ihn ein sich dabei ergebender Verlust berührt (Art. 187); die Genehmigung der Jahresbilanz braucht er dagegen nicht abzuwarten, wenn diese Geschäfte vorher abgewickelt sind, wie er ja auch infolge der sofortigen Wirksamkeit der Ausschließung nicht mehr am Gewinn aus diesen Geschäften teilnimmt [2].

Wie der Gründungsakt, so ist dessen Fortsetzung, der Ein- und Austritt der Mitglieder, von Gebühren und Stempel befreit (Art. 228).

[1] Entgegen dem ausdrücklichen Wortlaut des Art. 227 behauptet Preyer, S. 24, in diesem Falle finde keine Haftung statt. Der von ihm erwähnte Fall der Abtretung vor erfolgten Volleinzahlung ist nach Art. 224 Abs. 2 unmöglich; damit entfällt auch seine Unterscheidung.

[2] Die Darstellung bei Preyer, S. 18 und 19, ist hier nicht ganz klar. So wird gesagt, der freiwillig Ausgeschiedene sei vom Augenblick des Austritts an nicht mehr an den Geschäften beteiligt, nachdem einige Absätze vorher das Gegenteil gesagt ist, und der Ausgeschlossene sei bis zum Jahresschluß mit dem Geschicke der Genossenschaft verknüpft.

Die Rechte der Mitglieder bestehen in der Teilnahme an den gemeinschaftlichen Einrichtungen nach Maßgabe des Statuts, und am Leben in der Genossenschaft; die Pflichten in der Leistung der statutarischen Einzahlungen und der Haftung für die Schulden der Genossenschaft.

IV. Die Organisation ist die der Aktiengesellschaft, doch finden sich auch hier einige Abweichungen.

1. Der Vorstand besteht aus einer oder mehreren Personen (Art. 140), die Mitglieder der Genossenschaft sein müssen (Art. 221 Abs. 2). Die Mitglieder des Vorstands sind der Genossenschaft und den Gläubigern persönlich und solidarisch haftbar (Art. 146 ff.). Die Bestellung erfolgt durch die Generalversammlung (Art. 153). Näheres über ihre Stellung enthält das Statut (Art. 221), insbesondere können sie von der Verpflichtung zur Kautionsstellung (Art. 112) befreit werden. Ein Wechsel in der Zusammensetzung des Vorstandes bedarf der Eintragung in das Handelsregister (Art. 138, 221).

2. Ein Aufsichtsrat ist nicht obligatorisch; ebensowenig sind die für den Aufsichtsrat bei der Aktiengesellschaft (Art. 182 ff.) gegebenen Vorschriften zwingend einzuhalten, wenn ein Aufsichtsrat eingesetzt wird. Die Mitglieder des Aufsichtsrats führen im Zweifel ihre Geschäfte als Mandatare (Art. 184).

3. Die Generalversammlung besteht aus der Gesamtheit der Genossen, deren jeder hier eine Stimme führt (Art. 225 Abs. 2), sofern es sich nicht etwa um später eingetretene Mitglieder handelt, deren Stimmrecht durch das Statut beschränkt ist (vgl. oben S. 130). Auch hier besitzt das Statut volle Gestaltungsfreiheit, insbesondere hinsichtlich der Form der Berufung und der Beschlußfassung; die für die Aktiengesellschaft gegebenen Vorschriften können durch das Statut abgeändert werden. Im Zweifel versammelt sie sich regelmäßig innerhalb der drei ersten Monate eines neuen Geschäftsjahres (Art. 153). Die Berufung erfolgt durch den Vorstand; sie muß binnen Monatsfrist erfolgen, wenn es eine Minderheit verlangt, die den fünften Teil des Kapitals darstellt (Art. 158). Das Stimmrecht soll in Person ausgeübt werden, es ist Vertretung nur in den statutarisch oder gesetzlich vorgesehenen Fällen der Verhinderung, und ist nur durch Genossen zulässig (Art. 225). Niemand darf mehr als ein Mitglied vertreten. Vorstandsmitglieder haben überhaupt kein Vertretungsrecht (Art. 159

Abs. 2); ihr Stimmrecht ist ausgeschlossen bei Genehmigung der Bilanz und bei Fragen, die ihre Haftbarkeit betreffen. Eine Majorität von drei Vierteln des Gesellschaftskapitals ist im Zweifel erforderlich (Art. 157) bei vorzeitiger Auflösung, Vertagung der vereinbarten Dauer, Fusion, Änderung des Gegenstands des Unternehmens und allen sonstigen Änderungen des Gesellschaftsvertrags.

Eine Anfechtung der Beschlüsse der Generalversammlung ist nicht möglich, es kann nur wie in Frankreich die responsabilité der Geschäftsführer usw. geltend gemacht werden, eventuell die Nichtigkeit wegen Verletzung etwaiger Formvorschriften (Publikation).

4. Daneben sind sonstige Organe denkbar. — Die Anstellung von Beamten usw. erfolgt im Zweifel durch den Vorstand (Art. 142).

V. Das Genossenschaftsvermögen zerfällt in Aktien, deren Einzahlung nach und nach geschehen kann und die nicht vollständig gezeichnet zu sein brauchen. Sacheinlagen sind zulässig. Die Genossenschaft kann kraft statutarischen Vorbehalts ihre eigenen Aktien erwerben. Mit Rücksicht auf den Ab- und Zugang von Mitgliedern und die dadurch bedingte Möglichkeit einer Verschiebung der ursprünglichen Höhe des Kapitals[1] können die Bestimmungen des Aktienrechts keine Anwendung finden, wonach die Änderung des Kapitals eine Änderung des Gesellschaftsvertrags bedingt und demgemäß an dieselben Erfordernisse geknüpft wären, wie die Errichtung der Genossenschaft. Deshalb können auch neue Aktien vor Volleinzahlung der alten ausgegeben werden (Art. 222 und 217). Ebensowenig finden die Vorschriften Anwendung, wonach ein „Verlust" des Kapitals in bestimmter Höhe (Art. 146) gewisse Folgen nach sich zieht. Soweit das Statut keine Vorsorge trifft, bildet lediglich die Bestimmung des Art. 189 Z. 5 eine Schranke, wonach der Verlust des ganzen Vermögens die Auflösung der Genossenschaft nach sich zieht. Regelmäßig ist aber eine gewisse Höhe des Vermögens vorgesehen, die Voraussetzung für den

[1] Nach dem Gesetz müssen alle Mitglieder mit Aktien beteiligt sein. Wie aus dem Text hervorgeht, kann der Neubeitretende entweder eine schon vorhandene Aktie von einem Mitglied oder der Genossenschaft erwerben, oder es muß für ihn eine neue Aktie ausgegeben werden. In einem wie im anderen Fall ist die Festsetzung eines Kurses nötig. Solche Kursfestsetzungen erfolgen durch die Vorstände binnen kurzer Zwischenräume. Entscheidend ist dabei meist der Stand des Reservefonds, indem man je nach dessen Höhe ein Agio bildet, das dem Reservefonds zufließt.

Beginn der Tätigkeit der Genossenschaft ist, aber deren Verlust die Auflösung oder Sanierung der Genossenschaft bedingt.

Die Bildung eines Reservefonds ist nicht vorgeschrieben, doch ist sie die Regel, und zwar wird vielfach ein Gewinn nicht ausgeschüttet, bevor er nicht eine gewisse Höhe erreicht hat. An den Reservefonds hat der ausscheidende Genosse keine Rechte, was das Statut der Genossenschaften nochmals ausdrücklich zu bestätigen pflegt.

In Ermangelung eines entgegenstehenden Verbots kann die Genossenschaft Obligationen bis zur Höhe des eingezahlten Kapitals nach Maßgabe der letzten Bilanz ausgeben (Art. 170).

VI. Als Handelsgesellschaft ist die Genossenschaft zur Führung von Büchern verpflichtet, die dem Vorstand obliegt (Art. 139). Im Zweifel ist alljährlich Bilanz aufzumachen, die dem etwa vorhandenen Aufsichtsrat spätestens einen Monat vor der Generalversammlung zu unterbreiten ist (Art. 175); sie soll die Höhe des tatsächlich vorhandenen Gesellschaftsvermögens, sowie der geleisteten und noch geschuldeten Einlagen erkennen lassen. Sie soll während zweier Wochen vor der Generalversammlung in den Geschäftsräumen der Genossenschaft zur Einsicht der Beteiligten in Abschrift offen liegen (Art. 178). Dividende darf nur aus dem bilanzmäßig ausgewiesenen Gewinn verteilt werden (Art. 180); eine Verpflichtung zur Rückzahlung unrechtmäßig empfangener Dividende besteht aber nicht, hier tritt einzig die Haftbarkeit der Verwaltung ein — eine mindestens zweischneidige Bestimmung. Kreditgenossenschaften müssen außer dieser Jahresbilanz allmonatlich dem Handelsgericht nach einem amtlichen Schema mindestens von einem Vorstands- oder Aufsichtsratsmitglied gezeichnete Geschäftsübersichten einreichen (Art. 176). Sie sollen gegenwärtig allerdings hinsichtlich ihrer Aufrichtigkeit viel zu wünschen lassen [1].

Der häufig vorkommende Geschäftsverkehr mit Nichtmitgliedern ist nirgends verboten [2], im Gegenteil spricht Art. 76 für eine solche Ermächtigung: Handelsgeschäfte sind das Charakteristikum der Handels-

---

[1] Credito e Cooperazione 1907 Nr. 15.

[2] Doch sorgen manche Steuergesetze und deren Auslegung dafür, daß ein Verkehr mit Nichtmitgliedern unterbleibt; so sind z. B. Konsumvereine durch das Gesetz vom 23. Januar 1902 von der Verbrauchsabgabe auf Lebensmittel, außer der auf Alkohol, Likör und Fleisch, befreit, wenn sie ohne eigentlichen Gewinn an ihre Mitglieder verkaufen (Näheres bei Corréard, Les sociétés coopératives de consomnation p. 149; Preyer, S. 40 und 48).

gesellschaften und bestehen eben, wie in Frankreich, in dem Geschäftsverkehr mit jedermann.

Ebensowenig sind den Genossenschaften bestimmte Geschäfte verboten; eine Ausnahme macht hier Art. 239 für Versicherungsvereine auf Gegenseitigkeit [1].

Die Verteilung von Gewinn und Verlust richtet sich nach dem Statut; doch ist zu beachten, daß die Mitglieder Aktionäre sind und daß sich daher in dem Betrag der Aktie ihre Teilnahme am Verlust erschöpft. Darüber hinaus können sie nur soweit von den Gläubigern persönlich angegriffen werden, als dies nach der Konstruktion der Genossenschaft möglich ist.

Eine Revision der Genossenschaften ist in Italien unbekannt, doch war die gesetzliche Einführung beabsichtigt. Dagegen unterstehen die Genossenschaften wie alle Vereine einer öffentlichen und strafrechtlichen Aufsicht, vermöge welcher bereits Auflösungen wegen Geheimbündelei vorgekommen sind [2], was bei der in Italien beliebten Verquickung von Genossenschaft und Politik nicht weiter verwunderlich ist. Dabei scheint allerdings mitunter nicht ganz einwandfrei vorgegangen worden zu sein [2]. Eine Staatsaufsicht besteht auch für die Arbeitsgenossenschaften seit dem Gesetz vom 17. März 1907, ferner in beschränktem Maße für die Genossenschaften, die von dem 1912 errichteten Landeskreditinstitut für Genossenschaften Gebrauch machen.

VII. Die Genossenschaft wird a u f g e l ö s t (Art. 189) durch Zeitablauf [3], Wegfall oder Unmöglichwerden des Gegenstands des Unternehmens, Erreichung des Zwecks, Konkurs über ihr Vermögen, gänzlicher Verlust des Kapitals, Beschluß der Generalversammlung, Fusion mit einer anderen Gesellschaft (sofern das Statut nichts Gegenteiliges bestimmt), ferner sonstige, im Statut vorgesehene Gründe.

An die Auflösung schließt sich außer im Konkursfall die Liquidation an. Diese steht sowohl allgemein (Art. 197) wie speziell für Genossenschaften (Art. 221 Abs. 3) unter dispositiven Vorschriften. Zwingend ist nur die Bestimmung des Art. 198, wonach die Tatsache der Liquidation

---

[1] Hierher gehört auch das in der vorigen Note erw. Ges. von 1902, das den Konsumvereinen den Verkauf alkoholischer Getränke verbietet; Corréard, S. 149.

[2] Vgl. den Bericht über den 6. Kongreß der Alliance coopérative internationale, 1904, S. 357.

[3] In diesem Fall kann eine Verlängerung nur durch Neuerrichtung stattfinden (Art. 190).

öffentlich bekannt zu machen ist und die Genossenschaft den Zusatz „in Liquidation" in ihren Kundgebungen gebrauchen muß. Die Ernennung der Liquidatoren erfolgt vorbehaltlich etwaiger statutarischer Bestimmungen durch eine mindestens drei Viertel des Kapitals vertretende Generalversammlung, und zwar, ebenso die Abberufung, mit einer Mehrheit, die die Hälfte des Kapitals vertritt. Andernfalls erfolgt die Ernennung durch das Gericht (Art. 210). Wenn nicht etwa der seitherige Vorstand zu Liquidatoren bestellt wird, hat er binnen Monatsfrist Rechnung zu legen, andernfalls geschieht dies mit der Schlußrechnung. Während der Liquidation gelten dieselben Vorschriften, wie bei bestehender Genossenschaft (Art. 198 Abs. 3). Erstreckt sich die Liquidation über das laufende Geschäftsjahr hinaus, so ist alljährlich (d. h. zum Schluß des üblichen Geschäftsjahrs) Bilanz aufzumachen (Art. 214). Die Liquidation findet ihr Ende mit der Schlußabrechnung und der Zuweisung des vorhandenen Vermögens nach Maßgabe der Beteiligung (Art. 214). Schlußabrechnung und Prüfungsbericht des Aufsichtsrats sind durch das Handelsgericht zu veröffentlichen; binnen Monatsfrist können dann die Mitglieder Einwendungen bei dem Gericht vorbringen, das kontradiktorisch mit Wirkung für und gegen alle Mitglieder entscheidet, vorbehaltlich des Rechtswegs (Art. 215). Werden Einwendungen nicht vorgebracht, so gilt die Schlußbilanz als genehmigt, und dem Liquidator ist damit Entlastung erteilt. Werden binnen zwei Monaten von der Veröffentlichung der Schlußabrechnung ab den Genossen zukommende Anteile nicht erhoben, so sind sie amtlich zugunsten des Berechtigten zu hinterlegen (Art. 217). Die Bücher der Genossenschaft werden nach beendeter Liquidation noch fünf Jahre aufbewahrt (Art. 218), jeder Interessent kann sie einsehen.

Der — bis zur Beendigung der Liquidation zulässige — Konkurs der Genossenschaft spielt sich in den allgemeinen Formen ab; Konkursgrund ist die Zahlungseinstellung (Art. 683). Das Verfahren richtet sich nicht gegen die Genossenschaft, sondern gegen den Vorstand oder die Liquidatoren (Art. 849). Ein Zwangsvergleich ist nicht ausgeschlossen, ohne daß indessen hierdurch die Genossenschaft wieder auflebte (Art. 189 Note 4).

Im Falle der Verletzung zwingender Formvorschriften (öffentlicher Akt der Errichtung und Veröffentlichung) kann jedes Mitglied auf Nichtigerklärung der Genossenschaft (bei nachträglichen Änderungen: des betreffenden Akts) antragen (Art. 98, 99), und zwar sowohl im Wege der Klage, wie der Einrede. Die Wirkung der Nichtigkeit geht bei beschränkter Haftpflicht auf Befreiung von den Verpflichtungen aus der Zeichnung der Anteile, sofern der Mangel nicht binnen drei Monaten durch Wiederholung des nichtigen Akts behoben ist, bei unbeschränkter Haftung auf Auflösung. Sie tritt im Augenblick der Geltendmachung ein. Doch kann bei unbeschränkter Haftpflicht die Nichtigkeit von Genossen gegen Dritte nicht geltend gemacht werden. Gründer, Vorstand und alle, die für die nichtige Genossenschaft handelnd auftreten, haften persönlich und solidarisch für die eingegangenen Verpflichtungen; der Vorstand haftet den Genossen auch aus der responsabilité auf den aus der Nichtigkeit entstehenden Schaden (Art. 146 Z. 5).

VIII. Die Entwicklung der Genossenschaft stand infolge des in Italien herrschenden Parlamentarismus durchaus unter dem Zeichen der staatlichen Förderung. Man zog es dabei vor, das elastische Grundgesetz nicht zu ändern, sondern je nach der herrschenden Richtung einzelne Genossenschaftsarten zu begünstigen und so etwaige Mängel auszugleichen. Diese Begünstigungen sind meist steuerlicher oder betriebstechnischer Natur (Bereitstellung von Mitteln oder Änderung von die Geschäftstätigkeit hindernden Bestimmungen, z. B. hinsichtlich der Arbeitsgenossenschaften) und enthalten materielles Genossenschaftsrecht nur insofern, als nur Genossenschaften bestimmter Qualitäten der gewährten Vorteile teilhaft werden. Grundlegende Bestimmungen des eigentlichen Genossenschaftsrechts ändert nur das Gesetz vom 7. Juli 1907, das Genossenschaften mit einem Kapital von maximal 30 000 Lire von verschiedenen Formalien befreit, wie der doppelten Veröffentlichung ihrer Akte, sofern sie Zweige der landwirtschaftlichen Tätigkeit betreiben, einschließlich der ländlichen Darlehns- und Sparkassen [1]

Eine allgemeine Vorzugsstellung in der Besteuerung besteht für die Registergebühr und die Stempelabgabe hinsichtlich des Gründungsakts,

[1] Näheres über die gesamte fördernde Staatstätigkeit findet sich bei Preyer, S. 28—37; wegen der Arbeitsgenossenschaften: Preyer, S. 28—37; Preyer, Arbeits- und Pachtgenossenschaften in Italien, 1913. Ergänzend sei noch verwiesen auf das Gesetz vom 23. Januar 1887 über den landwirtschaftlichen Kredit (Bull. cred. pop., 1909, p. 205), das Gesetz vom 27. Februar 1908 (Nr. 89) über Institute zum Bau von Arbeiterhäusern, den Erlaß vom 12. Februar 1911 (Mitteil. des Internat. Instituts zum Studium der Verhältnisse des Mittelstandes, 1912, S. 52), die Errichtung eines Landeskreditinstituts für die Genossenschaften im Juni 1913 (Internat. Agraröhon. Rundschau, Bd. 26, S. 32 ff.).

der Beurkundung des Ein- und Austritts der Genossen, sowie der Veröffentlichung des Gründungsakts und seiner späteren Änderungen, insofern hier schlechthin Befreiung waltet (Art 221, 228 C. comm.). Durch die Gesetze vom 20. Mai und 4. Juli 1897 werden den Genossenschaften mit einem Kapital bis zu 30 000 Lire alle Register- und Stempelsteuern für die ersten fünf Jahre erlassen; die erwähnten kleinen ländlichen Genossenschaften ist diese Frist auf zehn Jahre erstreckt worden. Daneben bestehen noch einige Befreiungen für einzelne speziellen Fälle [1].

[1] Wegen der Einzelheiten, sowie der sich hinsichtlich der Besteuerung der Genossenschaften überhaupt ergebenden Fragen vgl. die ausführliche Darstellung bei Preyer, S. 38—54.

Niederlande.

Literatur: Bondewijse, De cooperative vereeniging naar Nederl. recht (Diss.), Leyden 1892. — Polok, De wet tot regeling der coöperatieve vereeiningen, Groningen 1904. — Royaards, Wettelijke regeling der zoogenannde coöperatieve vereeiningen (Diss.), Utrecht 1875.

Das holländische Genossenschaftsrecht beruht zum Teil auf einem speziellen Gesetz vom 17. November 1876 (ergänzt durch Gesetz vom 7. Mai 1898 und geändert durch Gesetz vom 20. Januar 1896), zum Teil ziehen es die Genossenschaften vor, sich in die Form „loser Vereinigungen" ohne feste Organisation oder in diejenige von Aktiengesellschaften zu kleiden, für welche beiden letzteren Formen das Gesetz vom Jahre 1855 über die Vereinigungen maßgebend ist[1], für Aktiengesellschaften außerdem Art. 36—56 des Handelsgesetzbuches vom 1. Oktober 1838. Hier interessiert nur die erstere Form.

Das Gesetz läßt den Genossenschaften eine weitgehende Gestaltungsfreiheit; im Zweifel ist der Gesellschaftsvertrag maßgebend (Art. 1). Definiert wird die Genossenschaft als Vereinigung von (beliebig vielen) Personen, die den Zu- und Abgang von Mitgliedern zuläßt und die wirtschaftliche Förderung ihrer Mitglieder durch gemeinschaftlichen Betrieb ihres Gewerbes oder Handwerks zum Ziel hat, wobei das Statut den Geschäftsverkehr mit Nichtmitgliedern zulassen kann (Art. 2).

1. Die Errichtung verlangt notarielle Feststellung des Statuts (Art. 4), das bei Vermeidung der Nichtigkeit ergeben muß (Art. 7):

a) Firma — die vom Gegenstand des Unternehmens entlehnt sein und den Zusatz Genossenschaft (coöperatief) enthalten muß (Art. 2) — und Sitz der Genossenschaft;

[1] Die Form der losen Vereinigung wird namentlich von Raiffeisenkassen gewählt; deshalb ist es aber noch nicht richtig, wenn in der Deutschen landw. Genoss.-Presse, 1912, S. 197 behauptet wird, in Holland gebe es kein Genossenschaftsgesetz, die Raiffeisenkassen unterständen daher keinen gesetzlichen Bestimmungen. Richtig ist nur, daß man keine gesetzliche Revision kennt. — Der Staat gibt solchen Raiffeisenkassen, die sich in die Form des Gesetzes von 1876 kleiden, einen Zuschuß zu den Kosten der Errichtung.

b) Gegenstand des Unternehmens;
c) ausreichende Bezeichnung der Gründer nach Namen und Wohnort (für auswärts Wohnende ist ein am Sitz der Genossenschaft zu wählendes Domizil anzuführen);
d) inwieweit die Genossen für die Schulden der Genossenschaft haften. Die Haftung besteht nur gegenüber der Genossenschaft und kann beschränkt oder unbeschränkt sein. Im Zweifel ist letzteres der Fall (Art. 20, vgl. unten 4);
e) Geschäftsführung und deren Überwachung;
f) die Dauer der Genossenschaft (maximal 30 Jahre, eventuell verlängerbar) und den Beginn des Geschäftsjahrs;
g) die Bedingungen des Ein- und Austritts der Mitglieder.

Das Statut ist bei dem Gerichtsschreiber des Kantongerichts des Sitzes der Genossenschaft einzutragen, und im Amtsblatt (Nederlandsche Staatscurant) kostenlos zu veröffentlichen. Die Errichtung der Genossenschaft ist dann nebst dem Tag und der Nummer des Staatscurant in einem Lokalblatt am Sitz der Genossenschaft bekannt zu geben (Art. 5 Abs. 1 und 2). Von jetzt ab gilt die — mit juristischer Persönlichkeit ausgestattete — Genossenschaft Dritten gegenüber als errichtet; für vorher vorgenommene Rechtshandlungen haften die Geschäftsführer persönlich und solidarisch (ebenso, wenn die konstitutiven Akte infolge von Mängeln entfallen). In Zweifelsfällen ist der im Staatscurant bekannt gemachte Text des Gesellschaftsvertrags entscheidend (Art. 6). Die gleichen Vorschriften sind bei Statutenänderungen und der Verlängerung der vereinbarten Zeitdauer einzuhalten. Von der betreffenden Nummer des Staatscurant erhält das Kantonsgericht durch das Justizministerium ein Exemplar, in das jeder Interessent kostenlos Einsicht nehmen kann (Art. 5 Abs. 3—6).

2. Ein- und Austritt der Mitglieder vollziehen sich unter den Bedingungen des Statuts, das auch für die Ausgestaltung des mitgliedschaftlichen Verhältnisses im allgemeinen maßgebend ist. Doch bestimmt das Gesetz, daß die Genossenschaft — wie in Belgien — ein stempelfreies, vom Gericht gezeichnetes und paraphiertes Register [1]

[1] Das Register enthält: das Statut; eine ausreichende Bezeichnung der Mitglieder, der Geschäftsführer und Beauftragten; den Zeitpunkt der Zulassung, des Austritts und des Ausschlusses der Mitglieder; den Betrag der von jedem Mitglied gezeichneten und eventuell der erstatteten Einlagen; für auswärts wohnende Mitglieder das Domizil am Sitz der Genossenschaft. Die Einträge erfolgen

führen muß, in dem zur Erlangung der Wirksamkeit gegen Dritte Ein- und Austritt der Mitglieder unterschriftlich unter Datierung einzutragen sind, bei dem Austritt ist auch Unterschrift der Geschäftsführer erforderlich. Doch können Ein- und Austritt auch durch öffentlichen Akt erfolgen, von dem dann Abschrift zu dem Register zu nehmen ist. Das gleiche gilt für den Ausschluß, dessen Möglichkeit und Anwendungsfälle durch das Statut festzustellen sind. Wird der Eintrag in dem Register verweigert, so kann der Austritt kostenlos zu Protokoll des Kantonsgerichts erklärt werden; Abschrift des Protokolls ist dann den Geschäftsführern der Genossenschaft zuzustellen, die hiervon im Register Vermerkung zu machen haben (Art. 11—15). Im Zweifel ist das mitgliedschaftliche Verhältnis persönlich (Art. 8), d. h. nicht durch die Zeichnung von Geschäftsanteilen vermittelt.

3. Ebenso bestimmt das Statut die Organisation; notwendige Organe sind Vorstand und Generalversammlung. Der Vorstand kann aus beliebig viel Personen bestehen und muß von der Generalversammlung gewählt werden, im Zweifel aus der Zahl der Mitglieder. Die Bestellung ist jederzeit widerruflich. Der Vorstand vertritt die Genossenschaft (Art. 8 und 9). Binnen sechs Monaten nach Ablauf eines jeden Geschäftsjahrs muß er der Generalversammlung Rechenschaft legen, worauf die Mitglieder der Genossenschaft eventuell gerichtlich klagen können. Einen Monat nach erfolgter Genehmigung ist die Jahresrechnung bei dem Gerichtsschreiber des Kantonsgerichts zu allgemeiner kostenloser Einsicht- und Abschriftnahme zu deponieren (Art. 16). Auf Verlangen von einem Fünftel der Mitglieder müssen sonstige Generalversammlungen einberufen werden; wird dem Verlangen binnen 15 Tagen nicht entsprochen, so können die Mitglieder die Einberufung selbst bewerkstelligen (Art. 10). Der Vorstand macht sich durch Unterlassung der Führung des Registers und Verweigerung seiner kostenlosen Einsichtnahme, ferner durch Unterlassung der rechtzeitigen gerichtlichen Deponierung der Jahresrechnung strafbar. Keine Strafe tritt gegen die Mitglieder des Vorstands ein, die beweisen können, daß sie ihr Möglichstes getan haben, damit dem Gesetz Genüge geschehe (Art. 22).

4. Als Beendigungsgründe kennt das Gesetz (Art. 18) Zeitablauf, Auflösung durch Beschluß der Generalversammlung und

nicht wie in Belgien getrennt für jedes Mitglied, also kontenweise, sondern fortlaufend tageweise. Jedermann hat das Recht der Einsicht und Abschriftnahme, solange die Bureaus geöffnet sind, und zwar kostenlos.

Konkurseröffnung [1]. Konkursgrund ist die Zahlungseinstellung (Art. 17). Ergibt sich bei der — gerichtlichen oder außergerichtlichen — Abwicklung der vermögensrechtlichen Beziehungen, daß eine Überschuldung vorliegt, so sind zunächst die rückständigen Einzahlungen auf die Geschäftsanteile zu entrichten, eventuell haben die Mitglieder, einschließlich der im Jahr vor der Auflösung ausgeschiedenen, den Fehlbetrag — im Zweifel nach Köpfen — aufzubringen, und zwar bleibt jeder als Bürge für das Aufbringen des anderen verhaftet (Art. 19). Sieht das Statut vor, daß der Gewinn nicht nach Köpfen gleichmäßig verteilt wird (d. h. etwa nach Verhältnis der Einlagen), so kann die Verlustdeckung durch das Statut ganz oder auch nur teilweise nach demselben Verhältnis angeordnet werden. In diesem Fall ist es auch zulässig, die Haftung der Mitglieder auf einen bestimmten Betrag zu beschränken, der dem gewählten Verhältnis entspricht. Liegt dieser Fall vor, dann sind die im Jahr vor der Auflösung zurückgezahlten Einlagen der Genossenschaft zu erstatten (Art. 20). Mit den rückständigen Einzahlungen auf Geschäftsanteil ist an den Liquidator oder Verwalter ein zur Deckung der Verbindlichkeiten der Genossenschaft ausreichender Betrag einzuziehen, wobei auf den etwaigen Ausfall bei einzelnen Mitgliedern Rücksicht zu nehmen ist (Art. 19 letzter Satz).

Als Liquidator fungiert außer im Falle des Konkurses der seitherige Vorstand, sofern nicht das Statut ein anderes bestimmt. Während der Auseinandersetzung gilt die Genossenschaft als fortbestehend, soweit es der Zweck der Auseinandersetzung erfordert (Art. 21).

---

[1] Auf den Konkurs der Genossenschaft finden die Vorschriften des Handelsgesetzbuchs auch dann Anwendung, wenn sie keine Handelsgeschäfte zum Gegenstand hat, also Nichtkaufmann ist (Art. 17).

Skandinavische Länder.

Schweden, Norwegen und Dänemark haben vertraglich gewisse Grundsätze über die Berechtigung zum Handels- und Gewerbebetriebe festgelegt, die dann in Landesgesetzen ihre nähere Ausgestaltung und Fortbildung erfahren haben. Diese Gesetze sind auch für Kooperativgesellschaften wesentlich.

In **Norwegen**[1] bildet in Ermangelung eines jeden Spezialgesetzes dieses Firmengesetz (Fassung vom 16. Juli 1907) eine der Hauptgrundlagen, woneben die Gesetze vom 3. Juni 1874 (Buchführungspflicht) und 17. Mai 1890 (Eintragung im Handelsregister, Firma soll einen die Tätigkeit bezeichnenden Zusatz enthalten) zu beachten sind. Durch das Firmengesetz ist die Erwirkung einer Handelsberechtigung vorgeschrieben, auch wenn nur Erzeugnisse der Mitglieder vertrieben oder wenn nur an die Mitglieder abgesetzt wird. Mindestens ein Vorstandsmitglied muß volljährig und seit einem Jahr Einwohner des Reichs sein, außerdem entweder dauernd im Inland seinen Aufenthalt haben, drei Jahre kaufmännischer Angestellter gewesen sein oder ein Schulzeugnis vorweisen können, aus dem hervorgeht, daß er Buchführung gelernt hat. Es ist eine Eröffnungsbilanz und dann regelmäßig Jahresbilanz zu ziehen. Alles Nähere bestimmt das Statut, das allerdings nur zu oft recht dunkel und unklar sein soll, namentlich hinsichtlich der Frage der Haftung und des Austritts der Mitglieder.

Dänemark[1] läßt ebenfalls das Firmengesetz (Fassung vom 1. März 1889) eine Hauptgrundlage sein, woneben ein besonderes Gesetz für die dort dominierenden[2] Konsumvereine vom 23. Mai 1873 besteht.

Schweden hat die Kooperativgesellschaft 1885 gesetzlich geordnet; das sehr eingehende Gesetz ist 1895 revidiert worden und gilt heute in der Fassung vom 22. Juni 1911[3]. Es bezieht sich letzten Endes auf

[1] Mehrere Versuche, nähere Auskunft über das dortige Genossenschaftsrecht zu erhalten, waren vergeblich. In einem Fall wurde mir (noch im Juli 1914!) geantwortet, einem Deutschen müsse man diese Auskunft verweigern.

[2] Es gab 1913 dort 1364 Konsumvereine gegen 2417 im Deutschen Reich.

[3] Im folgenden sind nur die wichtigeren Gesichtspunkte hervorgehoben.

alle Vereinigungen, die die wirtschaftlichen Interessen der Mitglieder durch Entfaltung einer wirtschaftlichen Tätigkeit für sie zu fördern bestimmt sind, soweit nicht gesetzlich eine spezielle Ausnahme gemacht ist. Bei dieser weitgehenden Anwendungsmöglichkeit dient diese Rechtsform des Registrerade föreningar in fast einem Drittel aller Fälle dazu, sonstigen Vereinen den Besitz von Grundstücken zu vermitteln.

Das Gesetz beansprucht keine ausschließliche Geltung, läßt also auch nichteingetragene Genossenschaften zu. Doch sind diese nicht juristische Person, es besteht persönliche Haftung der handelnden Personen vor der Eintragung (§ 4). In weitgehendem Maße ist statutarische Freiheit vorbehalten, doch ist ein eingehender Mindestinhalt des Statuts vorgeschrieben (§ 7). Bei der Eintragung werden die Anforderungen des Firmengesetzes (1887) gewahrt (§§ 73 ff.).

Eine persönliche Haftung der **Mitglieder** findet im allgemeinen nicht statt, außer mit der Einlage. Das Gesetz begnügt sich damit, die Beteiligung auf Geschäftsanteile vorzuschreiben (§ 7 Ziff. 4). Darüber hinaus kann eine persönliche, dem Betrag nach genau zu bezeichnende Nachschußpflicht für den Konkursfall eingeführt werden (§§ 7, 65 ff.). Diese letzteren Genossenschaften bezeichnet das Gesetz als solche „mit persönlicher Haftpflicht" und gibt für sie eine Reihe von Sonderbestimmungen.

Die Zahl der Genossen beträgt mindestens fünf (§ 5). Der Eintritt erfordert eine schriftliche Beitrittserklärung (§ 10). Der Austritt ist im allgemeinen frei; Beschränkungen sind nur insofern möglich, als das Statut Beglaubigung der Kündigung und eine Kündigungsfrist von zwei (mit Königlicher Verwilligung fünf) Jahren vorschreiben kann (§ 11). Der Ausschluß ist wie im deutschen Recht geordnet. Das Ausscheiden wirkt auf den Schluß des betreffenden Monats; das Statut kann diese Wirkung bis zu sechs Monaten hinausschieben (§ 14). Mit dem Ausgeschiedenen ist auf Grund der letzten Bilanz abzurechnen; er erhält die nichtverwirtschaftete Einlage ohne Anteil am Vermögen binnen sechs Monaten zurück (§ 15), vorbehaltlich der Erstattungspflicht bzw. Weiterhaftung, wenn binnen sechs Monaten bzw. eines

---

Eine eingehendere Darstellung findet sich Internat. Agrarökon. Rundschau, Bd. 29, S. 49 ff. Das Gesetz ist in französischer Sprache abgedruckt in dem vom Internat. Landwirtsinstitut herausgegebenen Annuaire de la législation agricole, 1911, p. 302—327.

Jahres Konkurs ausbricht (§§ 15, 16, 59, 60, 69). Über die Mitglieder wird von der Genossenschaft eine Liste geführt (§§ 9, 68).

Die Firma (§ 8) muß das Wort Genossenschaft (förening) enthalten und Aufschluß darüber geben, ob „persönliche Haftpflicht" besteht oder nicht. Der Gebrauch des Wortes Gesellschaft oder einer ähnlichen Bezeichnung ist verboten.

Als Organe finden wir zunächst die Generalversammlung; das Gesetz regelt eingehend Teilnahme- und Stimmrecht, Geschäftsbehandlung und Stimmenverhältnis (§§ 34—44), sowie die binnen zwei Monaten stattfindende Anfechtungsklage (§§ 45 ff.). Die eigentliche Geschäftsführung liegt ob der aus einem oder mehreren Geschäftsführern bestehenden Verwaltung (§§ 20 ff.). Sie müssen schwedische Staatsangehörigkeit besitzen, Genossen sein, werden im Zweifel von der Generalversammlung gewählt und dürfen ihr Amt höchstens zwei Jahre führen. Sie werden registriert. Ihre Aufgabe und Stellung wird eingehend umschrieben. Ein ständig tätiger Aufsichtsrat fehlt; an seine Stelle treten gewählte, periodisch tätig werdende Revisoren (§§ 30 ff.), die gleichermaßen wie die Geschäftsführer verantwortlich sind (§§ 40, 41). Verwaltung und Revisoren unterliegen einem weitgehenden Ordnungsstrafrecht (§§ 84 ff.).

Die Auflösung mit der Folge der Liquidation wird stets durch das Gericht ausgesprochen, wodurch eine weitgehende Einwirkung auf den Eintritt dieses Falles stattfindet. Als Auflösungsgründe kommen außer der statutarischen in Frage gesetz- oder statutenwidriges oder auch nur unmoralisches Verhalten; Fehlen einer eingeschriebenen Verwaltung; wenn die Zahl der Genossen länger als drei Monate unter fünf sinkt (Näheres §§ 46 ff.).

Rußland.

Eine orientierende Übersicht über die Rechtsverhältnisse der Kooperativgesellschaften in Rußland fehlt. Ein mir von Herrn Dr. A. N. Sack in St. Petersburg für die ursprüngliche Anlage dieser Arbeit zur Verfügung gestellter Aufsatz, der mir mit der letzten Post vor Kriegsausbruch, und zwar, um die Übersendung noch zu ermöglichen, in russischer Sprache zugesandt war, erwies sich nach der von Frl. cand. med. Deutsch aus Libau angefertigten Übersetzung als nicht zum Abdruck geeignet. Ich hielt mich aber für berechtigt, das hier deponierte Material für die Zwecke der nachstehenden Skizze zu verwenden. An Literatur ist außer der Literatur über Artelle, sowie über die russischen Agrarverhältnisse zu nennen: Krivtschenko, Die ländlichen Kreditgenossenschaften in Rußland (Münch. volksw. Studien, Nr. 100), 1910. — Internat. Agrarökon. Rundschau, Bd. 37 (Januar 1914), S. 26 ff.; das. Bd. 55 (Mai 1916), S. 26 ff.

Das Recht der russischen Kooporativgesellschaft steht einerseits unter dem Zeichen der weitgehendsten Freiheit in der Gestaltung des Gesellschaftsvertrags, andrerseits des staatlichen Bevormundungssystems. So sind uralt die uns hier nicht weiter interessierenden genossenschaftlichen Gemeindeverhältnisse in Mir und Semstwo, sodann die sogenannten Artelle, d. h. schriftliche oder mündliche Vereinbarungen über das Zusammenwerfen von persönlichen Kräften; alles ist in der Absprache enthalten. Erst das Gesetz vom 1. Juni 1902 hat durch Einschaltung von 27 Paragraphen nach § 2198 des Zivilgesetzbuchs für die Rechtsverhältnisse dieser, als syndikatsartige Arbeits- oder Produktionsgenossenschaften anzusprechenden Artelle eine breitere Basis geschaffen. Und hier begegnet uns dann die zweite Eigentümlichkeit des russischen Rechts: das Gesetz verweist auf das Statut, und das Statut ist behördlich zu bestätigen; der Minister oder die jeweils bestimmte Stelle gibt aber „Musterstatuten zur Nachachtung" heraus, die sogar erläutert sind. Die Folge dieser Einflußnahme auf die Bestätigung des Statuts ist, daß das „Musterstatut" in der Praxis die gleiche Rolle spielt, wie in anderen Staaten das Gesetz. Denn nach §§ 116 und 118 des Gesetzes über das Vorbeugen und Verhindern von Verbrechen ist jede Gesellschaftsgründung ohne Einverständnis der Regierung verboten; davon brachte auch das provisorische Gesetz vom 4. März 1906 über Gesellschaften und Verbindungen keine Ausnahme, da wirtschaftliche Vereinigungen und damit Kooperativgesellschaften nicht unter dieses Gesetz fallen. Bei der Verteilung der Kompetenzen hinsichtlich der Feststellung der Musterstatuten und der Bestätigung der Statuten herrscht absolute Regellosigkeit, die sich auch oft genug schon störend bemerkbar gemacht hat [1].

Die Kooperativbewegung setzte Mitte der sechziger Jahre des vorigen Jahrhunderts gleichzeitig auf dem Gebiet der Kreditgenossenschaften und der Konsumvereine ein. Ursprünglich ließ die Regierung der Bewegung freie Hand; es genügte ihr, wenn sich die Landschaften um die Sache, namentlich die Kreditvereine kümmerten, die infolgedessen neben freien Vereinen auch als Wolost- (Gemeinde-) und Semstwokassen erstanden. Die freien Vereine fanden ihren Mittelpunkt in der 1871 geschaffenen „St. Petersburger Abteilung", nämlich des Ausschusses für Spar- und Darlehnskassen sowie Produktionsgenossenschaften bei der Kaiserlichen Landwirtschaftlichen Gesellschaft in Moskau. Diese ersten Anläufe erstickten weniger infolge systematischer Bekämpfung durch die Regierung, als infolge schwerer systematischer Mängel. In der Hauptsache kamen sie für das flache Land in Frage. Nach der russischen Gesetzgebung ist aber der Bauer so gut wie unpfändbar. Die Folge ist, daß er auch kein Verantwortlichkeitsgefühl auf die Dauer kennt; er bezahlte weder seine Zinsen, noch die vorgesehenen kleinen Einzahlungen auf Geschäftsanteil (z. B. 15 Kopeken monatlich auf 50 Rubel) und erst recht nicht ausgeliehene Kapitalien. Die Möglichkeit der Schuldhaft versagte vollkommen. Hier setzte nun die mit der Ära Witte in den neunziger Jahren beginnende staatliche Förderung ein, die seitdem trotz vielfachen Gegen- und Auseinanderregierens [2] zielbewußt die Kooperativbewegung um ihrer wirtschaftlichen Bedeutung

[1] Jede Abweichung von den Musterstatuten erfordert besondere Genehmigung, die infolge dieser Zerfahrenheit oft Monate und Jahre an Zeit braucht. Nach den Ausführungen von Sack ziehen es deshalb viele Vereinigungen vor, ein außerrechtliches Dasein zu führen, so die Heimarbeitervereinigungen (Obschistowo Kustarei) zum gemeinsamen Absatz ihrer Erzeugnisse und zur Beschaffung der Rohmaterialien.

[2] Z. B. schließt nach Sack der Minister des Innern (Konsumvereine) die persönliche Haftung der Mitglieder grundsätzlich aus, während sie der Minister für Handel und Industrie (Artelle) grundsätzlich fordert.

willen auf eine für russische Verhältnisse recht beachtliche Höhe gebracht hat. 1895, 1904 und 1910 ergingen Gesetze über Kreditgenossenschaften, 1897 folgten das Normalstatut für Konsumvereine und landwirtschaftliche Bezugs- und Absatzgenossenschaften, 1902 das erwähnte Artellgesetz und 1908 neue Musterstatuten für landwirtschaftliche Genossenschaften. Ein einheitliches Kooperativgesetz ist zwar geplant gewesen, aber seither nicht erlassen worden. Der Rechtszustand ist infolgedessen außerordentlich zersplittert; charakteristisch ist, daß ganz verschiedene Grundsätze für Kreditvereine nach Schulze-Delitzsch (Geschäftsanteile und nach deren Verhältnis bemessene beschränkte Haftung) und für solche nach Raiffeisen (unbeschränkte Haftung) bestehen, neben denen noch die besonderen, in der Mitte zwischen beiden Systemen stehenden Spar- und Darlehnskassen russischen Systems bestehen. Diese letzteren haben weder ein in Anteile zerfallendes Kapital, noch verteilen sie Dividenden, beruhen auf beschränkter Haftpflicht und haben einen großen Bezirk (bis zu 2- und 3000 Haushaltungen) sowie infolgedessen besoldete Beamte. Besonders charakteristisch ist diesem letzten Typus von Kreditvereinen das vom Staat geliehene Grundkapital, das nicht als Betriebs-, sondern als Garantiefonds fungiert und infolgedessen bei der Liquidation erst nach Befriedigung aller sonstigen Gläubiger erstattet wird. Selbstverständlich ist dafür die an sich schon bei dem Bevormundungssystem ziemlich weitgehende Staatsaufsicht verstärkt, die sich bis zur Auflösung durch einfache Verwaltungsverfügung steigert, wenn die „Tätigkeit sich als statuten- oder gesetzwidrig erweist".

Auch wo Geschäftsanteile gebildet werden [1] und wie bei den Konsumvereinen die Beteiligung auf mehrere Anteile zulässig ist, haben doch die Mitglieder in der Generalversammlung stets nur eine Stimme. Als Organe fungieren neben dieser, bei den primitiven ländlichen Genossenschaften vielfach noch zu gesamter Hand die Geschäfte führenden, Generalversammlung in entwickelteren Verhältnissen der Rat und die Verwaltung sowie Verwaltungs- und Revisionskommission. Üblich ist ein Eintrittsgeld und Bildung von Reservefonds; die Gewinnverteilung erfolgt teils ganz, teils überwiegend nach Maßgabe der Benutzung der gewerblichen Einrichtungen. Überall ist den Mitgliedern

[1] Bei den Schulze-Delitzschen Vereinen erfolgt dies in der alten Form der Kürzung vom bewilligten Kredit, so daß die Beiträge sich auf 10 % desselben belaufen.

das Austrittsrecht vorbehalten, wenn auch mit manchen Bindungen. Soweit ein vom Staat geliehenes oder aus eigenem Vermögen gebildetes Gesellschaftskapital vorhanden ist, ist mit Rücksicht auf die erwähnte geringe praktische Bedeutung der Solidarhaft der Höchstbetrag der ausstehenden Kredite auf das fünf- bis zehnfache dieses Vermögens beschränkt.

Finnland.

Dem sehr entwickelten finnischen Genossenschaftswesen ist charakteristisch der Aufbau grundsätzlich ohne persönliche Einstandsverpflichtung der Genossen, also die Haftung nur mit der Einlage. Es ist lediglich zulässig, daß eine begrenzte oder unbegrenzte Nachschußpflicht statutarisch eingeführt wird.

Das Statut wird wie in Skandinavien unter behördlicher Mitwirkung festgestellt.

Vgl. im übrigen Harms, Die Genossenschaftsbewegung in Finnland 1899—1909, Helsingfors 1909 S. 22 ff.

Spanien

besitzt kein eigentliches Genossenschaftsgesetz. Die meisten Genossenschaften treten in der Form freier Vereine nach dem Vereinsgesetz vom 30. Juni 1887 auf [1]. Danach haben sie lediglich bei der Errichtung der Behörde das Statut, das Name und Zweck, Art der Verwaltung, Einnahmequellen und die Verwendung des Vermögens im Falle der Auflösung angeben muß, nebst einer näheren Darlegung der Zusammensetzung und des Bezirks der Genossenschaft einzureichen; die Behörde kann im Falle das Statut gesetzwidrig ist, auf gerichtliches Verbot der Genossenschaft antragen. Geschieht dies nicht, so hat die Genossenschaft alljährlich eine Geschäftsübersicht einzureichen. Sie hat alsdann die Fähigkeit, vor Gericht zu klagen und verklagt zu werden, sowie bewegliches und unbewegliches Vermögen zu besitzen.

Es steht dabei nichts im Wege, daß sich die Genossenschaft in den Formen der Handelsgesellschaften konstituiert. Das Handelsgesetzbuch vom 22. August 1885 erklärt nämlich für Handelsgesellschaften alle diejenigen, die sich entsprechend den Bestimmungen des Handelsgesetzbuchs konstituieren, und zwar ohne Rücksicht darauf, welches ihr Gegenstand ist (Art. 116). Die Genossenschaft kann sich also der Form der offenen Handels- oder Aktiengesellschaft bedienen, und dadurch automatisch beschränkte oder unbeschränkte Haftung der Mitglieder einführen; in einer Reihe von Fällen muß diese Form gewählt werden, da das Gesetz in Art. 123 die Handelsgesellschaften dem Gegenstande nach aufzählt und hierbei unter anderem nennt Kreditgesellschaften, Landwirtsbanken, Lagerei- und schließlich alle Gesellschaften mit erlaubten Zwecken, sofern sie sich nur in Industrie oder Handel betätigen. Das Gesetz wendet sich also schon der Form halber an eine Reihe von Gesellschaften, hinsichtlich anderer wegen des Gegenstands, und reiht letztere wie in Frankreich hinsichtlich der gewählten Form unter die von ihm gegebenen Bezeichnungen ein, wobei aber unterscheidendes

---

[1] Etwas Besonderes sind die 1841 geschaffenen Cajas rurales, die sich heute den Raiffeisenschen Darlehnskassen anzupassen streben.

Charakteristikum nicht die gewählte Haftung für die Verbindlichkeiten ist, sondern die äußere Struktur, während die Haftung erst sekundär für jede Form geregelt wird. Das ist um deswillen wichtig, weil auch Genossenschaften ohne Kapital gegründet werden können; ersterenfalls muß angegeben werden, ob das ganze Kapital gezeichnet ist, sonst in welcher Weise die zur Deckung der Ausgaben erforderlichen Mittel aufgebracht werden. Danach erst liegt eine offene Handelsgesellschaft vor, wenn die Mitglieder unter gemeinschaftlicher Gesellschaftsfirma auftreten und innerhalb des vereinbarten Verhältnisses gleiche Rechte und Pflichten haben; die Haftung besteht aber auch hier wie überall unmittelbar gegenüber dem Gläubiger, und zwar solidarisch und unbeschränkt. Eine Aktiengesellschaft liegt dagegen vor, wenn das gemeinsame Vermögen in bestimmte Abschnitte zerfällt, die in Form von Aktien oder sonstwie gekleidet sind, und das Gesellschaftsvermögen unter einer vom Gegenstand des Unternehmens entlehnten Firma der Verwaltung durch widerruflich bestellte Verwalter oder Geschäftsführer anvertraut ist (Art. 122). Da die Aktien oder Anteile den Gesamtbetrag des Gesellschaftsvermögens erschöpfen müssen, und außerdem der Gesellschaft der Erwerb eigener Aktien verboten ist, erscheint die Anzahl der Mitglieder geschlossen; ein Wechsel kann nur bei Erhöhung des Kapitals oder durch Übertragung der Aktie stattfinden. Die Haftung der Mitglieder beschränkt sich auf die Einlage (Art. 151 ff.). Eine Möglichkeit der Annäherung an eine Genossenschaft bietet wie in Frankreich die Ausgabe von Obligationen.

Wesentlich ist weiter, daß die Genossenschaft nach dem Gesetz von 1887 ein besonderes Register führen muß, aus dem Name, Beruf und Wohnort der Mitglieder erhellen. Dieses Register ist der Behörde auf Verlangen jederzeit vorzulegen.

Neben diesem Vereinsgesetz von 1887 besteht ein Gesetz vom 28. Januar 1906 über die landwirtschaftlichen Syndikate, das aber keine neuen Rechtsformen schafft, sondern lediglich dem Vereinsgesetz unterstehenden Vereinen staatliche Förderung und insbesondere Steuernachlässe verschafft, sofern sie eben den Vorschriften dieses Gesetzes entsprechen.

Portugal

hat das Recht seiner Handelsgesellschaften und seiner in deren System gestellten Kooperativgesellschaft durch ein Gesetz vom 22. Juni 1867 auf ganz ähnlicher Grundlage geordnet, wie sie dem französischen Gesetz von 1867 zugrunde liegt. An deren Stelle sind dann seit 1889 die Vorschriften des Handelsgesetzbuchs vom 23. August 1888 getreten, dessen Art. 207—223 die „besonderen Bestimmungen über die Kooperativgesellschaften" enthalten [1]. Festgehalten ist, daß die Genossenschaft ein Spezialfall der offenen Handels-, Kommandit- oder Aktiengesellschaft ist, je nach ihrer äußeren Gestalt, doch spricht es hier das Gesetz ausdrücklich aus, daß sie sich von ihnen grundlegend durch das veränderliche Gesellschaftskapital und die unbeschränkte Mitgliederzahl unterscheidet (Art. 207). Die Bezeichnung Genossenschaft muß in die Firma aufgenommen werden, ebenso ob beschränkte oder unbeschränkte Haftung gewählt ist, wodurch sich eben wieder ihre Annäherung an die offene Handels- oder die Aktiengesellschaft ergibt. Zur Errichtung sind mindestens zehn Mitglieder erforderlich (Art. 208), später kann die Mitgliederzahl geringer sein. Das Statut muß enthalten (Art. 209):

a) die Bedingungen des Ein- und Austritts sowie für den Ausschluß von Mitgliedern; im Zweifel ist der Austritt zulässig, und zwar zum Schluß des Geschäftsjahrs mit achttägiger Kündigungsfrist (Art. 220). Der Ausschluß kann nur durch die Generalversammlung ausgesprochen werden (Art. 221). Eintritt und Ausscheiden sind bedingt durch Konstatierung in dem nach belgischem Muster eingerichteten, von der Genossenschaft zu führenden Register (Art. 216, 217, 222).

b) die Bedingungen, unter denen die Mitglieder ihre Anteile zurückziehen können. Ausscheidende Mitglieder können unbeschadet der Fortdauer der Haftung, d. h. für die bis zum Ausscheiden begründeten Verbindlichkeiten, einen Anteil am gemeinschaftlichen Vermögen nach Maßgabe der letzten Bilanz verlangen, wobei der Reservefonds außer Ansatz bleibt (Art. 222 Abs. 2).

[1] Zu erwähnen sind noch die Gesetze vom 5. und 7. April 1894 über die Errichtung landwirtschaftlicher Syndikate und das vom 1. Mai 1911 betr. den landwirtschaftlichen Betriebskredit. Vgl. hierzu Internat. Agraröko n. Rundschau, Bd. 34, S. 72 ff.

c) den Mindestbetrag des Gesellschaftskapitals und die Form, in der es gebildet wird. Es ist zulässig, daß die Einzahlung des Kapitals in wöchentlichen, monatlichen oder jährlichen Raten erfolgt (Art. 211). Die Anteile dürfen nicht höher als auf 100 000 Reis (ca. 500 Mark) gestellt werden, müssen auf den Namen lauten und sind nur durch Überschreibung in einem Aktienbuch und unter Zustimmung der Genossenschaft übertragbar (Art. 213). Die Beteiligung mit mehr als 500 000 Reis (ca. 2500 Mark) ist unzulässig (Art. 212). Ist die Haftung beschränkt, so kann sie nicht niedriger sein, als die Summe der gezeichneten Anteile, auch wenn infolge des Ausscheidens aus der Genossenschaft eine Beteiligung nicht mehr vorliegt (Art. 215). Über den Stand der Beteiligung entscheidet die im Register (oben a) enthaltene Abrechnung (Art. 216) bzw. die Einträge auf dem ebenfalls nach belgischem Muster eingerichteten Mitgliedschein (Art. 218). Ohne Rücksicht auf die Höhe der Beteiligung hat jedes Mitglied eine Stimme in der Generalversammlung (Art. 215), in der eine Vertretung zulässig ist, doch kann ein Mitglied für höchstens ein Fünftel aller Stimmen Vollmacht besitzen.

Im übrigen bestimmen sich die Rechtsverhältnisse nach der gewählten Rechtsform; doch gilt, wie in Italien, stets das Recht der Aktiengesellschaft hinsichtlich der Publizität des Gründungsakts und seiner späteren Änderungen, ferner hinsichtlich der Verpflichtungen und der Verantwortlichkeit des Vorstands (Art. 207 Abs. 3).

Die Genossenschaft ist hinsichtlich der erzielten Gewinne von allen Stempeln und Steuern befreit.

Durch das Gesetz vom 3. April 1896 ist bestimmt worden, daß solche Genossenschaften, die ausschließlich oder hauptsächlich Bankgeschäfte oder eine Anzahl verwandter Geschäfte treiben wollen, als „Banken" vor der Errichtung einer Sondererlaubnis der Regierung bedürfen. Gleichzeitig unterliegen sie einer Anzahl erschwerender Bestimmungen (persönliche Haftung der Geschäftsführer für die ohne gesetzliche oder statutarische Ermächtigung eingegangenen Geschäfte; Einreichung von Monatsbilanzen; Ausgabe von Obligationen nur mit Regierungsermächtigung). Ist der Zweck dagegen ausschließlich auf Darlehnsgeschäfte gegen Pfandbestellung gerichtet, die nicht in Grundstücken oder Papieren mit Marktwert bestehen, so ist nur die Ermächtigung des Distriktsgouverneurs zur Errichtung erforderlich. Alle anderen Genossenschaften können ohne jede vorgängige Ermächtigung errichtet werden.

Rumänien.

An und für sich ist die Genossenschaftsbewegung in Rumänien uralt; sie führt hier auf ähnliche Wurzeln zurück, wie sie sich auch in der serbischen Zadrouga, der Feldgemeinschaft des russischen Mir, dem Artell u. a. m. erhalten haben. Die rumänische Obstei hat indessen, entsprechend der Entwicklung der Eigentums- und Wirtschaftsverhältnisse, eine andere Gestalt angenommen, sie ist zur Abwehrorganisation gegenüber den Bedrückungen der Zwischenpächter geworden. Diese rumänischen Pachtgenossenschaften unterscheiden sich von den italienischen dadurch, daß in Italien sich ein besitzloses Proletariat gegen den Großgrundbesitzer oder Großpächter zusammenschließt, wobei auch gemeinschaftliche Bewirtschaftung vorkommt, während sich in Rumänien Großbesitzer oder -pächter und bäuerliche Kleinbesitzer gegenüberstehen, die getrennten Wirtschaftsbetrieb durchführen, so daß also die Genossenschaft lediglich Zwischenpächter ist.

Aufschwung hat die Genossenschaftsbewegung [1] erst seit 1893 genommen, und zwar auf dem Lande; in den Städten hat sie noch heute, trotzdem sie hier seit 1870 propagiert wird, nur wenig Fuß gefaßt. Das Genossenschaftsgesetz vom 28. März 1903, das auch eine staatliche Zentralkasse ins Leben rief, bezieht sich geradezu nur auf landwirtschaftliche Genossenschaften; es ist als Mittel der staatlichen Agrarpolitik gemeint, ist fortgesetzt geändert worden und gilt heute in der Fassung vom 14. April 1910. Unter dem 20. Dezember 1909 wurden seine Bestimmungen im wesentlichen auch auf städtische Genossenschaften für anwendbar erklärt. Allgemeine Bestimmungen über Genossenschaften finden sich im Buch I Titel VIII Sektion VII des Handelsgesetzbuchs von 1887, das sich im wesentlichen an das italienische Handelsgesetz anlehnt.

---

[1] Eine zusammenfassende Übersicht über die rumänische Kooperativbewegung findet sich in Bull. cred. pop., 1910, S. 339 ff.; vgl. auch Kalitsunakis, Die genossenschaftliche Bewegung in den Balkanländern, in Balkanrevue 3 (1916), S. 649 ff.; Ghitescu, Agrarfrage und Genossenschaftswesen in Rumänien (1913).

I. Danach sind die Genossenschaften nur ein Spezialfall aller anderen Gesellschaften, die in ihre Statuten die Bestimmung aufnehmen können, daß das Gesellschaftskapital durch Einlagen seitens der Gesellschafter vergrößert oder durch gänzliches oder teilweises Zurücknehmen der geleisteten Einlagen vermindert werden kann (Art. 221). Je nach der gewählten Haftungsart finden die Vorschriften über Aktien- oder offene Handelsgesellschaften Anwendung; doch ist stets Errichtung durch öffentliche Urkunde vorgeschrieben, ferner muß der Gründungsvertrag außer den für die spezielle Gesellschaftsform vorgeschriebenen Punkten bei Strafe der Nichtigkeit enthalten: 1. die Bedingungen, unter denen neue Gesellschafter zugelassen werden und die Art und Zeit, in der diese ihre gesellschaftlichen Einlagen zu leisten haben; 2. die Bedingungen des Ausscheidens und des Ausschlusses der Mitglieder; 3. die zur Einberufung der Generalversammlung nötigen Förmlichkeiten und die Zeitungen, welche für die Veröffentlichung der Ereignisse der Gesellschaft bestimmt sind (Art. 222). Die Vorschriften für Aktiengesellschaften finden stets Anwendung in bezug auf die gerichtliche Ermächtigung zu ihrer Gründung, die Veröffentlichung der Gründungsurkunden und deren vertragsmäßigen Abänderungen, die Pflichten und die Verantwortlichkeit der Verwalter. Letztere werden aus der Zahl der Mitglieder gewählt und können von der Verpflichtung zur Kautionsleistung befreit werden. Die Eigenschaft als Kooperativgesellschaft muß in allen Verträgen, Schriftstücken, Briefen, Veröffentlichungen und Anzeigen angegeben sein (Art. 223). Landwirtschaftliche, sowie die Arbeiter- und Handwerkergenossenschaften haben binnen Monatsfrist eine beglaubigte Abschrift des Gründungsakts und ihr Statut der Zentralbank einzureichen (Art. 2 Ges. 1903, Art. 4 Ges. 1909). Das Grundkapital darf bei der Gründung den Betrag von 200 000 Lei (Franken) nicht übersteigen, kann aber alljährlich durch Beschluß der Generalversammlung um maximal 200000 Lei erhöht werden (Art. 224). Das Statut muß angeben, unter welchen Betrag das Gesellschaftskapital durch Rückzahlung der Einlagen nicht gemindert werden darf; dieser Betrag darf nicht geringer als ein Zehntel des Grundkapitals sein (Art. 227). Das Kapital zerfällt in Aktien im Nominalbetrag zwischen 25 und 100 Lei; sie lauten stets auf den Namen und sind erst nach Volleinzahlung übertragbar, dem Verwaltungsrat oder der Generalversammlung kann ein Widerspruchsrecht gegen die Übertragung eingeräumt werden (Art. 226). Kein Mitglied darf mehr als 5000 Lei Anteile in seiner Hand vereinigen (Art. 225). Vor Einzahlung von einem Zehntel der Aktien oder des Nennwerts seitens jeden Mitglieds gilt die Genossenschaft nicht als errichtet (Art. 227 Abs. 3), dagegen ist nicht die Vollzeichnung des Kapitals erforderlich, ebenso ist die Genossenschaft von der Vorschrift befreit, daß die Verminderung des Gesellschaftskapitals um ein Drittel zur Befragung der Generalversammlung führen muß, ob eine Sanierung oder Auflösung stattfinden soll, wie auch die gesetzliche Auflösung im Falle einer Verminderung um zwei Drittel beseitigt ist. Ferner kann das Statut den Erwerb eigener Aktien gestatten und die Aktien von der Aufnahme der Angabe des Gesellschaftskapitals, der Zahl der Aktien und deren Gesamtbetrag befreien (Art. 228). Der Vorstand führt ein Register der Gesellschafter (Art. 229), das insbesondere enthält: Datum der Aufnahme, des Ausscheidens oder der Ausschließung eines jeden Gesellschafters, sowie ein Konto über die von ihm eingezahlten und ihm zurückbezahlten Einlagen. Vierteljährlich ist dem Handelsgericht ein Verzeichnis des Bestands und des Wechsels der unbeschränkt haftenden Mitglieder einzureichen, das von jedermann eingesehen werden kann. Das Register wird jährlich vom Gericht abgeschlossen und visiert (Art. 142, 27).

Die Aufnahme, die im übrigen unter den statutarischen Bedingungen steht, erfolgt durch eigenhändige Unterschrift des Kandidaten oder seines Bevollmächtigten im Register, die von zwei Mitgliedern zu bestätigen ist, die nicht Verwalter sein dürfen. Ebenso bedarf der jederzeit zulässige Austritt der Beurkundung im Register oder der Zustellung durch einen Vollstreckungsbeamten; er wirkt auf den Schluß des laufenden Geschäftsjahrs und setzt die Einhaltung einer Kündigungsfrist von einem Vierteljahr voraus. Die etwaigen Ausschließungsgründe sind im Statut ersichtlich zu machen (Art. 231). Ausscheidende Mitglieder haften noch zwei Jahre für die bis zu ihrem Ausscheiden entstandenen Verbindlichkeiten (Art. 232).

Als Organe fungieren: 1. der Vorstand, der aus einer oder mehreren Personen bestehen kann, die Mitglied sein müssen und von der Generalversammlung gewählt werden (Art. 223); er vertritt ohne Rücksicht auf die gewählten Rechtsformen die Genossenschaft vor Gericht (Art. 233); 2. die Generalversammlung, in der jedes Mitglied ohne Rücksicht auf die Höhe seines Aktienbesitzes eine Stimme führt. Eine Vertretung findet im Zweifel nicht statt; wird sie zugelassen, so können nur Mitglieder als Vertreter fungieren und auch nur jeweils ein Mitglied vertreten (Art. 230).

Aufgelöst wird die Genossenschaft durch die für die jeweilige Rechtsform maßgebenden Gründe. Doch findet eine Auflösung nicht statt aus den in der Person eines Mitglieds liegenden Gründen, wie Tod, Rücktritt, Pflegschaft, gesetzliche Unfähigkeit oder Konkurs eines Mitglieds; sie besteht unter den anderen Mitgliedern fort (Art. 234).

Die Gründungsverträge sowie die Zulassungs- und Rücktrittsurkunden sind frei von Eintragungs- und Stempelgebühren (Art. 235). Für ländliche Kreditgenossenschaften und Arbeiter- sowie Handwerkergenossenschaften bestehen außerdem verschieden abgestufte Befreiungen von der Gewerbesteuer (Art. 3 Ges. 1903, Art. 3 Ges. 1909).

Ob die Genossenschaft juristische Persönlichkeit besitzt, richtet sich nach der gewählten Rechtsform. In jedem Fall hat sie das Recht der Gerichtsstandschaft (Art. 233). Landwirtschaftliche Arbeiter- und Handwerkergenossenschaften sind stets Handelsgesellschaft und damit juristische Person (Art. 2 Ges. 1903, Art. 1—3 Ges. 1904). Soweit diese Genossenschaften mit der Zentralbank arbeiten, unterstehen sie deren Kontrolle, die sich bis zur Abberufung der Geschäftsführer steigern kann (Art. 16, 17 Ges. 1903, Art. 4 Ges. 1909).

Soweit die Genossenschaften Handelsgesellschaften sind, sind sie zur Buchführung und Bilanzziehung verpflichtet (Art. 22 ff., 178 ff. HGB.). Arbeiten sie mit der Zentralbank, so ist dieser die Bilanz binnen zwei Monaten zu übersenden, der sonst (Art. 179 HGB.) vorgeschriebenen Hinterlegung der Bilanz bei dem Handelsgericht bedarf es in diesem Falle nicht (Art. 18 Ges. 1903, Art. 4 Ges. 1910).

II. Besondere Bestimmungen enthalten die Art. 40 ff. des Gesetzes von 1903 für die Pacht- oder Farmergenossenschaft[1]. Sie muß mindestens 25 Mitglieder haben, die aber nicht notwendig aus derselben Gemeinde zu sein brauchen. Die Genossenschaft ist juristische Person, die Mitglieder sind stets unbeschränkt und solidarisch haftbar. Die Pachtgenossenschaft steht stets unter der Kontrolle der Zentralbank. Seit 1909 ist die Verpachtung von Domänen und Gütern nur noch an solche Pachtgenossenschaften zulässig.

[1] Eine eingehende Darstellung der Verhältnisse dieser Pachtgenossenschaften findet sich bei Maltezianu, Schmollers Jahrb. 1914, S. 823 ff.

Bulgarien

hat besondere Bestimmungen über Genossenschaften im 2. Teil 5. Kap. des Handelsgesetzes vom 29. Mai 1897 erlassen, nachdem bereits Gesetze von 1883 und 1897 Bestimmungen über landwirtschaftliche Darlehnskassen enthalten hatten. Durch Gesetz vom 31. Dezember 1903 wurde dann eine staatliche Landwirtschaftsbank errichtet.

Das Handelsgesetzbuch definiert die Genossenschaft als Gesellschaft mit nicht feststehender Mitgliederzahl zur Förderung des Kredits, der Industrie oder der Landwirtschaft ihrer Mitglieder mittels gemeinschaftlichen Geschäftsbetriebs (Art. 239). Zur Errichtung ist schriftliche Feststellung des Statuts und Eintragung im Handelsregister nebst Kundmachung (Art. 240—243) erforderlich; bis dahin haften die handelnden Gesellschafter persönlich und solidarisch (Art. 244). Die Errichtung kann mit beschränkter oder unbeschränkter Haftung der Mitglieder für die Schulden der Genossenschaft erfolgen, ersterenfalls deckt sich die Haftsumme im Zweifel mit dem Betrag des Geschäftsanteils (Art. 247). Die Haftung besteht nur für den Konkursfall und den dort erlittenen Ausfall (Art. 248). Die Bedingungen des Ein- und Austritts sind durch das Statut festzustellen; im Zweifel besteht vierwöchentliche Kündigung zum Schluß des Geschäftsjahrs und erlischt die Mitgliedschaft durch den Tod (Art. 250). Über das Beteiligungsverhältnis und die Einlagepflicht trifft das Statut Bestimmung. Der Geschäftsanteil ist den ausscheidenden Mitgliedern herauszuzahlen, und zwar binnen drei Monaten bei unbeschränkter Haftung, sonst binnen drei Jahren (Art. 252, 266). Die Beteiligung auf mehrere Anteile ist zulässig und kann für jeden derselben gekündigt werden. Soweit ein Mitglied (überhaupt oder für einzelne Geschäftsanteile) ausscheidet, bleibt es drei Jahre haftbar (Art. 251, 266). Die Geschäftsanteile sind im Zweifel übertragbar, doch besteht eine Anzeigepflicht; der Übertragende bleibt subsidiär neben dem Erwerber haftbar (Art. 253). Bestand und Wechsel der Mitglieder sowie der Geschäftsanteile sind vierteljährlich dem Kreisgericht anzuzeigen, ferner ist alljährlich im Januar ein alphabetisches

Mitgliederverzeichnis und ein Ausweis über die Geschäftsanteile einzureichen (Art. 257).

Organe sind: 1. der Vorstand, der aus einer oder mehreren Personen besteht, die Mitglied sein müssen. Er vertritt die Genossenschaft gerichtlich und außergerichtlich mit nach außen nicht beschränkbarer Vollmacht (Art. 256); 2. der Aufsichtsrat, der aus mindestens drei Mitgliedern besteht, die der Genossenschaft nicht anzugehören brauchen, und die Geschäftsführung überwacht, Jahresrechnung und Bilanz prüft und darüber der Generalversammlung berichtet, die er erforderlichenfalls beruft; eine Ausdehnung seiner Kompetenz ist nicht zulässig (Art. 259); 3. die Generalversammlung, an der die Mitglieder nach Maßgabe des statutarischen Stimmenverhältnisses teilnehmen (Art. 255).

Die Genossenschaft ist Handelsgesellschaft (Art 68), und als solche juristische Person (Art 69), aber auch zur Buchführung und Bilanzziehung verpflichtet (Art. 258). Die Bilanz ist acht Tage vor der regelmäßigen Generalversammlung bekannt zu machen und ein Exemplar dem Kreisgericht einzureichen. Vorstand und Aufsichtsrat haften solidarisch für die richtige Aufstellung der Bilanz (Art. 260).

Als Auflösungsgrund erscheint neben den üblichen Gründen (Zeitablauf, Beschluß der Generalversammlung, Fusion, Konkurseröffnung) das Erkenntnis des Kreisgerichts, wenn die Genossenschaft andere als die gesetzlich zulässigen Zwecke verfolgt (Art. 261, 262). Die Auflösung ist einzutragen und nebst einer Gläubigeraufforderung bekannt zu machen (Art. 263). Sind die bestehenden Verbindlichkeiten liquidiert, so ist das Vermögen nach Maßgabe des Statuts unter die Mitglieder zu verteilen, sobald sechs Monate seit der ersten Gläubigeraufforderung verstrichen sind (Art. 264, 265). Kommt es zum Konkurs, so kann auf Grund der festgestellten Anmeldung ohne besondere Klage ein Vollstreckungsbefehl gegen die einzelnen Mitglieder erwirkt werden (Art. 248), ohne daß ein Umlageverfahren stattfindet.

Serbien

kennt außer den uralten, mit dem russischen Artel und Mir verwandten Hausgemeinschaften oder Zadrougas (vgl. über diese Internat. Agrarök. Rundschau 37 S. 31 ff.; Markowic, die serbische Hauskommunion, 1903) fast nur noch ländliche Genossenschaften nach dem System Raiffeisen, unter denen wieder die Kreditgenossenschaften stark überwiegen, und Konsumvereine. Das Recht derselben ist erörtert bei Markowic, Erläuterungen zum Gesetz über die ländlichen Genossenschaften in Serbien (1909).

Griechenland.

Vgl. Kalitsunakis, Die genossenschaftliche Bewegung in Griechenland, in Deutsche Balkan-Revue, 3. Jahrg. (1916) S. 241 ff.

Japan

besitzt seit Jahrhunderten entwickelte Kooperativgesellschaften. Erinnert sei an die Hotokushas (Dankbarkeitsvereine). Durch Gesetz Nr. 34 von 1900 wurde nach europäischem Muster deren Recht neu geordnet. Danach ist das deutsche Vorbild der Mindestanzahl von sieben Genossen übernommen, ebenso die Dreiteilung in Genossenschaften (Sangyo Kumiai) mit beschränkter oder unbeschränkter Haftpflicht und unbeschränkter Nachschußpflicht. Die Errichtung findet unter behördlicher Mitwirkung statt. — Im Jahre 1909 wurde das Genossenschaftsgesetz revidiert, wobei auch die Verhältnisse der Genossenschaftsverbände geordnet wurden. Näheres in Internat. Agrarök. Rundschau Bd. 26 (Januar 1913) S. 31 ff. und Bd. 46 (Oktober 1914) S. 32 ff.

Amerika.

In den **Vereinigten Staaten von Nordamerika** ist, ähnlich wie in Deutschland und der Schweiz vor der ersten gesetzlichen Regelung, infolge des Fehlens eines Bundesgesetzes die Rechtslage zersplittert. Obendrein haben die wenigsten der Gliedstaaten Genossenschaftsgesetze erlassen, und diese sind teilweise noch nicht einmal einheitlich, sondern beziehen sich oft nur auf einzelne Genossenschaftsarten. Nur vereinzelt schreiben sie Registrierung vor. Überall, wo dies nicht der Fall ist, müssen die Genossenschaften sehen, daß sie als Handels- oder Industriegesellschaft durch besonderes gliedstaatliches Gesetz konzessioniert werden, soweit sie sich nicht mit der Anerkennung als non profit corporation, Vereinigung ohne Gewinnabsicht, begnügen wollen. Letzteres ist aber dadurch erschwert, daß der Amerikaner auch bei der Kooperativ gesellschaft eine Gewinnabsicht zu vermuten scheint. Infolgedessen zieh man die Eintragung als Aktiengesellschaft, joint stock compagnie, vor Bei Kreditgenossenschaften sind außerdem die allgemeinen Bankgesetze zu beachten.

Eine Übersicht über die Rechtslage im allgemeinen und in einer Anzahl von Gliedstaaten gibt [1] Internat. Agraröк. Rundschau Bd. 34 (Oktober 1913) S. 21 ff.; vgl. dazu Bd. 55 (Juli 1915) S. 55 ff. und Bd. 65 (Mai 1916) S. 34 ff. (Nord-Carolina), sowie Bd. 62 (Februar 1916) S. 6 und Bd. 63 (März 1916) S. 16 (Minnesota).

Zersplittert ist die Rechtslage ganz ebenso in den Vereinigten Staaten von **Brasilien.** Dagegen hat eine einheitliche Rechtsgrundlage geschaffen **Argentinien,** das die Genossenschaften in den Art. 392—394 des Handelsgesetzbuchs von 1892 als speziellen Fall der wie üblich unterschiedenen Handelsgesellschaften behandelt [2]. Sie ist also im Grunde eine offene Handels-, Kommandit- oder Aktiengesellschaft (die habili-

[1] Vgl. auch Pranard, Étude sur les Building Associations Américaines (Pariser Diss.), Paris 1907.

[2] Gebrauch gemacht wurde allerdings in dieser Rechtsform sehr wenig. Nach Wolff waren bis Herbst 1913 gegründet im ganzen 60 Genossenschaften, von denen 34 in Wirksamkeit waren.

tación = Arbeitsgemeinschaft bildet ein Mittelglied zwischen den beiden ersteren), die für die speziellen Zwecke der Genossenschaft umgestaltet erscheint. Um den Unterschied von den echten Gesellschaften dieser Art zum Ausdruck zu bringen, muß das Wort Genossenschaft (sociedad cooperativa), und zwar jeweils mit einem die gewählte Haftungsart ausdrückenden Zusatz (limitata oder illimitata) in der Firma vorkommen. Und je nach der gewählten Haftungsart ist sie wieder ins System einzureihen. Der Gesellschaftsvertrag bedarf stets der schriftlichen Form, im Fall der Annäherung an die Aktiengesellschaft der Errichtung in öffentlicher Urkunde (Art. 289). Er muß enthalten (Art. 291):

a) Name und Wohnort der Aussteller;
b) das Minimum des Gesellschaftskapitals und die Art seiner Bildung (Art. 393). Eine nachträgliche Erhöhung ist nur zulässig, wenn der Gesellschaftsvertrag dies ausdrücklich vorsieht. Die Anteile müssen auf den Namen lauten (Art. 394);
c) die Organisation der Verwaltung und deren Überwachung. In der Generalversammlung hat jedes Mitglied ohne Rücksicht auf die Zahl der Anteile eine Stimme;
d) die Bedingungen des Ein- und Austritts, ferner des Ausschlusses von Mitgliedern (Art. 393). Im Zweifel findet der Austritt nur zum Schluß des Geschäftsjahrs mit zehntägiger Kündigungsfrist statt (Art. 394);
e) den Gegenstand des Unternehmens;
f) den Anteil jeden Mitglieds am Gewinn und Verlust;
g) die Form der Liquidation.

Der Gesellschaftsvertrag ist binnen vierzehn Tagen in das öffentliche Handelsregister einzutragen, ebenso jede spätere Änderung. Ist dies unterblieben oder sonst die Form der Errichtung verletzt, so ist die Gesellschaft nichtig, doch unbeschadet der Rechtsgültigkeit der abgeschlossenen Geschäfte (Art. 296). Als Kaufmann ist die Genossenschaft zur Buchführung (Art. 43) verpflichtet. Wie bei allen Handelsgesellschaften haben die Mitglieder das Recht der Einsicht in die Bücher usw. der Genossenschaft (Art. 284).

FSC
www.fsc.org
MIX
Papier | Fördert
gute Waldnutzung
FSC® C083411

Kolibri 360 GmbH
Ferdinand-Jühlke-Straße 7
99095 Erfurt, Deutschland
produktsicherheit@kolibri360.de

Druck:
CPI Druckdienstleistungen GmbH
im Auftrag der
Kolibri 360 GmbH
Ferdinand-Jühlke-Str. 7
99095 Erfurt